# 古典文獻研究輯刊

## 十三編

潘美月・杜潔祥 主編

## 第 14 冊

### 周穆王時代銅器研究（上）

鄭憲仁 著

國家圖書館出版品預行編目資料

周穆王時代銅器研究（上）／鄭憲仁 著 — 初版 — 新北市：
花木蘭文化出版社，2011〔民100〕
序 4+ 目 2+232 面：19×26 公分
（古典文獻研究輯刊 十三編：第 14 冊）
ISBN：978-986-254-635-2（精裝）
1. 青銅器　2. 西周
011.08　　　　　　　　　　　　　　　　　　100015560

ISBN-978-986-254-635-2

9 789862 546352

古典文獻研究輯刊
十三編　第十四冊　　　　　　　ISBN：978-986-254-635-2

周穆王時代銅器研究（上）

作　　　者　鄭憲仁
主　　　編　潘美月　杜潔祥
總 編 輯　杜潔祥
企劃出版　北京大學文化資源研究中心
出　　　版　花木蘭文化出版社
發 行 所　花木蘭文化出版社
發 行 人　高小娟
聯絡地址　新北市永和區中正路五九五號七樓
　　　　　　電話：02-2923-1455／傳真：02-2923-1452
網　　　址　http://www.huamulan.tw 信箱 sut81518@gmail.com
印　　　刷　普羅文化出版廣告事業
初　　　版　2011 年 9 月
定　　　價　十三編 20 冊（精裝）新台幣 31,000 元　　　版權所有・請勿翻印

# 周穆王時代銅器研究（上）

鄭憲仁　著

## 作者簡介

鄭憲仁，高雄市人，國立臺灣師範大學國文學系學士、碩士、博士。現任教於國立臺南大學國語文學系。學術專長為：中國古文字學、先秦禮學（三禮）、古器物學、中國上古史。發表著作如：《西周銅器銘文所載賞賜物之研究——器物與身分的詮釋》（博士論文）、《周穆王時代銅器研究》（碩士論文）、〈銅器銘文所見聘禮研究〉、〈銅器銘文「金甬」與文獻「鸞和」之探究〉、〈銅器銘文札記〉、〈子犯編鐘——西之六𠂤探討〉、〈銅器禘祭研究〉、〈豆形器的自名問題——兼論器物定名〉、〈西周銅器斷代研究上的幾點意見〉、〈《殷周金文集成引得》與《殷周金文集成釋文》隸定相異處探討——以樂器為例〉、〈哀成叔諸器研究〉；〈周代「諸侯大夫宗廟圖」研究〉、〈關於《儀禮》儀節研究的探討——以〈公食大夫禮〉為例〉、〈《儀禮·聘禮》儀節之研究〉、〈郭沫若《周禮》職官研究之探討〉等。

## 提　　要

　　本論文以標準器斷代法為基礎，以傳世古籍與銅器銘文相參驗，繫聯相關器群與墓葬，對西周穆王時代銅器做全面性的探討。

　　穆王時代是西周銅器的轉變時期，在器形、紋飾和書法風格方面，對「周人風格」的建立具有關鍵性的地位。本文對學者們在穆王時代器的各種意見，匯整討論，並且檢驗其論據是否合理、正確，剔除錯誤或舉證不足的說法，更進一步提出將穆王時代銅器做分級，便於其他領域的學者利用。

　　本文考釋四件標準器銘文，並結合古籍記載及各銅器銘文間的相關人事時地，參考器形、花紋及文字風格，綜合地對穆王時代器做探討與分級。本文將所涉及的銅器分為二十一組，並逐次探討是否為穆王時代器，依可信度加以分級，第一級為可信度最高的標準器，由銘文可以明確看出其時代；第二級亦為標準器，經由銘文內容可以推得；第三級為相關器，由文獻或銘文的比對研究，加上器形花紋、字體風格與考古情況的探索之後，可以肯定為穆世器者；第四級為可能器，可信度較相關器為低，所能論斷為穆世器的理由稍有不足。本文又在此基礎上，對穆王時代史實做補充、對銅器所呈現的面貌與風格進一步剖析。

　　全文一共涉及了二百二十五件左右的銅器，討論後定出穆世一級器兩件、二級器兩件、三級器四十一件、四級器七十一件。

# 目

# 次

上　冊

序

體例說明

出版附記

第一章　緒　論 ……………………………………… 1

　第一節　研究動機與範圍 ………………………… 1

　第二節　研究方法 ………………………………… 2

　第三節　全文結構 ………………………………… 3

第二章　研究回顧 …………………………………… 5

　第一節　吳其昌 …………………………………… 6

　第二節　郭沫若 …………………………………… 13

　第三節　容　庚 …………………………………… 19

　第四節　陳夢家 …………………………………… 20

　第五節　郭寶鈞 …………………………………… 25

　第六節　唐　蘭 …………………………………… 29

　第七節　李學勤 …………………………………… 40

　第八節　馬承源等 ………………………………… 45

　第九節　劉啓益 …………………………………… 52

　第十節　吳鎮烽 …………………………………… 57

　第十一節　高　明 ………………………………… 66

第十二節　張聞玉 ················································ 68

第十三節　白川靜 ················································ 72

第十四節　樋口隆康 ·············································· 73

第十五節　小　結 ················································ 75

第三章　穆王時代標準器組研究 ································ 77

第一節　標準器與王名和銅器斷代分級 ··············· 77

第二節　遹段之綜合研究 ·································· 81

第三節　剌鼎之綜合研究 ································ 101

第四節　長囟組器之綜合研究 ························· 112

第五節　鮮段之綜合研究 ································ 132

第六節　小結——標準器組之特徵 ··················· 142

第四章　穆世標準器以外的文獻所載穆王之探索 · 151

第一節　先秦古籍的記載 ································ 151

第二節　兩漢以下古籍的記載 ························· 171

第三節　徐偃王的問題 ·································· 176

第四節　出土文物對穆王之記載——其他王世器 · 179

第五節　整　理 ·········································· 182

第五章　穆王時代相關銅器的初步繫聯 ··············· 185

第一節　人名繫聯 ········································ 185

第二節　事件繫聯 ········································ 195

第三節　考古繫聯 ········································ 199

第四節　銅器分組 ········································ 216

下　冊

第六章　銅器分組探討 ········································ 229

第一節　毛班組器 ········································ 229

第二節　靜組器 ··········································· 241

第三節　豐組器 ··········································· 245

第四節　夨組器（含彔組器） ························· 249

第五節　師雄父組器 ····································· 264

第六節　競組器 ··········································· 267

第七節　庚嬴組器 ········································ 271

第八節　貉子組器 ········································ 273

第九節　井白組器 ········································ 275

第十節　白懋父組器 ……………………………… 278

第十一節　兔組器 ………………………………… 284

第十二節　弭弔組器 ……………………………… 286

第十三節　守宮組器 ……………………………… 288

第十四節　雁公組器 ……………………………… 289

第十五節　效組器（含效父、𤔲父組器）………… 291

第十六節　季𡢁組器 ……………………………… 293

第十七節　噩医組器 ……………………………… 294

第十八節　遣弔組器 ……………………………… 295

第十九節　眉𠭰王組器 …………………………… 296

第二十節　白戔組器 ……………………………… 297

第二十一節　其他組器 …………………………… 298

第二十二節　小　結 ……………………………… 320

第七章　結　論 …………………………………… 323

第一節　穆王時代銅器所呈現的特色 …………… 326

第二節　文化上的新面貌 ………………………… 331

第三節　研究展望 ………………………………… 332

本文所探討各器及其時代一覽表 ………………… 334

重要參考書目 ……………………………………… 341

附　圖 ……………………………………………… 365

附　表 ……………………………………………… 465

附錄：西周銅器斷代研究上的幾點意見 ………… 475

# 序

　　師大校園的阿勃勒正自信地綻放著，黃色的花朵，在綠葉中，格外醒目，映著紅樓，是師大靜謐的美，清風拂過，似乎笑得更為燦爛。年過一甲子的紅樓，以穩重樸實的風骨，對抗世俗的浮躁，伴著弱冠、而立的學子建構人生的藍圖。從大學到研究所，七年了，一年比一年更加體會到在這裡求學是可貴的選擇。

　　自大二從　季師旭昇習《說文》，至今也九年了，雖然開始只是好奇與貴古的心態，並未真正而踏實地學習，幸好　季師持續的關心與鼓舞，在大三那年，我肯定地愛上古文字學這個領域。入碩士班以來，　季師每週都擇出一定的時間，指導我，為我解惑，不斷地鼓勵與啟發，就這樣，庸嬾而不用功的我，不敢再荒怠，對學術的渴慕日益加深，竟也如此地執著與癡迷。感謝　季師費心批閱論文，訂正謬誤，更容忍我習慣性的爭辯與過於主觀的判斷，沒有　季師的啟迪，就不可能完成論文的寫作。

　　張師光遠對憲仁一直有深厚的期許，一再地提醒我，做學問應有的精神與態度。百忙之中，　張師仍掛心著論文的進度，憲仁在銅器方面的迷霧，常是張師在笑談中點破的。

　　兩位指導老師的關愛與父母家人的支持是這本論文能完成的主要動力，在兄弟中我是最不實際的，常沈迷於幻想。父母的慈愛與兄弟的支助，讓我能盡情享受幸福的學生生活，親情撫慰了多年的鄉愁，尤其在碧落星沈，埋首書堆時，親情常替我熔化了寒夜與涼氣。

　　兩位口試老師：中央研究院歷史語言研究所　鍾師柏生與　陳師昭容對

本論文提供了十分寶貴的意見。 鍾師學問淵博，見解深入，並細心地改正憲仁不少的錯誤； 陳師治學嚴謹，對本論文的結構和器物斷代有很深切的建議，極盡細心地批閱改正。

本論文以穆王時代的銅器作為研究的重心，首先回顧了學者們的研究成果，學習先進前修的長處，也檢討了各種斷代法的得失；第三章是對穆王時代的幾件標準器組做全面綜合地考察，重心在銘文的內容，對於器形、花紋與文字風格也做了探究，並提出將銅器斷代分為四級的意見。第四章是對文獻中的穆王資料做整理考辨，以為繫聯的依據。第五章是做繫聯的功夫。第六章為全文的重心之一，將二十一組銅器，就銘文及器形、花紋與文字風格等方面討論。第三章、第五章與第六章共得出兩件一級器、兩件二級器、四十二件三級器、七十一件四級器。第七章是全文的結論，就穆世器的銘文內容以補史書之缺，也歸納了穆世器的特徵，對穆王時代做文化現象的說明。全文約三十萬字，涉及二百二十五件左右的銅器。在全文之末附有「本文所探討各器及其時代一覽表」是作者對所涉及各器時代的意見。

憲仁要感謝的師長實在好多，在大一時 黃師錦鋐對憲仁有著知遇之恩，感謝 黃師化解了我對國學浩瀚的恐懼；故宮 吳師哲夫、臺灣科技大學 周師聰俊也是憲仁不敢忘懷的： 吳師在文獻學與資料蒐集上對憲仁有很多啓發；憲仁有幸能在 周師的研究計畫中擔任助理，並對三禮有進一步的認識。在文字學方面， 賴師明德與 許師錟輝的教導對本論文有很大的幫助；臺大 葉師國良在觀念與三禮方面對憲仁也多有啓發；在銅器學方面，故宮 陳師芳妹引導了憲仁不少中文系所未能習得的方法與觀念。

面對汗牛充棟的書面資料、難以掌握的考古材料與學者間分歧的看法，憲仁常不知所從，是師長們引導我走過這段路程上的歧路和流沙。

本文在撰寫過程，得到「吉星福、張振芳伉儷文教基金會」獎助，非常感謝。

另外，好友謝宗憲與戴宇志、同學李岳儒、李佳信學弟、許文齡助教常在我苦悶時安慰我，忍受我的牢騷與迷糊。就讀師大工教所的好友張耿輔，在幾次電腦出問題時，熱情地幫我處理。眞的很感謝他們！

大陸學者劉啓益先生惠賜其論著目錄，對本論文在資料的收集上有不少裨益，在此也表達謝意。

銅器每個課題都做來不易，斷代尤其困難，先進前學的不斷投入研究，

才使這門學問漸漸地開展。本論文只是初試之作，憲仁天資駑鈍，學識荒陋，罣漏之處，在所不免，在此本著謙虛誠心，期盼方家先進，幸垂教焉。

己卯年孟夏之月鄭憲仁謹識於
國立臺灣師範大學國文研究所

# 體例說明

1. 引用銅器器名皆加〈　〉符號表示，如〈班段〉。
2. 凡銅器拓片在器名後加上《殷周金文集成》與《金文總集》之器號，如〈班段〉04341-2855，表示〈班段〉銘文拓片收錄於《殷周金文集成》第 04341 號，與《金文總集》2855 號，凡是未收錄則以☒表示。
3. 拓片銘文不能隸定而字跡清楚者，則摹其字形；凡是不可識或字跡不清則以□表示；凡是有殘文則以☒表示。
4. 引文之器名則依其定名，在文中討論則用作者定名，如〈長囟盉〉不少學者定名爲〈長由盉〉，在本論文引用時，則依該文之定名，討論時則用本論文作者同意之名稱，故不用〈長由盉〉而徑改稱〈長囟盉〉。
5. 本文各章節之附圖皆置於全書之後，圖片主要來源爲考古報告、唐復年先生《西周青銅器銘文分代史徵器影集》、《中國青銅器全集》、《中國文物精華大全・青銅器卷》、《陝西出土商周青銅器》等，拓片主要來源爲《殷周金文集成》、《商周青銅器銘文選》、《西周青銅器分代史徵》等。

# 出版附記

　　本書是作者於西元 1999 年 6 月完成之學位論文，出版前僅就錯別字加以修正，並抽換較清晰之附圖，其他則存原作之舊貌。

　　感謝中央研究院歷史語言研究所之「殷周金文暨青銅器資料庫」提供極大的便利。就讀於國立成功大學中國文學系碩士班鄭宇清同學與國立臺南大學國語文學系碩士班李國昌同學協助校對，并於此誌謝。

# 第一章　緒　論

## 第一節　研究動機與範圍

　　關於銅器的研究可分成很多方面：有銘文的研究、有器形學的研究、有紋飾的研究、有斷代的研究、有鑄造技術的研究⋯⋯這些課題有的屬於古文字學、有的屬於藝術史、有的屬於科技史、有的屬於上古史的領域，這些領域雖然各有專業，但是既然要以銅器做為研究的對象，就不能不考慮到眞僞和時代的問題。眾所周知，要考釋一個古文字，就得探其字形、字義乃至於字音的演變，要達到這樣的目的，就不得不探究金文字形的演變情況，這就牽涉到時代的問題；如果要研究的是古代的鑄造技術，就不能不對銅器的鑄造技巧下一番功夫，這就與器物的時代相關；要研究上古美術，誰能捨棄銅器紋飾所呈現的巧思呢？而這些紋飾的時代又豈能不加以留意？西周銅器的斷代與西周史的研究更是息息相關，銘文的內容適足以補文獻之不足，而文獻記載又正有助於銘文的通讀。這種種課題都和銅器斷代有著不解之緣，各個課題也都互為輔助，彼此相參。

　　研究一件銅器、一篇銘文，必須先進行的是辨僞，再來就是確定其時空座標，時間的座標便有賴於斷代的研究。眞僞不分，則立論失據；斷代不明，則無以論其演變之跡。

　　在國學研究的種種課題中，銅器的研究起源不可謂晚，但快速進長，卻是近代的事。東漢許愼曾利用銅器上的銘文探究中國文字的字形；宋人開啓金石學的研究風氣，有關銅器的一些課題就包含在金學中，到了近代，王國

維先生對銅器的斷代有較好的示範，郭沫若先生在這方面更有空前的創舉，《兩周金文辭大系》一書正式地開啓了銅器斷代研究的大門，對於銅器的利用提供了很大的便利；沒有經過時代分析的銅器，就少了時間的座標，非專研此道者，難以利用銅器所提供的資訊從事研究。自王、郭兩位先生以來，銅器斷代學有快速的進展，不管是古史研究者，或者藝術研究者等等，都能參考銅器斷代學的成果，加深自己領域的研究，這也是專門從事銅器斷代研究的學者所樂見的。

　　一部機器要能運轉得順利而長久，各個零件必然要配合的好，鏍絲釘也要鎖得牢固才行，如果機器的鏍絲不能鎖緊、鎖好，即使能運作，也恐怕哪一天會解體；一門學術也是如此，每個課題的研究必定要建立在穩固的架構才行，每一步論證必定要客觀、合理，兼顧各個層面，否則建立起來的結論，難免會被推翻。自郭沫若先生的《兩周金文辭大系》問世至今，已超過一甲子。這六十多年來，不少銅器的斷代在學者間的反覆論辯後，得到較可信的答案，在這個過程中，也有些不正確的斷代意見，已被不斷的引用和傳播．例如〈毛公鼎〉曾有學者認爲是成王時代器、〈訇鐘〉（〈宗周鐘〉）曾有學者認爲是昭王時代器，如果研究上古史的學者、從事銅器器形學的學者依據這些錯誤的斷代意見爲材料，再從而進行其他研究，就不免被誤導而產生更多錯誤的見解。

　　就西周銅器來說，穆王時代是個轉變的時期，在器形、紋飾和書法風格方面，這個時代具有關鍵性的地位。從事穆王時代器的研究，適足以掌握這個歷史性的時期，所以在西周十二王中（若含文王則十三位，若將共和獨立處理，則又多一時期）作者選擇穆王時代爲探究的重心。本文期待對學者們在穆王時代器的各種意見，做一探討，並且檢驗其論據是否合理、正確，剔除錯誤或舉證不足的說法，更進一步希望將目前可看到的穆王時代銅器做分級，便於其他領域的學者利用。

## 第二節　研究方法

　　銘文的通讀是研究銅器斷代的第一步，不能識其銘文內涵，則無以洞察銅器自身所陳述的時代線索；要通讀銘文，則必以古文字的研究爲基石。本文在斷代方面主要是用標準器斷代法，而標準器斷代法就和銘文的通讀息息

相關。此外，本文結合古籍記載及銅器各銘文間的相關人事時地，參考器形、花紋及文字風格，綜合地對穆王時代器做探討與分級。

自從王國維先生提出「二重證據法」〔註1〕，學者莫不奉為準則，本文在探討銘文內容及繫聯方面，亦由古籍的記載為依據，並大量參考出土文物，儘可能尋緒旁搜，細大不捐。

在步驟上，先回顧民國以來學者們的成果，吸取其研究方法及經驗，接著專對標準器做全面的考釋與研究，本文認為穆王時代的標準器有四件，分別是：〈遹啟〉、〈剌鼎〉、〈長囟盉〉與〈鮮啟〉（兩件〈長囟啟〉及一件〈長囟盤〉為三級器）。掌握標準器之後，就全面地對古籍中所記載的穆王史事，加以整理辨析。以標準器及古籍的資料為起點，對銅器做繫聯的工作，並大量參考學者們的意見，將所涉及的銅器分為二十一組。最後再一一探討是否為穆王時代器，並依各銅器斷代標準的可信度加以分級，第一級為可信度最高的標準器，由銘文可以明確看出其時代；第二級亦為標準器，經由銘文內容可以推得；第三級為相關器，由文獻或銘文的比對研究，加上器形花紋、字體風格比對與考古情況的探索之後，可以肯定為穆世器者；第四級為可能器，可信度較相關器為低，所能論斷為穆世器的理由稍有不足。本文又在此基礎上，對穆王時代史實做補充、對銅器所呈現的面貌與風格進一步剖析。

## 第三節　全文結構

本文以研究穆王時代銅器為主題，在銘文考釋、器形紋飾的探討及古籍記載，都儘可能綜合地考察，以下分別就各章的內容作一簡要的概述：

第一章為全文「緒論」：說明本文的研究動機、研究範圍與研究方法，並對全文結構加以介紹。

第二章是「研究回顧」：對學者們的研究成果做說明，評論其方法、學習其長處、吸收其成果。在本文中第二章佔了不少篇幅，正是因為銅器斷代學自郭沫若先生以來，不少傑出的學者獻身其間，各種意見或多或少都有出入，這一章重在將各家對穆王時代器的不同看法清楚地反應。再者，今日之成果

〔註1〕 王國維《古史新證‧總論》（北京：清華大學出版社，1996年3月，頁2）言：吾輩生於今日，幸於紙上之材料外，更得地下之新材料。由此種材料，我輩固得據以補正紙上材料，亦得證明古書之某部分全為實錄，即百家不雅馴之言，亦不無表示一面之事實，此「二重證據法」。

皆建立於昨日之努力，銅器斷代學有今日的成果，正是之前學者們孜孜不倦，專研學術得來的，以故本文用了不少篇幅在研究回顧上。

第三章是「穆王時代標準器組研究」：首先提出銅器分級的方式，標準器又分為一級與二級兩種，〈遹設〉與〈長囟盉〉為一級標準器，〈刺鼎〉和〈鮮設〉則是二級標準器。另外與〈長囟盉〉同墓所出的同一器主所作的〈長囟設〉二件與〈長囟盤〉則為三級器，因為和標準器同出而器主相同，所以列入「標準器組」。這一章並對標準器組做綜合研究，包含銘文考釋與器形、紋飾、文字風格等，儘可能全面而綜合地認識標準器組，以為穆王時代器的判斷基準。

第四章是「穆世標準器以外的文獻所載穆王之探索」：古書的記載也是判斷銅器時代的重要依據，本章從先秦古籍《尚書》、《左傳》、《國語》、《竹書紀年》、《穆天子傳》、《逸周書》、《管子》、《楚辭》及兩漢以下古籍《史記》、《列子》、《後漢書》、《漢書》臣瓚注中爬羅剔抉出有關穆王的記載，探索其可信與否，加以匯整，做為與銘文聯繫的準備。另外本章更闢專節探討了「徐偃王的問題」。

第五章是「穆王時代相關銅器的初步繫聯」：這一章建立在第二章、第三章與第四章的基礎上，將相關銅器做初步的繫聯，得出二十一組。繫聯方式除了人名的繫聯外，還有事件、考古的繫聯。其中考古繫聯則探討了「長安普渡村長囟墓」、「長安普渡村二號墓」、「臨潼南羅墓」、「扶風齊家十九號墓」、「寶雞茹家莊一號及二號墓」、「長安花園村十五號墓及十七號墓」等墓葬。得三級器十一件，四級器四十四件。

第六章是「銅器分組探討」：就二十一組分別探討其中那些是穆王時代三級器及四級器，其判斷方法以銘文為主要依據，參考器形、紋飾、文字風格及考古現象，得到三級器二十八件，四級器二十七件。

第七章是「結論」：將穆王時代器做全面的探討。

# 第二章　研究回顧

　　關於銅器斷代的探尋在西漢已見記載〔註1〕，到了宋代，才有明顯的進展。宋朝的金石學者對於當時出土與傳世的銅器用大的時代為區分，或粗略地僅分為三代及漢，細者或分成夏、商、周、漢四大類，間有小類。他們將銘文、器形與花紋做為考察的指標，並且考慮了出土的地點，某些器乃以曆法推其精細年代，但是由於那個時代古文字學遠不如今日，而且在鑄造、器形學各方面都未能有系統地研究，以致在斷代方面難免產生不少失誤，甚而穿鑿附會。清代樸學大興，金石學也有更大的進展，乾嘉以來的學者對文字學有很深的造詣，加上對於銘文的喜好，金文的研究有了新的成果，但在斷代的探究上，並未有明顯突破，清人為避免宋人附會之弊，或直稱「商周」、「三代」，在各種著錄中，對於器物時代皆未能仔細地交待。

　　民國以後，銅器斷代的研究，有飛快的進展，王國維先生對於銅器時代漸有論及，郭沫若先生更提出劃時代的的著作——《兩周金文辭大系圖錄》及《考釋》，從此這個領域的研究益加精細，投入的學者也更多，加上科學考古的建立，新的成果不斷發表，銅器斷代成了專門的課題，也推動了古史及

〔註1〕　在傳世文獻中提到春秋時代有鑒定銅器之事，《韓非子・說林》載樂正子春鑒定銅器真偽，但未見記載有關考定銅器之年代者。西漢時也有鑒定銅器之事，《漢書・武帝紀》載李少君斷定一件武帝左右不能識的銅器為「齊桓公十年陳于柏寢」之器，但是既然左右都不能識，必李少君始能斷，則「已而按其刻，果齊桓公器，一宮盡駭，以為少君神，數百歲人也」，就有疑惑了，不知如何能證明李少君所言不虛，既是左右之人皆不能識，則按其刻者又何人，史載不詳，李少君定其為齊桓公器是否正確也只能存疑。宣帝時張敞鑒定〈尸臣鼎〉則較為可信，所言之銘文與今日所見金文文法同，是張敞能識銘文，雖稱得上銘文隸定，然此非銅器斷代之事。

相關學術的進步。

在這個章節中，擇選了中外十多位學者的研究成果做為回顧，外國學者以日本為主。在選擇上，本文就「穆王時代器」為重心，因此學者中，即使曾在銅器斷代上下過功夫，但對於「穆王時代器」未提出專書或專文的，便不列入討論。下面將一一對這十多位學者的成果做回顧，以學習其方法與經驗。中國學者方面，吳其昌、郭沫若、容庚、陳夢家及唐蘭五位先生，大致以代表性著作發表年代為次，李學勤、馬承源、劉啓益以下幾位先生，因為至目前皆有新作品不斷問世，且年代相近，故在排列上，大致以著作中涉及穆世器斷代的時間先後為次，這幾位學者的研究在時間上實無明顯的前後之別；日人著作則列在後面討論。在陳述上，某些器名或用字，本文在引用時仍依該位學者所用之器名或字，在論述時，則用本文確定之名稱。

# 第一節　吳其昌

吳其昌先生的斷代方法主要是依據曆朔，他的斷代作品發表最早，是民國以來大規模地從事銅器斷代的學者中，最早提出自己一套體系的學者。

以曆法定銅器時代，宋人已發其端，如呂大臨《考古圖》以曆法定〈散季敦〉為武王時代器〔註2〕，而清人尤留意於此，惜囿於材料及天文認知，成

〔註2〕呂大臨《考古圖》（卷三，頁3～4），所稱的〈散季敦〉當正名為〈散季殷〉，又呂氏考定其時代的論證如下：
以太初曆推之，文王受命歲在庚午，九年而終，歲在己卯。《書》曰：「惟九年大統未集。」武王以明年改元，十三年壬午伐紂，實（以上十五字，刻本無，容庚據《籀史》上十三補，今據以補入，參容庚《商周彝器通考》，頁33。）武王即位之四年。敦文曰「惟王四年」，蓋武王也。是年一月辛卯朔，《書》曰「推一月壬辰旁死魄」，旁死魄，二日也。是歲二月後有閏，自一月至八月小盡者四，故八月丁亥朔，與敦文合。武王之時散氏惟聞散宜生，季疑其字也。
其推論漏洞甚多，首先自漢人流傳之曆法不只太初曆，而各曆法所推得時代便有出入；其次西周王年至今爭論未止，而呂氏遽能定為武王四年，則其說已甚可疑；第三，西周置閏是否如其說在二月後，猶有可議；第四，由散季而遽合散宜生，「惟聞」二字正說明資料的不足，仍遽以論其人，此說實難服人；第五，也是最重要的是在形制方面，西周中期的〈散車父殷〉與此器形近似，況且西周早期殷亦不作此形。呂說忽略了古代曆法所存在的問題，並且對器形未能一併探討，自然推論多誤。當然在那個時代，呂大臨的論證仍是有其時代意義，在學術史上也是有一定地位的。

果不大。民國以後，劉師培先生著《周代吉金年月考》亦就曆法考銅器之時代，其附會及錯誤過多，故在此不予論述。王國維先生作〈生霸死霸考〉，乃以曆算推〈師虎敦〉、〈虢季子白盤〉、〈吳尊〉、〈兮甲盤〉、「頌器」為宣世之器，對研究風氣不無影響，吳其昌先生為其學生，乃擴而以長曆為斷代之學。就曆法研究銅器時代較有重要著作者，最早應推吳先生。

吳其昌先生著《金文曆朔疏證》自述其方法：

> 如能于傳世古彝數千器中，擇其年、月、分、日，全銘不缺者，用四分、三統、諸曆推算六、七十器，礦定其時代。然後更以年、月、分、日，四者記載不全之器，比類會通，考定其時代，則可得百器外矣。然後更以此百餘器為標準，求其形制、刻鏤、文體、書勢，相同似者，類集而參綜之，則無慮二、三百器矣。然後更就此可知時代之群器，籀繹其銘識上所載記之史實，與經傳群籍相證合，則庶乎宗周文獻略可取徵于一二矣。[註3]

由其自述可以看出，吳先生以曆法為主軸，考定了銘文中記年月時日完整的器，定出其時代，再推及記時不完整的器，最後由銘文形制等參綜定出更多銅器的時代來，這樣的研究方法與今日銅器斷代方法有相合之處。至於在月相方面，他採用王國維先生〈生霸死霸考〉的意見；在取材上，選擇了八本著錄：《嘯堂集古錄》、《鐘鼎彝器款識法帖》、《攈古錄》、《愙齋集古錄》、《周金文存》、《貞松堂集古遺文》、《綴遺齋彝器款識考釋》、《善齋吉金錄》，以此八書為主，其他著錄為輔，得到三百一十二器，並分為五類：

> 審擇其間銘有曆朔，或人名、地名、記事、記史，可直接、間接推算考證者，凡得三百一十二器。……其入本編疏證之三百十二器，則又可各依類傳，而析之為五焉：
>
> 第一類：銘詞中凡年、月、分、日四者俱備者，凡得四十二器。此四十二器，又可依類而析為三組：
>
> 甲組：年、月、分、日四者全，年之上又冠有王號者……
>
> 乙組：年、月、分、日四者全，而又傳形制者……
>
> 丙組：年、月、分、日四者全，而刑（形）制未傳者……

---

〔註 3〕吳其昌《金文曆朔疏證》第一冊（國立武漢大學叢書，上海：商務印書館，1936 年 12 月），〈卷首〉，頁 3。

第二類：銘詞中凡年、月、分、日四者之中，止備其三而缺其一者，凡得七十五器。此七十五器又可依類而析爲四組。

……（憲仁案：分別爲四者中缺年、缺月、缺分、缺日，各爲一組。）

第三類：銘詞中凡年、月、分、日四者之中，僅列其二，而缺其二者，凡得二十四器。此二十四器，又可依類而析爲四組。……

第四類：銘詞中凡年、月、分、日四者之中，僅存其一而缺其三者，凡得一十六器，此一十六器，又可依類而析爲三組。……

第五類：銘詞中于年、月、分、日四者俱缺，無可推算；然其人名、地名、記事、記史之文，有可以直接或間接攷證，碻實可任者，凡得一百五十五器。

此一百五十五器，又可依類而析爲四組：

甲組：有直接證可攷，而又傳形制者……共二十一器。

乙組：有直接證可攷，而形制未傳者……共二十四器。

丙組：有間接證可攷，而又傳形制者……共四十七器。

丁組：有間接證可攷，而形制未傳者，計即本篇三百十二器中，除上列二百四十九器，餘六十三器是也。〔註4〕

從他所分的五類十八組中，不難看出他希望由曆法做主軸，輔以銘文、形制等條件，架構出一個西周銅器斷代的體系來。在其分類中年月分日資料完整的畢竟有限，因此不得不對有「缺憾」的材料提出補充方法，如對於缺少紀年的器，吳先生自述其方法爲：

今得一法，可以彌此遺憾。即於此組諸器中，求其姓、氏、名、次相同，碻爲一人一時之所鑄者。按：一人同年所鑄之器，或上下年所鑄之器，所銘「月」、「分」、「日」，如二器不同，則二器麻朔可通之月，皆可以多至無限；各引而長之，則爲二條不同的過程之綫。在此二條不同的過程之綫上，求得一互同之交點，則知此二器，必爲此交點上之一年，或其上下年之所鑄也。……惟在某一年中，或上下年中，其「月」、「分」、「日」，與同時所鑄之甲乙二器所銘之麻朔，皆能適合而無牾，則知此甲乙二器者，必爲此某年，或某上下

---

〔註4〕同上註，頁5～9。

年之所鑄也。簡言之，雖不記「年」而止有「月」、「分」、「日」，但能求得二器以上之材料，即不難憑藉二種相連係之「月」、「分」、「日」，以推勘其「年」也。〔註5〕

吳先生這裡所說的正是他的輔助辦法，以銘文中所載人物做為條件，將相同的人物各器所載之朔曆分別製成一線，求其交點。這樣的方法看來是很科學的，但是對於各王在位年數這一先決條件，吳先生並未能有所突破，以致於用了很多心力而不免受到非議。譬如，在初次發表時，他將恭王定為十二年，郭沫若先生批評：

> 吳於周初之年曆攷定頗勤，初著〈殷周之際年曆推證〉，據劉歆三統曆以譜出宗周自文王十三年至幽王十一年之曆朔。繼著《金文曆朔疏證》，即以其所製之曆譜以推步彝銘。驟視之頗驚其成績之浩大，然夷考其實，實大有可議。蓋周初曆法迄未確知，即宗周列王之年代亦多有異說。例如恭王言，《太平御覽》第八十五引《帝王世紀》云在位二十年。《通鑑外紀》則云在位十年，又引皇甫謐說在位二十五年。《皇極經世》復推算為十二年，世多視為定說。吳氏《曆譜》中所採者即此十二年說。然今存世有〈趞曹鼎〉弟二器，其銘曰：「隹十又五年五月既生霸壬午，龏王在周新宮，王射于射盧。」……由此器可知恭王有「十又五年」，彼二十五年說與二十年說雖未知孰是，然如十二年說與十年說，則皆非也。吳譜所採者為十二年說，又其《疏證》於〈趞曹鼎〉亦有論列，因於「龏」字未細心辨宷，又誤認「壬午」為「壬寅」，遂定為屬王十五年五月十一日所作之器……今得識龏字，吳說可謂徒費氣力矣。〔註6〕

後來吳其昌先生在 1925 年出版的書中已接受郭沫若先生的批評，而將恭王年數修正為二十年，吳先生在銘文釋讀上的失誤也造成了斷代上的錯誤，尤其將干支誤讀，在推曆上就更不能令人信服了。郭先生在批評中指出的「周初曆法迄未知」、「宗周列王之年代亦多異說」，正好點出了以曆法定器之年代的關鍵疑點，容庚先生對於這方面也指出：

> 案：《漢書·律曆志》云：「三代既沒，五伯之末，史官喪紀，疇人

---

〔註5〕同上註，頁13～14。
〔註6〕郭沫若〈毛公鼎之年代〉，《金文叢考·器銘考釋》（北京：人民出版社，1952年），頁280～281。

子弟分散，或在夷狄，故其所記有黃帝、顓頊、夏、殷、周及魯歷。」杜預《春秋釋例》云：「劉子駿造三統歷以修《春秋》。《春秋》日有食之，有甲乙者三十四。而三統歷惟得一日食，歷術比諸家既最疏，又六千餘歲輒益一日。凡歲當累日爲次而無故益之，此不可行之甚者。班固前代名儒，而謂之最密。非徒班固也，自古以來，諸論《春秋》者，多違謬，或造家術，或用黃帝以來諸歷以推經傳朔日，皆不得諧合。」黃帝等歷且不足據，遑論後起劉歆所作之三統歷；以推《春秋》且多謬誤，遑論西周。且也吳氏所編《曆譜》，自武王滅殷以至幽王凡三百五十二年，《史記・周本紀・集解》引《汲冢紀年》凡二百五十七年，相差至九十五年。又《曆譜》自武王滅殷以至穆王凡一百七十七年，《晉書・束晳傳》據《紀年》云「自周受命至穆王百年」，相差至七十七年。此兩問題不解決，則其所推算之曆朔等于空中樓閣。〔註7〕

容先生又對長曆斷代的研究表示不能同意：

> 金文中的曆日推定法根本就無足取，只可作爲參考旁證，不能作爲主要標準。周初有無一定的曆法，當時所行的是什麼曆法，及西周各王的年數，是不大清楚的。就是周初所採用的月相也大不明確，徒以後人製作的標準作主觀的忖測，故致異說紛紜。〔註8〕

郭沫若先生甚至痛批編長曆的風習：

> 彝銘中多年月日的記載，學者們又愛用後來的曆法所制定的長曆以事套合，那等於是用著另一種尺度任意地作機械的剪裁。在二、三十年以前的舊人僅僅就一二例以作嘗試，其結果倒也無足輕重，近一、二十年來的新人們更擴大規模作整套的安排，大表長編，相沿成爲風習。作俑者自信甚強，門外者徒驚其浩瀚，其實那完全是徒勞之舉。周室帝王在位年代每無定說，當時所用曆法至今尚待考明，斷無理由可以隨意套合的。〔註9〕

在西周年代上一直存著很多異說，郭、容二位先生對吳先生的質疑皆能正中吳

---

〔註7〕 容庚《商周彝器通考》（臺北：文史哲出版社，1985年1月），頁38～39。

〔註8〕 容庚、張維持《殷周青銅器通論》（臺北：康橋出版事業有限公司，1986年5月），頁15。

〔註9〕 郭沫若《青銅時代・青銅器時代》收於《郭沫若全集・歷史編》第一卷（北京：人民出版社，1982年9月），頁603。

說的致命點，歸此二家評議的重點主要是「西周列王之年未定」、「西周時代總年數未定」、「傳世曆書未能準確推算古代紀年」這三個要點。雖然 1976 年 3 月上旬，陝西臨潼縣零口公社西段大隊發現〈利殷〉，其銘文載明做器時代為武王，記事為周人克殷，並記其日為甲子，星相為「歲鼎」（有異說）〔註 10〕，學者們與古書相對照，並由歲星在鶉首（長蛇 α 星）等條件推測武王伐商之年，雖然如此，說法仍是各家紛紜。〔註 11〕是武王克殷之年由出土之器提供資訊，猶有爭議之處，武王以下更是無可奈何。由此可見，欲以曆法定銅器之年，其可議之處至今猶未能解決。

　　吳先生對於銅器斷代的研究，儘管受人質疑處不少，但在方法上，也有可取者，他的輔助方法中以人物、器物形制、文字風格做為參照便是很正確的方式，這一點可說是其最可取之處（可惜吳說將此皆置於輔助地位）。事實上，儘管郭先生強烈批評吳先生曆朔定年的方法，但《兩周金文辭大系》的

〔註 10〕 對於〈利殷〉的「歲鼎」二字，說法相當分歧，爭議也最多，「歲」字的說法大致上有七種：（1）歲星；（2）歲祭；（3）年歲；（4）時；（5）越；（6）總其成功；（7）戰爭。「鼎」字的說法有六種：（1）器物名；（2）當；（3）則；（4）革新；（5）貞；（6）方、將。在如此分歧的意見中，對「歲鼎」的解釋具有代表性的看法有：
　　（1）貞卜一歲之大事：以于省吾（〈利簋銘文考釋〉，《文物》1977 年第 8 期）〕、陳昌遠（〈從「利簋」談有關武王伐紂的幾個問題〉，《河南師大學報》1980 年第 4 期）為代表。然在大敵當前貞卜一歲之事，似有可議。
　　（2）歲星正當其位：以張政烺（〈利簋釋文〉，《考古》1978 年第 1 期）、馬承源（〈利簋〉，《商周青銅器銘文選》冊三，北京：文物出版社，1988 年）等為代表。然將「鼎」釋為「當」於古籍、銘文皆為罕見。
　　（3）占星家預言：徐中舒（〈西周利簋銘文箋釋〉，《四川大學學報（社會科學）》1980 年第 2 期）獨持此說。因為看法特異，故學者罕有從之者。
　　（4）歲祭貞卜：以郭沫若、黃盛璋（參見〈關於利簋銘文考釋的討論〉，《文物》1978 年 6 月）等為代表。然而於戰前行歲祭未聞其禮。
　　（5）完成征商的功業：高明（《中國古文字學通論》，北京：文物出版社，1987 年，頁 439）持此看法。然訓鼎為取新，再指完成功業，顯得迂曲。
　　（6）歲星在周，貞卜吉利：洪家義（《金文選注繹》，南京：江蘇教育出版社，1988 年，頁 5）持此說，此說歲字同於「歲星在正其位」之說，說鼎同於「歲祭貞卜」之說。
　　在這些說法中，以將歲釋為歲星的說法較佳，而鼎字則尚無較好解釋。
〔註 11〕 依據北京師範大學國學研究所編《武王克商之年研究》（北京：北京師範大學出版社，1997 年 11 月）一書所統計，對於武王克商之年有三十七種說法，美國學者倪德衛及夏含夷，中國學者周法高及趙光賢四位先生皆主公元前 1045 說，本文認為此一推測較優。

斷代和吳先生的斷代相合者實多，這樣看來，吳先生的方法及其成果也不可全盤抹殺。

　　任何器銘的時代斷定，決離不開銘文的考釋，吳先生即使已就銘文及器形、花紋為參照，然而在他自認很嚴謹的研究之下，仍有不少錯誤，就以他考證〈毛公鼎〉為成王初年器一事而言（當時持此看法的學者不少，非獨吳先生），在曆朔之外，他也「細覈其曆史故實，比勘其語言文字，又取〈小子設鼎〉……等比較其形制、花紋」結果得到的答案仍是錯的。當然，正確的方法之外，對於各項論證過程仍不能存有一點失誤，失之毫釐，謬以千里。原則上：只要謹慎地就銘文內容加以通釋、考證人物是否為同一人或同一時代，再將相關器繫聯，曆算則可做輔助，可減小誤差，這樣的研究對於銅器斷代這個課題也能提供重要的參考價值。不過不可忽略的前提是：各種線索的聯結及舉證都應十分小心謹慎才行。

　　吳先生又著《金文疑年考》再度揭櫫其方法及態度：

　　　　今其昌此表，固以曆為骨幹，然必以器中之人名、地名，連貫迻邐
　　　　之點，一一抉揚疏理，使之互相經緯，必使之無一器不通，然後敢
　　　　定。猶以為未足，必將器中所記之史實狀況，博考經典、傳記、諸
　　　　子遺說，與之大致符合，而不致有世代之差誤，然後敢定。以是藉
　　　　人名地名之經緯以定器，藉器之以定曆，又藉器與曆，而使經典史
　　　　傳所記合乎當時史實者，益得實物上之保障。又藉經典與古器所記
　　　　事實先後之大概，而使僅存古曆，益得史實上之證明。相互為用，
　　　　而宗周遺事，或可稍窺於萬一乎？〔註12〕

這樣的意見與求實之態度誠然可貴，他以事件將器分為八大組五小組〔註13〕，此種方法是值得採用的，在這段自我陳述中，不難看出吳先生更加著重銘文中人名、事件等記錄，與早時的方法相較之下，曆法的比重少了些，轉而對銘文內容更為留意，這或許是他因郭沫若先生的批評而稍作調整，於是希望由銘文中的人事，做為曆法斷代的補強。但是吳先生必以某器作於某王某年，故錯誤者不少，前文所舉的〈毛公鼎〉便是一例，他所陳述的考證態度及方法確有可取，但實際實行時又附會太多，這恐怕和他以曆法為骨幹而求之太過，每一器

〔註12〕吳其昌〈金文疑年表〉，《國立北平圖書館館刊》第六卷第五號（1932 年 9、10 月），頁 14。
〔註13〕同上註，頁 14～16。

必斷爲某王某年以致過於牽合，不無關係。吳先生之後，對銅器曆法投入心力的有馬承源、何幼琦、張聞玉、劉啓益等幾位先生，在各節中將有討論，此不贅述。

吳先生提出穆王銅器共七件，本文將《金文麻朔疏證》與〈金文疑年表〉所提出之意見擇要整理如下：

1. 〈呂鼎〉：以爲穆王二年器。除了提出曆法證論外，吳先生認爲本器與〈遹毁〉「字體宛肖」、與〈剌鼎〉「同年同月」、考經典爲「作〈呂刑〉之呂侯」。

2. 〈剌鼎〉：以爲穆王二年器。吳先生認爲「此鼎與〈遹毁〉、〈呂鼎〉，字體宛出一范，亦此鼎決爲穆王器之證」。

3. 〈休盤〉：以爲穆王二十年。吳先生提出「此盤文字之體制氣韵，與〈遹散〉全同」。

4. 〈伯戋盤〉：以爲穆王三十七年。

5. 〈伯戋盦〉：以爲穆王三十八年。

6. 〈遹散〉：收爲附器。其年不可考。《金文疑年表》以爲「與〈呂鼎〉、〈剌鼎〉時間相距甚近」。

7. 〈井鼎〉：收爲附器。吳其昌由「王漁」認爲此器與〈遹毁〉〔其文用散字〕同記一事，「字體亦甚相肖」。其年不可考。《金文疑年表》亦以爲與〈呂鼎〉、〈剌鼎〉時間相距甚近。

由於其書成於 1936 年前後，後來所出的長囟諸器，及當時未見著錄的〈鮮毁〉，吳先生皆未能見，尤其〈鮮毁〉有更清楚的記年月日，惜吳先生不及以此相校。


## 第二節 郭沫若

西周銅器斷代的研究到了郭沫若先生才有重大的突破，可以說這個課題的研究因郭先生才正式起飛。

郭先生在流亡日本時，開始對於中國先秦銅器銘文進行研究，並取得極大的成果，1931 年撰成《殷周青銅器銘文研究》、1932 年出版《兩周金文辭大系》、《金文叢考》與《金文餘釋之餘》，1933 年完成《古代銘刻匯考》，於1934 年又著成《古代銘刻匯考續編》，後來改編本的《金文叢攷》把原有的《金

文叢考》、《金文餘釋之餘》、《古代銘刻匯考》和《續編》中的金文部分匯集
起來；又於 1934～1935 年將《兩周金文辭大系》做增訂，到了 1956 年又再
修訂。

　　關於銅器斷代上，最值得重視的是《兩周金文辭大系》，此書是中國銅器
研究的分水嶺，也稱得上是劃時代的大作。郭先生在 1931 年 3 月 20 日予容
庚先生的信中提到：

> 《金文辭通纂》大體已就，分上下二篇：上編錄西周文，以列王爲
> 順；下編錄東周文，以列國爲順。上編仿《尚書》，在求歷史系統；
> 下編仿《周詩》，在求文化範圍。……弟所見列王之器，與吳其昌君
> 所見者幾于全異，如〈毛公鼎〉，弟謂乃宣王時器……〔註14〕

到了該年 9 月 9 日，《兩周金文辭大系》全書完成，又作了序文及解題；1932
年 1 月 10 日，在日本東京文求堂書店景印出版。於 1934～1935 年期間，又
將該書作了增訂，在器物上由 137 件西周器、114 件東周器，增加爲 250 件西
周器、261 件東周器；並且刪去僞器，改爲《圖錄》與《考釋》二書。

　　郭沫若先生提出標準器的研究，由銅器銘文內容擇出斷代的重要定點，
再由此出發，結合形式、紋飾及書法風格等，將歷來含糊不清的銅器斷代轉
化爲有條理、有方法可尋的學問，並且避免吳其昌先生以曆朔爲斷代主要方
法的缺失，更能客觀而有體系地整理銅器，他在自序中說明他的主張與方法：

> 年代之考訂則戛戛乎其難。自來學者亦頗苦心於此，其法每專依後
> 代之曆術以事推步。近時海內外承學之士，尤多作大規模之運用者。
> 案此實大有可議。蓋殷周古曆迄未確知，即周代列王之年代亦多有
> 異說。……蓋其法乃操持另一尺度以事剪裁，雖亦斐然成章，奈無
> 當於實際。學者如就彝銘曆朔相互間之關係以恢復殷周古曆，再據
> 古曆以爲標準，以校量其它，則尚矣。然此事殊未易言：蓋資料尚
> 未充，而資料之整理尚當先決也。余於年代之推定則異是，余專就
> 彝銘器物本身以求之，不懷若何之成見，亦不據外在之尺度。蓋器
> 物年代每有於銘文透露者，如上舉之〈獻侯鼎〉、〈宗周鐘〉、〈遹段〉、
> 〈趞曹鼎〉、〈匡卣〉等皆是。……均不待辯而自明。而由新舊史料
> 之合證足以確實考訂者，爲數亦不鮮。據此等器物爲中心以推證它

---

〔註14〕參閱《郭沫若書簡——致容庚》（廣州：廣東人民出版社，1981 年 5 月），頁
94。

器，其人名事跡每有一貫之脈絡可尋。得此更就文字之體例、文辭
之格調，及器物之花紋形式以參驗之，一時代之器大抵可以踪跡，
即其近是者，於先後之相去，要必不甚遠。至其有曆朔之紀載者，
亦於年月日辰閏之相互關係，求其合與不合，然此僅作爲消極之副
證而已。〔註15〕

在此段序文中，不難看出，郭沫若先生檢討了當時以紀年曆朔作爲斷代主要
依據的說法，他認爲曆朔是「消極之副證」，這是很正確的意見。他入手處爲
「就彝銘器物本身以求之」，參驗了「文字之體例、文辭之格調、器物之花紋」，
最後再考慮曆朔之記載，他曾以曆朔證明某些器非同一王世，在運用上，他
主張的是在較小的時段上去推，而不主張編長曆。上一節，本文提到吳其昌
先生的方法，吳先生入手處爲曆朔，雖然也「求其形制、刻鏤、文體、書勢，
相同者以類集而參綜之」，但是他以難爲確論的「曆朔」爲主要的考量，在研
究的主要方法上已不如郭沫若先生的標準器比較法，其成果也就小多了。

郭沫若先生提出的方法，在學術界產生了很大的影響，事實上，這是至
目前爲止銅器斷代上最主要也是最重要的方法，也唯有這種方法能做到更細
部——以王爲時期的斷代，而不再只是早期、中期、晚期這樣大時段的劃分。

雖然，郭先生提出的方法已大致稱得上完備了，然而銘文通讀的分歧仍是
一大考驗，以最有名的例子——〈㝬鐘〉爲例，郭沫若先生和唐蘭先生在此器
時代便持著很大的歧異，他由銘文「來逆卲王」斷爲昭王（瑕）器，唐先生則
由「器制、銘辭、文字、書體及銘辭中之史蹟」定爲厲王（胡）器〔註16〕，一
直到〈㝬殷〉、〈五祀㝬鐘〉的出土，這樣的爭論才結束，學術間已同意〈㝬鐘〉
爲厲王時代標準器，這一公案正說明了銘文判讀的不足之處，郭先生雖對花紋
形制有過專文論述，且在考釋文字上世稱大家，而仍不免有此等之誤。容庚先
生對郭先生的方法提出以下意見：

以此求年代，億中與否，恒視其人思想之疏密而異。如郭氏《大系》
初成于民國廿一年，及廿四年再版，即有若干之修正。又如〈宗周
鐘〉，郭氏屬之卲王，唐蘭則屬之厲王；〈麗羌鐘〉，郭氏屬之安王，

〔註15〕郭沫若《兩周金文辭大系・序》（東京：文求堂書店，1932 年 1 月），頁 5
～8。

〔註16〕唐蘭〈周王㝬鐘考〉，《故宮博物院院刊》1936 年 7 月；又載《唐蘭先生論文
集》（故宮博物院編，北京：紫禁城出版社，1995 年 10 月）。此段引文出自後
者，頁 39～41。

溫廷敬則屬之威烈王；〈秦公簋〉郭氏屬之秦景公，余則屬之秦桓公，
所謂不待辯者尚如此，況于銘文中無碻實之記載，而從形制、字體、
花紋以踪跡之者乎。〔註17〕

容先生的評論確實道出了斷代研究上的難處及郭先生在這課題研究上的缺
點。誠然，郭先生在某些器的斷代上有可議之處，然而其所提出的標準器研
究法仍為當前最能為學者接受的方法。

《兩周金文辭大系》對學術的貢獻除了提出標準斷代法之外，在「著
錄習慣」及「銘文考釋」上，都有其時代意義，葉桂生、謝保成兩位先生在
評論郭先生的史學成就時，便說道：

《大系》的問世改變了以往學者「以器為類」的著錄習慣和孤立考
證銘文的傳統作法，而是以年代為順序，理出周代金文的歷史系統
和地域分類，以及青銅器的發展趨勢，從而，使社會史和物質生產
發展史可以建立在比較可信的史料基礎上。〔註18〕

朱鳳瀚先生也對郭先生的成果稱道：

郭氏即以這種標準器斷代法，具體分析所列舉的西周銅器的年代，
從而建立了西周銅器研究的科學體系。在這部書中郭氏對許多西周
銅器年代的具體判斷被學者們認定為不易之論，其中某些器物所屬
王世，雖後來學者有所異議，有所更正，但至今學者們進行斷代研
究時的基本方法皆不外乎郭氏所創立的標準器法。〔註19〕

這樣的意見是十分公允的。

下面，就穆王時代器，將《兩周金文辭大系》前後兩個版本做一比較，
並且對郭先生將各器斷代的理由陳述如下：

| | 器　名 | 修正版 | 初版 | 斷　代　理　由 | 備　註 |
|---|---|---|---|---|---|
| 1 | 遹段 | ✓ | ✓ | 銘文中稱「穆王」 | |
| 2 | 靜段 | | ✓ | 字體與〈遹段〉如出一人手筆。器制全身施雷鳳紋，與〈庚嬴卣〉同。 | 初版定為厲王。 |

〔註17〕容庚《商周彝器通考》，頁40～41。
〔註18〕葉桂生、謝保成《郭沫若的史學生涯》（北京：社會科學文獻出版社，1992
年5月），頁103。
〔註19〕朱鳳瀚《古代中國青銅器》（天津：南開大學出版社，1995年6月），頁38～
39。

| 3 | 靜卣 | ✓ | | 與〈靜設〉同一人作。 | 初版定爲屬王。 |
|---|---|---|---|---|---|
| 4 | 小臣靜彝 | ✓ | | 與上面〈靜卣〉、〈靜設〉之靜係一人，特作器有先後。 | 初版未收 |
| 5 | 趞鼎 | ✓ | | 𤔲自即〈靜設〉之𤔲蠚自 | 初版定爲屬王。 |
| 6 | 呂鬲 | ✓ | ✓ | 此器字體亦與〈遹設〉亦如出自一人手筆，呂殆即穆王司寇呂侯 | 初版稱〈呂鼎〉。 |
| 7 | 君夫設 | ✓ | ✓ | 此設字體亦與〈遹設〉等爲一系，君夫當即穆王時司徒君雅，夫雅古同魚部。 | |
| 8 | 剌鼎 | ✓ | ✓ | 邵王即昭王，與〈宗周鐘〉同，此穆禘祭其父。此銘字體文例均類〈遹設〉，穆王時器也。（初版） | |
| 9 | 𪊽鼎 | ✓ | ✓ | 此鼎形制與〈師旅鼎〉同，知相隔必不甚遠，而同時之器其形制之可攷見者，如〈彔𠭰卣〉、〈彔設〉、〈遹𪖐〉等均典重有制，不失周初器之風味，字體亦稱是。《後漢書·東夷傳》「徐偃王僭號，乃率九以伐宗周，西至河上。穆王畏其方熾……」今觀諸器文，一面言征伐，一面與戲厌复通往還，於此事正合。 | 初版稱〈𪊽鼎〉；〔補註一〕 |
| 10 | 遹𪖐 | ✓ | ✓ | 遹與𪊽殆爲一人。 | 〔補註一〕 |
| 11 | 稻卣 | ✓ | ✓ | 師雄父自即〈𪊽鼎〉、〈遹𪖐〉之師雄父。 | 初稿稱〈稅卣〉；〔補註一〕 |
| 12 | 𢼸觶 | ✓ | ✓ | 師雄父自是師雄父。 | 初稿稱〈𢼸尊〉 |
| 13 | 彔𠭰卣 | ✓ | ✓ | 師氏即伯雄父，故又稱師雄父，師繫其職，伯繫其爵或字。 | 〔補註一〕 |
| 14 | 彔設 | ✓ | ✓ | （憲仁案：銘文提及白雄父） | 此外尙有一〈彔設〉，亦同人之器；〔補註一〕 |
| 15 | 彔伯𠭰設 | ✓ | ✓ | 彔𠭰之考爲乙公，此復稱釐王，蓋乙公乃廟號，釐王乃生稱。（憲仁案：以爲彔伯𠭰即彔𠭰） | 〔補註一〕 |
| 16 | 伯𠭰設 | ✓ | | 白𠭰即彔伯𠭰。 | 初版未收 |
| 17 | 善鼎 | ✓ | | 𤔲殆即〈靜設〉𤔲蠚自、〈趞設〉𤔲自之𤔲，厌所在之戍地也。與師雄父之戍古自殆同時事。「佳用妥福唬前文人，秉德共屯」語與〈伯𠭰設〉同，亦其時代相近之證。如此語例，此外尙無所見。 | 初版未收 |
| 18 | 競卣 | ✓ | ✓ | 此器花紋形制與〈彔𠭰卣〉如出一範，決爲同時之器無疑，疑屖父即𠭰之字也。作器者之競與〈𢼸觶〉之仲競父殆亦一人。 | 〔補註一〕 |

| 19 | 競𣪘 | ✓ | ✓ | （憲仁案：銘文中有白屖父，又與〈競卣〉爲同一人作） | 器出洛陽北之邙山廟溝，其中十四器，〈競卣〉疑爲同出土而分散；〔補註一〕 |
|---|---|---|---|---|---|
| 20 | 縣妃𣪘 | ✓ | ✓ | 伯屖父與〈競卣〉、〈競𣪘〉之伯屖父自是一人。 | |
| 21 | 𤜌鐘 | | ✓ | 案此乃王室之器，觀其屢稱「先王」可知𤜌則當是周王之名。此疑古顏字，從首犬聲，與顏之從頁彥聲同。舊稱穆王名滿，滿聲與犬聲同在元部，疑其本字實作𤜌也。 | 修正版改爲懿王。認爲𤜌與古籍所載懿王名囏（堅）近是。 |
| 初版云「穆王時器及其近是者凡十五」，修定版爲「二十」。 | | | | | |

〔補註一〕這些器初版對其斷代理由爲「花紋、形制、字體均不得在恭懿以下，且征戍之期甚長，蓋穆王南征時器」。

　　上列器除去〈𤜌鐘〉，則當爲二十件，在斷代的依據上，主要是銘文（王名及人名、事件），其次有器形、花紋、字體，就其連繫過程可以做成下表：

　　打△者爲連繫起始之器；數字爲連繫理由之解說；

　　括號表示同一作器人；本表依連繫次序而列。

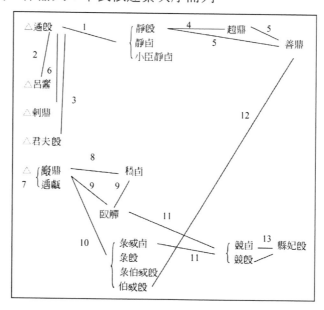

1 →字體、器制近同。

2 →字體近同（同出一人之手）、文獻呂侯（〈呂刑〉）

3 →字體近同（同出一人之手）、文獻君雅（〈君牙〉）

4 →歔自即〈靜叚〉之歔蓋自

5 →歔殆即〈靜叚〉歔蓋自、〈趞叚〉歔自之歔。與師雒父之戍古自殆同時事。

6 →字體、文例相近同。

7 →形制、字體均典重有制；與文獻征伐相合。

8 →同有師雄父。

9 →同有師雄父。

10→伯雒父即師雒父；形制、字體均典重有制；與文獻征伐相合。

11→花紋形制與如出一範；疑犀父即戔之字也；競與仲夒父殆亦一人。

12→文句「隹用妥福嘄前文人，秉德共屯」與〈伯戔叚〉同。

13→同有伯犀父。

　　由以上分析不難看出郭沫若在斷代繫聯上的方法，這二十件器皆爲郭先生所論之穆王器。後來〈長囟盉〉出土，郭先生有文考釋〔註 20〕，是當再加入此器，爲二十一件。

## 第三節　容　庚

　　容庚先生在銅器研究上堪稱大家中的大家，《商周彝器通考》是他的代表作之一，也是銅器研究史上第一部全面性探討先秦彝器的大作，曾憲通先生譽此書爲「開創性的巨著」、「標志青銅器研究由舊式金石學進入近代考古學的里程碑，具有劃時代的意義」、「至今還沒有一部研究青銅器的同類著作能夠像它這樣全面和系統」〔註 21〕，這些看法是十分允當的。容先生早年受業於羅振玉與王國維兩位先生門下，卓然有成，對於銅器著錄及相關問題皆有研究，就斷代方面來看，《商周彝器通考》第四章〈斷代〉及他與張維持先生合著之《殷周青銅器通論》第三章〈青銅器的年代考訂和分期〉皆對斷代這一課題有所探討。

　　容庚先生檢討了自宋人至民國學者在斷代上所做的研究，他認爲用長曆

---

〔註20〕郭沫若〈長囟盉銘釋文〉，《文物參考資料》1955 年 2 期，頁 128。

〔註21〕曾憲通〈容庚先生的學術貢獻與治學特色〉，《容庚先生百年誕辰紀念文集》（廣東炎黃文化研究會、紀念容庚先生百年誕辰暨中國古文字學學術研討會合編，廣州：廣東人民出版社，1998 年 4 月），頁 5。

的推斷法以考定年代是「徒增加問題的渾沌」〔註 22〕，對於郭沫若先生的標準器比較法提出「關鍵在於所謂標準器要絕對正確，不然就無從比較」〔註 23〕的意見，這些看法都是很正確的。

在《商周彝器通考》中對器物年代的考定主要依據銘文，在方法上和郭沫若先生的《大系》並無明顯的不同，主要方法是由銘文定出標準器，或由銘文與文獻結合以考定時代，再與標準器比對其形制花紋。容先生書中定為穆王器者有四件，茲列其理由如下：〔註 24〕

1. 〈遹簋〉：言穆穆王者三，故定為穆王時器。

2. 〈靜簋〉：銘云「王在蒡京，……射于大沱」與〈遹簋〉「穆穆王在蒡京，呼漁于大沱」合，故定為同時器。

3. 〈靜卣〉：前器作于六月初吉，此器作于四月初吉。原器後只留殘存有銘之一片。估人以補入器，偽作蓋銘，故與《古鑑》不合。

4. 〈剌鼎〉：邵王即昭王。「禘邵王」猶《左傳》昭公十五年「將禘于武公」，又廿五年「將禘于襄公」，定公八年「禘于僖公」也。雖禘昭王不必即為其子穆王，然花紋形制則與穆王時為近。

容先生所列舉之四器與郭沫若先生相合，其書作於郭先生之後，而所定穆世器僅四件，是容先生於斷代更為謹慎，這樣的研究態度足為後人學習。

〈長囟盉〉諸器與〈鮮段〉皆在《商周彝器通考》出版之後才出土或公布，故《通考》未收。

## 第四節　陳夢家

陳夢家先生為著名古文字學家，本好文學、習法律，1934 年開始在燕京大學攻讀古文字學，1936 年便有很好的成績，他對於銅器的器形與花紋曾下過功夫，在其〈中國青銅概述〉〔註 25〕一文中有繼郭沫若先生之後很好的研究成果。斷代分期上，陳先生著有〈西周銅器斷代〉（一）～（六），可惜並未寫完整個

〔註 22〕容庚、張維持《殷周青銅器通論》（臺北：康橋出版事業有限公司，1986 年 5月），頁 16。

〔註 23〕同上註。

〔註 24〕容庚《商周彝器通考》，頁 50。

〔註 25〕此文寫作年代為 1940 年，時間早於容庚《商周彝器通考》一年，此文收錄在《海外中國銅器錄》一書中，該書出版為 1946 年。

西周時代，只完成到懿孝時期，探討了九十八件銅器，等於寫了西周早、中期，據說尚留有西周晚期斷代之遺稿，惜目前仍未見整理發表。〔註26〕他這一系列前後相貫的六篇文章對於西周銅器斷代方面的研究是很有啟發的，方法縝密，篇目清楚，成為一個完整的體系，若與郭沫若先生《兩周金文辭大系》比較，不難看出，《大系》為各器排列，而器與器之關係在考釋時才交待，於篇目上未做明顯的提示，陳夢家先生則不然，他在篇目中已有歸類的提示，在考釋上更為詳細，並且對相關文獻與相關器之文例、形制皆有說明，探討深入，在銅器斷代研究史上，足與郭沫若先生比美。下面就其篇目及其陳述來看他的研究方法：

　　一、略論西周銅器

　　二、武、成間文獻記錄

　　三、武王銅器

　　四、成王銅器

　　　　甲、克商

　　　　乙、伐東夷

　　　　丙、伐東國

　　　　丁、伐蓋、楚

　　　　戊、白懋父諸器

　　　　己、明保諸器

　　　　庚、燕、召諸器

　　　　辛、畢公諸器

　　　　壬、「王才」諸器

　　　　癸、其它諸器

　　五、西周之燕的考察

　　　　甲、姓、都邑、長城

　　　　乙、北燕方言

　　　　丙、戰國燕刀貨

　　　　丁、所謂「全燕」

　　　　戊、肅慎、燕亳

　　六、西周金文中的都邑

〔註26〕周永珍〈懷念陳夢家先生〉，《考古》1981 年第 5 期，頁 474。

　　　　甲、論王、周及成周、新邑

　　　　乙、論豐、鎬及宗周

　　七、成、康銅器

　　八、康王銅器

　　九、西周的策命制度

　　　　甲、成、康及其後的史官

　　　　乙、西周金文中的冊命

　　　　丙、文獻中的策命

　　　　丁、〈周書〉中的王若曰

　　十、昭王銅器

　　十一、穆王銅器

　　十二、共王銅器

　　十三、懿、孝銅器

第一章〈略論西周銅器〉對於銅器斷代的研究有很精闢的論述，也是他自陳寫作這一系列論文的方法。接著在第二章〈武、成間文獻記錄〉，將文獻做了詳細的探究，並與銘文比對。第四章將成王時代器分為十類（若去「其它諸器」類則為九類），以事件和人名為分類的題綱，這是就銘文內容加以繫聯的結果，在〈士上盉〉之後討論了「臣辰」族器、〈作冊魅卣〉之後附文討論了月相的問題，都有很深入的意見。其中「王才諸器」立目較有可議之處，而對該章目下各器之相關性也未有清楚論述，故此目似可刪改。由篇目可以看出，他由標準器及文獻的探討找出相關各器，依銘文內容分類繫聯，或以人名、或以事件、或以族名，並在各器考釋時援引相關諸器，做全面的探討，對於問題的釐清有很大的貢獻。第五章中對戰國燕幣的探討就和「西周銅器斷代」的主題無涉，是全文枝蔓之處。第六章及第九章則是就銘文中的地名與制度做專題的研究，有助於了解西周時代的史實，都城的研究對於器物斷代也是有參考價值的。

　　在〈西周銅器斷代（一）〉一文第一章〈略論西周銅器〉中，陳夢家先生由各方面的材料擬定了西周各王的時代：

| 西周初期 80 年 | 武王 | 公元前 | 1027～1025 | 3 年 |
|---|---|---|---|---|
| | 成王 | | 1024～1005 | 20 年 |
| | 康王 | | 1004～967 | 38 年 |
| | 昭王 | | 966～948 | 19 年 |

| | | | |
|---|---|---|---|
| 西周中期 90 年 | 穆王 | 947～928 | 20 年 |
| | 共王 | 927～908 | 20 年 |
| | 懿王 | 907～898 | 10 年 |
| | 孝王 | 897～888 | 10 年 |
| | 夷王 | 887～858 | 30 年 |
| 西周晚期 87 年 | 厲王 | 857～842 | 16 年 |
| | 共和 | 841～828 | 14 年 |
| | 宣王 | 827～782 | 46 年 |
| | 幽王 | 781～771 | 11 年 |

以上凡是整數 10、20、30 都是我們假定的。〔註27〕

陳先生的王年多為假擬之說，今日視之，其擬年可參考者不多，以穆王為例，陳先生擬為二十年，而〈鮮𣪘〉載作器之年為三十四祀，是遠較其擬年為多。

陳先生甚重視銅器的組合與聯繫，他將「某些個或某一個銅器出土的情形」分為三種情況：1. 同出土某一地區的；2. 同出於某一個坑的；3. 同出於某一墓葬的。由此三種情況對「地區」或同一墓主的「隨葬銅器」和「隨葬陶器」的組合情況加以分析，關於這方面他認為：

> 同處、同墓出土的銅器，因為它們常是同時代的，所以形制、花紋之相近和銘文之相關係是很可能的。對於某處、某墓的一組或一件銅器的斷代，可以用作為標準來斷代它處、它墓的銅器年代。因此銅器內部的聯係（即銘文和形制、花紋的）在斷代上是最要緊的。

〔註28〕

他將銘文內部的聯繫分成八項：1. 同作器者；2. 同時人；3. 同父祖關係；4. 同族名；5. 同官名；6. 同事；7. 同地名；8. 同時。

對陳先生的研究方法可做以下的概述：他首先確定西周的分期和不同時期的標準器，再輯錄出土地點及組合關係，強調重視科學發掘得到的成組銅器群。接著根據銘文、器形和花紋的關係，尤其是銘文中同人、同事、同地和同時等各類內部聯繫，把分散而各自獨立的銅器加以聯繫起來，「使分散的

---

〔註27〕陳夢家〈西周銅器斷代（一）〉，《考古學報》第九冊（1955 年 9 月），頁 138～139。

〔註28〕同上註，頁 140。

銘文內容互相補充前後連串起來。經過這樣的組織以後，金文材料才能成為史料。」〔註29〕他的方法事實上是在郭沫若及容庚兩位先生的研究上，又推進一步，在討論上，更顯得仔細、深刻，尤其在關聯器的論述，更能表現出「繫聯」的架構來。

下面就陳夢家對穆王時代器的研究做說明：

陳先生在〈西周銅器斷代〉（五）～（六）第十一章列舉穆王時代銅器三件，其中第一件〈長凶盉〉（其文稱〈長凶盉〉）實為一墓葬的代表，並於其後附論「鐘」之形制與演變（又附〈玉戈銘〉，然此器陳先生以為殷末之器，故和穆王時代器無關。）下面將陳先生所舉穆王時代器擇要敘述（所述器名皆以其文舊稱）：

1. 〈長由盉〉：除了探討此器銘文之外，陳先生將同出器分成四類：

   （1）屬於西周初期的：鼎四、獻（甗）一、罍一、勺一、觚二、爵二、壺一

   （2）屬於穆王時而有銘文的：段二、盉一、盤一

   （3）樂器一組：鐘三

   （4）屬其它：鬲二、卣一，另件等五

在此分類上，陳先生自敘「甲、乙兩項是從形制、花紋、銘文加以分別的，丁項應分隸于甲乙兩項中；丙項最早同于乙，不能是西周初期的。此一墓的銅器，并非鑄於同一個時期，至少可以分為西周初與穆王兩期。」〔註30〕這一點正是他〈略論西周銅器〉一章中所述方法的實踐。在文末，對於鐘的演變做了推論，他認定此墓葬出土的三件鐘為西周中期的標準器。

2. 〈遹段〉：除了考釋銘文外，對於禮制甚為著重。

3. 〈剌鼎〉：「今定此器於穆王之世，除了銘文表示應在昭王以後一點外，從形制、花紋和字體三方面，亦可以推定它應在穆世。」〔註31〕

陳先生所列舉的三件器（含長凶組器則有六件）皆為穆世標準器，少有爭論之處。在研究方法上，他對於同出一地、一墓或同窖之器的重視，多少補充了郭沫若、容庚兩位先生未盡之處。

---

〔註29〕同上註，頁 141。

〔註30〕陳夢家〈西周銅器斷代（五）〉，《考古學報》1956 年第三期（總十三期），頁 121、123。

〔註31〕陳夢家〈西周銅器斷代（六）〉，《考古學報》1956 年第四期（總十四期），頁 86。

前面說過，陳先生利用銘文內部聯繫各器，但在列舉各王之器時，成王、康王之器甚多，而昭王、穆王之器甚少，尤其在位甚長的穆王，其器僅三件（若含長囟組器亦不超過十件），這一現象，李學勤先生便指出：

> 〈西周銅器斷代〉所列器組，有的是以事項相關聯係，如「克商」、「伐東夷」等；有的是以人物相聯係，如「伯懋父諸器」、「畢公諸器」等。該篇中西周中期銅器，主要是依人物的聯係構成器組。應當指出，這種青銅器組的方法是有一定局限的，有時會導致不妥當的推論。銘文中同樣人名，有時不是同一個人；即使同一個人，也可能生存於一個以上的王世。……假設將同樣人名都列諸一王之世，特別是以幾個人名輾轉聯係，便會把本不同時的器物「濃縮」到一起。〈西周銅器斷代〉成、康器過多，而昭穆器太少，與這幾個王的在位年數很不相稱，一部分正是由於這種原因造成的。〔註32〕

李先生指出的正是陳夢家先生在研究方法上很值得研議的地方，事實上，不只陳先生的器組有這樣的缺失。銅器銘文中所載的人物、事件常容易被研究者誤合，同名者未必同人，同人則常跨二王世，甚至三個王世，所以在處理上更應謹慎。至於事件，以伐東南夷爲例，西周各王伐東南夷者不限於一王，而對重要外患如犬戎（玁狁）的戰爭則是長期的，這和漢代征匈奴一樣，戰事不只在一個王的時期內，常是跨了好幾個王世的。陳先生在銘文聯繫方面是有不周之處。

## 第五節　郭寶鈞

郭寶鈞先生爲近代中國考古學上很有成就的一位學者，從 1931 年參與安陽殷墟發掘起，至 1971 年逝世，對中國先秦考古學界有很深的貢獻。郭先生在所從事的各個發掘工作，皆有重大的創見，如提出「殷墟文化層內的聚凹紋是版築遺迹」、推翻了「殷墟文化是源于多次淹沒所形成」的論斷、探討了「覆穴竇窖」與「黃土堂基」的問題，爲殷人宮室制度研究打下基礎、首次提出「龍山

---

〔註32〕李學勤〈西周中期青銅器的重要標尺——周原莊白、強家兩處青銅窖藏的綜合研究〉，《中國歷史博物館館刊》1979 年第 1 期；又收錄於李學勤《新出青銅器研究》（北京：文物出版社，1990 年 6 月）。此處引自後者，頁83。

文化」的問題、首先提出「人殉問題」、首先提出「列鼎」的問題等，在銅器斷代研究上，於其大作《商周銅器群綜合研究》一書中，採用了「分群界標法」並提出以鑄造技巧之異同為分期的標準，這些意見在斷代分期的研究方法上也稱得上是重大的貢獻〔註33〕，尤其以鑄造技巧探討斷代分期，更可稱為獨創，這為研究開了一條新的途徑。郭先生對於該書做了這樣的期待：

> 本書之作，正是激發于今日之大好形勢，感到取材條件之方便，欲在其中試作一初步的綜合探討，冀能於傳統途術之外，找出一條山澗的蹊徑，以說明青銅文化發展的消息。……倘或結論和前人有不一致處，也可作為新問題提出，以待後此發掘再多時，讓實物作出最後評判。〔註34〕

首先，他強調器群的重要性：

> 一組經過科學發掘，有詳細觀察記錄的器群，不但出土地點的歷史沿革可考，即現在的地理形勢、地質結構、地層堆疊、墓葬形制、人骨獸骨的置放、器物的排列、相互的距離、疊壓的關係，銅器、陶器、石器、骨器、珠玉等等相互的配用，銘刻、紋飾的指點，都可相互的作補充說明；甚至一點灰燼，一粒炭屑，也可作為證明時代、論證文化的依據。所以一群原群未散、有詳確記錄的科學發掘品，即一字不銘，它的本身已含有豐富的科學價值，為學術界所珍視。〔註35〕

器群在斷代研究上確實具有關鍵地位，近三十年來的幾個重要的器群出土，如 1975 年岐山董家村窖藏的裘衛家族器、1976 年扶風莊白一號窖藏的微氏家族器等，皆提供西周銅器斷代的重要依據。郭先生在取材上，儘可能地將有可靠出土記錄的器群收錄，一共收錄了「六十餘處、一百七十餘群、二千器以上」，在收集材料上，下了很大的功夫，他自述取材原則為：

> 本篇取材，首先重在發掘成群的資料，以為全書骨幹或界標。其次為解放後出土的，經過有覺悟的農民採集陳報、復經文物機關查核確實的，亦擇要採錄，或列為參考品。至於解放前的重要發

---

〔註33〕 對器群的重視並非郭寶鈞先生首先提出，但將這樣的觀念在斷代研究上大量而全面地實踐，郭先生實為第一人。

〔註34〕 郭寶鈞，《商周銅器群綜合研究‧序論》（北京：文物出版社，1981 年 12 月），頁 2。

〔註35〕 同上註，頁 1～2。

現，如新鄭、壽縣等銅器群，當然并不放棄，唯須有一界限，即器必成群，失群不錄，以合於本書之體例。至本書所謂群，循名責實，自以銅器爲主。其中盡管有極少數只有銅禮器或樂器一件，而另有其它銅工具、武器或車馬器等與之伴出，亦以群論，但這是特例。〔註36〕

儘管如其所述，但過於忽視傳世器及失群器，在做結論時不免會產生疏漏，這點是其方法上必然的缺陷。

郭先生又自述其具體研究項目有四：1. 器類和組合的統計；2. 器形和鑄造的研究；3. 花紋和銘文的表現；4. 人事和使用的遺迹。這四個項目是「有則多談，無則暫缺，不求形式上的統一」。〔註37〕觀其全書，確實對於各器群盡可能地分析，提出了時代的界線標尺，他將先秦銅器列出六個界標：中商、晚商、西周中、東周初（春秋初）、春秋末、戰國末，其中以西安（長安）普渡村器群作爲第三界標，即西周中點銅器的尺度。

雖然他提出的分期是以較大時期爲主的，對於精細斷代而言有一定的差距，但這是一個重要的起點，隨著出土器群的日益增加，研究便能益加細密，這樣的方法看似較能避免個人主觀意見乃致將銅器時代誤斷，但實際上郭先生仍不免陷入自己主觀的判斷，鄒衡和徐自強兩位先生的〈整理後記〉就指出不少郭先生的錯誤，下面就擇列與穆王時期或與全書方法相關的部分：

遺著作者把西周穆王時期歸入上段，即「西周前期」……這樣劃分，似乎還是混淆了穆王時期的某些重要的變化現象。〔註38〕

遺著把研究的基點放在發掘品上是對的，但完全否認了傳世品的重要性，也容易走向另一個極端，從而作出的結論就不能同實際情況完全符合。最突出的例子就是列鼎制度。本來，考古發掘材料證明，穆王時期就已出現了列鼎，而在傳世銅器中更可證明西周後期已普遍地存在，屬王時有七列的〈克鼎〉，就是很著名的例證。然而遺著卻僅就發掘品來說，把「七鼎、五鼎排列成行，形式相同，大小相次的組合」看成是「上村嶺初次發現」的。這樣，對於周代禮制變

〔註36〕同上註，頁2。
〔註37〕同上註，頁3。
〔註38〕鄒衡、徐自強〈整理後記〉附於《商周銅器群綜合研究》，頁197。

化的許多現象就很難得到科學的說明了。〔註39〕

也有少數的分群不符合遺著所定「器必成群，失群不錄」、「同墓中物為一分群」的原則。為了統計方便，遺著把兩個墓或三個墓、一個窖藏、同一地區不同單位、甚至把不同地區所出銅器，分別合為一個分群。這類分群是不科學的，造成自相矛盾。這似乎又是處理材料不夠謹嚴的地方。〔註40〕

〈整理後記〉對郭先生著作中的問題做了很中肯的論述，郭寶鈞先生將穆王時代的長囟諸器列為第三界標中的一部分。他的第三界標為「西安普渡村銅器群」，包含了「普渡村長囟墓分群」與「普渡M2分群」〔註41〕，他分析了這兩個分群的器物形制之後，接著與殷墟的器物相比較，這樣的方式不免讓人感到對西周早期有忽略的現象，雖然在該文的下一個章節中分析了幾個西周早期的器群，但在時代的比較方面就很少著筆了。書中劃分西周器群風格時以穆王末葉為分界，他說：

西周銅器群的作風，應分為前後兩期。前期的作風，可稱之為晚殷鑄造的延續，到後期，鑄造始表現出周人自己的風格。兩期分界所在，我們把它放在穆王的末葉，因穆王時，正值晚殷流風延續的尾聲，更肇西周後期作風的引端。今以長囟墓出土物為這一界標的典型器。〔註42〕

長囟墓是否應視為穆王晚期的代表則可以再斟酌。又他對一些器物形制相應於其時代的看法也有應修正的地方，另外，例如他認為「實則殷代貫耳壺，大抵無蓋，到穆王時始加蓋」〔註43〕，說殷代貫耳壺大抵無蓋則是，但以為至穆王時始加蓋則可議，事實上河南安陽小屯五號墓就出土了一件〈婦好壺〉，此為有蓋之貫耳壺。

就總體而言，郭先生提出以「器群」為斷代研究的重要方向，而將「鑄造」作為重要的考量條件，對於銅器斷代不失為另一途徑，不過應多留意傳世器的

---

〔註39〕同上註，頁197～198。

〔註40〕同上註，頁198。

〔註41〕普渡M2分群，據郭寶鈞先生云：「在距長囟墓不遠的地方，即普渡村東門外無量廟東壁，還有西周銅器墓群一座，即M2。也是西周穆王時的。」（郭寶鈞，《商周銅器群綜合研究》第三章〈西周銅器群〉，頁46。）

〔註42〕同上註，頁44。

〔註43〕同上註，頁51。

鑄造現象，以免犯了以偏概全的失誤。

## 第六節　唐　蘭

　　唐蘭先生爲近代著名的古文字學家，在古文字考釋上有很大的成就，他提出「偏旁分析法」與「歷史考證法」，在文字考釋上建立了科學的體系與方法，在文字的理論上，提出「三書說」也深深影響文字學界。至於金文的研究，開始於三十年代，據張政烺先生的回憶，唐先生「曾自謂以孫詒讓爲榜樣」〔註44〕，他在古文字及銅器方面的研究相較於孫詒讓毫不遜色。

　　唐先生最早而大規模地探討銅器銘文，當首推「康宮」問題的研究，在一九六二年，他發表〈西周銅器斷代中的「康宮」問題〉長文，對銘文中的「康宮」做了全面的探討，誠如他所言：「『康宮』是不是康王之廟，是西周青銅器斷代裡的一個關鍵性問題。」〔註45〕唐先生很敏銳地察覺到康宮在銅器斷代上的重要性，他說：

> 「康宮」是周康王的宗廟，單單從這個題的本身說並不是很重要的。但是作爲西周青銅器分期的標尺來看卻又是很重要的。「康宮」既然是康王的宗廟，那末，銅器上有了「康宮」的記載就一定在康王以後。許多銅器銘刻在内容上又是互相有關聯的。所以，用「康宮」來作爲分時代的標尺，不只是一兩件銅器的問題，而將是一大批銅器的問題。〔註46〕

他認爲康宮是康王的廟，而昭宮、穆宮、屖宮、剌宮分別是昭王、穆王、夷王、厲王的廟，雖然這些意見還未成定論，但唐先生實開啓了斷代研究的另一個方向。

　　在康宮問題的基礎上，唐先生對昭王時代的銅器做了全面的考釋，於一九八〇年發表了〈論周昭王時代的青銅器銘刻〉長文（事實上也近乎一本專門的著作），這篇長文分爲上下篇，上篇爲〈昭王時代青銅器銘五十三篇的考釋〉，在選擇器銘上，唐先生自述其標準：

> 這裡選擇的五十三篇，是以南征伐楚荊等有十分明顯的證據的標準

〔註44〕張政烺《唐蘭先生金文論集・序》（北京：故宮博物院編，北京：紫禁城出版社，1995 年 10 月），頁 1。

〔註45〕唐蘭〈西周銅器斷代中的「康宮」問題〉，《唐蘭先生金文論集》，頁 118。

〔註46〕同上註，頁 165。

器為核心，就其有內在聯繫的諸器銘彙集在一起的。凡是同銘的器，只作一篇；凡是同一氏族或同一人的器而銘辭簡短，沒有其它內容的只作為附錄；凡器形、圖案、文字、書法等有近似，可以定為這個時代而沒有明顯的聯繫的，暫不收入。就是這樣，所錄五十三篇銘文就已經有六十五件銅器，加上同氏同人所作的器，就有上百件。〔註47〕

由於唐先生本有心將西周各王的銅器依時代做全面地考釋，然而他計畫的《西周青銅器銘文分代史徵》一書未能完稿（後詳），因此〈論周昭王時代的青銅銘刻〉成了探求他斷代的方法最重要的著作，由第一部分的選器標準不難看出唐先生主要的方法仍在銘文內容，且著重於事件的聯繫，在選擇上更值得留意的是他對於器形、圖案、文字、書法等雖近似卻沒有明顯聯繫的便不收入，這一點是很重要的，不過唐先生在選器上也不能排除主觀的認定，舉〈沈子也殷〉為例：他在此文中列為昭王器，而在《西周青銅器銘文分代史徵》中則列為穆王器，如果真如其言的客觀，那麼便不至於有這樣的分歧了，何況這件器和伐楚荊也無多大關係，他由沈子推其與周公之關係又補證以文字書法〔註48〕，不免還是有所移易，如果關係不明顯，依其選器標準實不當收入才是。

下篇為〈昭王時代青銅器銘五十三篇的綜合研究〉，這是全文最具特色的部分，比起之前郭沫若先生的《兩周金文辭大系》與陳夢家先生的〈西周銅器斷代〉（一）～（六），唐先生更進一步地就史事做更為深入地探討，在「造型、文飾和圖案」、「銘詞中的專名、慣語、文法和文字結構和書法方面」皆加以歸納研究，展現了全面「綜合」研究銅器斷代的成果，這是學者中第一次如此大規模地對某一王世銅器做全面研究，在意義上自然非同小可。他根據所選擇的六十五件銅器分析指出：

> 從青銅器藝術的發展來看，成康之世，主要還是承襲商代的，大批的新型式是從昭王以後開始的。其實這也是一般的歷史規律。〔註49〕
>
> 胥及兩耳均向外侈，也是較晚的形式。口下作一道長尾鳥紋，鳥尾分離，這種圖案在成王時期是絕對不能出現的。反之，如現藏廣州博物館穆王時代的〈刺鼎〉，銘文說明「晉邵（昭）王」卻正是這種圖案。

〔註47〕唐蘭〈論周昭王時代的青銅器銘刻〉，《唐蘭先生金文論集》，頁237。
〔註48〕同上註，頁263。
〔註49〕同上註，頁333。

〈齂鼎〉的形式、圖案，也基本相同，也正是穆王時器。〔註50〕

四周的獸面紋圖案，上面用龍來代替的角形，是一直垂下到底部的，這樣的圖案過去是沒有的。〔註51〕

「王在庠」或「在庠」所在的這個地名，也正是昭王時代的又一個標準。〔註52〕

王廛這個慣語也是一個標準。〔註53〕

這些意見儘管未必全為學術界同意，但其用心與在學術上開拓的努力足以為後人效法。朱鳳瀚先生對於唐先生在這方面的研究成果有以下的評論，可以做為參考：

> 唐蘭先生的研究主要是致力於在對西周器銘的精細考證中，尋找出有助於西周銅器斷代之關鍵性的標尺。1962 年唐先生發表〈西周銅器斷代中的「康宮」問題〉長文……此說可否成立，至今在學者間仍有爭議，但文中提出的這一問題本身確非常重要，對西周銅器斷代研究走向深入有極重要的啟示意義。唐先生在西周銅器斷代研究中另一重要論著是在 1973 年寫成的《論周昭王時代的青銅器銘刻》……文中以重要歷史事件（南征伐楚荊）為確定昭王標準器的證據，因為文獻中西周早期僅有昭王曾伐楚。這樣建立的標準器即不是一兩件而是一組，又由這一組器去串聯更多的銘文有內在聯係的器物，共得六十五器。文末還據此六十五器討論了昭王時銅器的形制、紋飾與總體風格。誠如唐氏所言，青銅器如單靠對窖藏、墓葬等出土銅器之器形上的研究，則作比較精確的斷代是有一定困難的，像昭王時代一共不到二十年，欲對西周銅器作到按王世斷代，在很大程度上是要像本文這樣依據對銅器銘文深入研究，并結合器形、紋飾作綜合考察才能作到。因此，唐氏的論昭王銅器的這一著作，無論在具體見解上，還是在研究角度、研究方法上，對我們今後作西周銅器斷代研究皆是具有重要啟迪意義的。〔註54〕

---

〔註50〕同上註，頁 320。
〔註51〕同上註，頁 321。
〔註52〕同上註，頁 329。
〔註53〕同上註，頁 329。
〔註54〕朱鳳瀚《古代中國青銅器》，頁 750。

在個別器的斷代上，最爲有名的是對〈默鐘〉的考釋，早在一九三六年，唐先生就發表了〈周王默鐘考〉，這件器郭沫若先生定爲昭王時代的標準器，唐先生由器形、銘文及字體風格等現象判定爲屬王時代的標準器，此文張政烺先生譽爲「畢生精心之作，則非他人所能望其項背也。」〔註55〕，下面就其方法說明之：

> 余所以堅持此鐘非昭王時所製者，可由五點明之，即器制〔註56〕、銘辭、文字、書體及銘辭中之史蹟是也。〔註57〕顧此後余續得重要之證明，屬王名默之說，乃得確立。其端蓋自默字之研究肇之。〔註58〕

唐先生自述〈默鐘〉斷代的重要證明是「默」字的考定，他由銅器自名者「臤、曆」爲文獻之「瑚」及默國即文獻之胡國爲證，考定默爲屬王之名，文獻作胡。再加上其他五點的證明，在〈默段〉出土的四十年前就準確地斷定了〈默鐘〉的時代，其功力不得不讓人佩服。

唐先生在銅器斷代上的另一大作是《西周青銅器銘文分代史徵》，這無疑是一項重大的學術工程，可惜未及完成，後由其子唐復年先生整理出版。全書只完成了武王、周公、成王、康王、昭王及穆王的一部分，未及完成的部分則僅加以隸定。

全書體例上在各王諸器考釋之前有專文對古籍文獻所記載該王史實做詳細的考證，間以銘文補充論證，接著是專器銘文的考釋。每一器先是器名及字數行數，接著是意譯，第三爲註釋，是重心所在，第四部分爲說明，說明的內容爲時代的論證、銘文中相關史實及傳世著錄等。未及完成的稿子部分收爲〈附件一〉，唐復年先生對此編輯上做了說明：

> 〈附件一〉係作者於一九七六年初，撰寫本書前所作的目錄及釋文。其中武王至昭王、穆王時代的一部分已見於正文，餘下的包括穆王時代的一部分和共王至夷王時代部分均列入；此外，歷來已經發表的個別青銅器銘文的考證與意釋，亦按其相應時代轉錄於此。〔註59〕

---

〔註55〕張政烺《唐蘭先生金文論集·序》，頁1。

〔註56〕關於第一點「周初未見有鐘」及「有銘之周鐘咸不能超過屬王之世」的看法，由今日視之，應當修正。

〔註57〕唐蘭〈周王默鐘考〉，《唐蘭先生金文論集》，頁39。

〔註58〕同上註，頁41。

〔註59〕唐蘭《西周青銅器銘文分代史徵》（北京：中華書局，1986年12月），唐復年〈整理後記〉，頁519。

此部分所收各器，若曾於其他文章中發表過，則收入當時之意見及考釋，若先前文章未有提及者，則僅列器名、行數字數與隸定。至於〈附件二〉則是：

> 列入〈附件一〉的目錄中但未作釋文者，和屬王以後的部分器物名
> 稱（根據歷年發表的論文中所涉及到的青銅器名摘錄）。〔註60〕

僅列其目，然由其發表的文章或可約略窺得其所以斷代之緣由。

由於穆王時代器只完成了一部分，所以某些器的斷代理由並不清楚，再者依體例在穆王諸器之前應有的專對文獻記載考釋的部分也沒能撰寫，因此在探討上，不能沒有遺憾。唐先生對穆王時代器一共列了九十四件（若將〈彧方鼎〉同出器十八件算入，則有百件以上），比起吳其昌、郭沫若及陳夢家等三位先生所列件數爲多。

下面，就《史徵》及唐先生個別文章中提及的穆世器做一整理，在各器之後，擇錄其斷代理由，若未明言其理由而可就其文以推知者，以〔　〕表示之，其出於《史徵》者則僅標「五上」、「五中」、「附件一」、「附件二」，個別文章乃標明出處：

1. 〈剌鼎〉：（五上）此銘五月丁卯，大約在穆王元年或二年。

2. 〈趞鼎〉：（五上）此銘書法與〈剌鼎〉極相似，上承昭世，應是穆王前期。

3. 〈師旂鼎〉：（五上）按《穆天子傳》穆王東征曾至于房，即房子，那末，此器或是穆初。〔註61〕又在〈西周銅器斷代中的「康宮」問

---

〔註60〕　同上註。

〔註61〕　唐蘭先生在此器說明時提出：據此則伯懋父的活動，可能是昭末穆初。也未必即是康伯髦了。疑伯懋父爲祭公謀父，謀懋聲近。祭公謀父在昭穆之際，時代正合。（《史徵》卷五上，頁317。）

學者於銅器銘文中之人名常有不同的意見，郭沫若先生以爲伯懋父爲康伯髦，而唐蘭先生在此就提出不同的看法，這樣的分歧在斷代問題上一直很難取得共識。本文認爲銘文中的人名須謹慎處理，不可強與文獻上之人名牽附，尤其西周時代所遺留的文獻資料很少，甚至今日所能見到傳世的史料其記載也是不全面的，銘文中的人名未必在傳世文獻中記錄，若強以假借說之，以合於文獻某人物，則常有錯亂時代，以甲爲乙的現象；就算是人名相同，也未必是同一人，1998年12月15日李家浩先生訪中央研究院史語所，做專題研討時以〈楚國蒍氏銅器銘文研究〉爲題，探討了河南淅川下寺楚墓出土銅器的世系，對於二號墓的〈王子午鼎〉，他提出「王子午可能是楚戚王之子，與文獻中楚莊王之子公子午不是一人」的看法。這樣的意見便將之前學者們把銘文中王子午與文獻中的公子午誤合，做了修正。由這點，更可突顯出在銘文考釋時對於人名應有的謹慎態度，若不慎誤合，則接下來的古史研究皆

題〉一文中原本認爲此器乃昭王初期器〔註62〕，但又由鳥紋認定是西周中期器，製作不會很早。〔註63〕於〈論周昭王時代的青銅器銘刻〉一文中又指出：「〈師旅鼎〉的腹是淺而下垂的，和商及周初的圓鼎口大而腹底小是不同的。脣及兩耳均向外侈，也是較晚的形式」並指出和〈剌鼎〉口下作一道鳥尾分離的長尾鳥紋相同，故斷言此器「單從器形和圖案來說，也應定爲昭王後期，甚至是穆王初年」〔註64〕，依據唐先生較晚的意見，即《史徵》的斷代，故列於穆王初期。

4. 〈小臣宅簋〉：（五上）〔銘文中有白懋父。〕

5. 〈虡簋〉：（五上）公伯與〈小臣宅簋〉同，疑即伯懋父。

6. 〈沈子也簋蓋〉：（五上）假定周公爲第一世，周公之子凡侯爲第二世，凡侯之子凡伯爲第三世，則沈子應是第四世了，而沈子也應爲沈國第二代，是周公以下的第五世了。周代的制度，第一代稱侯……第二代稱伯……第三代以後稱子……凡伯應是繼承爲凡侯的，凡伯的長子，仍是凡侯，次子別封則稱爲子了。周公之子，除伯禽以外，凡、蔣、邢、茅、胙、祭，似以凡爲最長，其受封可能即在成王之世，沈子受封應在昭王時，則沈子也應爲穆王時。凡即同，同公當

因而未能得其眞，1978 年以來，學者們對於〈王子午鼎〉的時代錯置爲楚莊王，東周史研究者據此而再做進一步探討，現在看來，都應修改。這樣的問題也在〈默鐘〉曾發生過，雖然唐先生已考訂出該器爲屬王時代標準器，然爲數不少的金文研究學者及古史研究學者皆仍承襲昭王時代器的說法，從而論古史者，亦皆失其實。

唐蘭先生在〈師旅鼎〉的說明中認爲白懋父爲昭末穆初之人，推測是祭公謀父，和郭沫若先生的看法就有很大的出入，事實上，唐先生在早時寫的〈西周銅器斷代中的「康宮」問題〉一文中，是同意郭先生的看法。由於「康伯髦」或「祭公謀父」的髦、謀皆僅有音韻上的關係，在論證上都未能爲確證，或者白懋父另有其人而史書未載，要之，如此爭訟恐未能有結果。

〔註62〕 唐蘭先生認爲：至於〈師旅鼎〉所說「唯三月丁卯，師旅眾僕不从王征于方雷」，盡管也是伯懋父時期，這個王已經滿處亂跑，恐怕也不屬于康王末期而爲昭王初期了。（〈西周銅器斷代中的「康宮」問題〉，《唐蘭先生金文論集》，北京：紫禁城出版社，1995 年 10 月，頁 149。）
當然，在《史徵》唐先生對伯懋父的時代又做了修正。

〔註63〕 唐先生認爲：〈師旅鼎〉的鳥紋圖案，長尾已經和身部脫離，這形式也見于〈易鼎〉、〈簌鼎〉等，大都是西周中期器，可見〈師旅鼎〉的製作不會很早。（出處同前註）

〔註64〕 唐蘭〈論周昭王時代的青銅器銘刻〉，《唐蘭先生金文論集》，頁 320。

是凡伯之子而任三公者……然則此銘之同公當為凡國的第三代，是沈子也的父親一輩，其執政當在昭、穆之間，與伯懋父時間相當。

7. 〈作冊䚶卣〉：（五上）此公太史在豐，疑即同公。從書法看，當是穆初，疑穆王初即位時同公來朝見。

8. 〈㣽簋〉：（五上）此伯氏疑亦即伯懋父，所以說永揚公休。

9. 〈𩁹簋〉：（五上）此頩（拜）字與〈康簋〉同，字體亦在穆世。

10. 〈君夫簋〉：（五上）未載及理由。

11. 〈效父簋〉：（五上）效父疑與〈曶鼎〉效父為一人，疑此器較早。又〈西周銅器斷代中的「康宮」問題〉云：「據《穆天子傳》卷一『丙寅子屬官效器，乃命正公郊父受敕憲』，郊跟效聲近字通，可見〈效父簋〉的製作應該在穆王時代。」〔註65〕

12. 〈翼父方鼎〉：（五上）〈西周銅器斷代中的「康宮」問題〉以為和〈效父簋〉「應該是同時的器」。〔註66〕

13. 〈呂方鼎〉：（五上）未載及理由。

14. 〈貉子卣〉：（五上）未載及理由。

15. 〈己侯貉子簋〉：（五上）未載及理由。

16. 〈命簋〉：（五上）飾鳥紋，當是穆世。

17. 〈眉能王鼎〉：（五上）此銘法秀麗，應是穆王前期。

18. 〈眉能王簋〉：（五上）與〈眉能王鼎〉文同行款異。

19. 〈帥隹鼎〉：（五上）魯公指伯禽，伯禽與成王同時。此器文母為魯公孫，與昭公之世相當，此器以穆王時為適宜。書法風格，亦是穆世。

20. 〈韋伯叞簋〉：（五上）未載及理由。

21. 〈毛公聳鼎〉：（五上）〔可能因為〈班簋〉及古籍皆載毛公。〕

22. 〈班簋〉：（五中）從銘中看，毛伯班稱毛公為昭考，而王稱毛公為毛父，則此毛公應為毛叔鄭的曾孫，與昭王為同輩了。由於毛國別為小宗，以毛叔鄭為祖，則成王顧命時之毛公為昭，其子為穆，當康王時，其孫又為昭，當昭王時，而由穆王言則正是父輩。依此，毛伯班實與穆王同輩，為毛叔鄭的五世孫。又胥字疑與偃通，偃戎則徐戎，當由徐戎又稱偃戎，所以稱偃王。又〈班簋〉從清末劉心源以來，都定為

---

〔註65〕唐蘭〈西周銅器斷代中的「康宮」問題〉，《唐蘭先生金文論集》，頁161。
〔註66〕同上註。

穆王時器是明確無疑的。第一，從形制上來看，周初通行方座簋，昭
王以後才有新發展，此器展長的四足，一望而知已是西周中期器了。
第二，毛班見《穆天子傳》，此書雖多誇張之語，寫成時代較晚，但
除盛姬一卷外，大體上是有歷史根據的，得此簋正可互證。第三，〈靜
簋〉為穆王時器是無疑的，所說吳姦、呂剛，正與此銘吳伯、呂伯相
符，可以作為穆王時代的重要證據。第四，周初，還沒有死後加謚的
事，謚法的起源，應在穆王時，而此銘已為毛公作謚。由於這些，說
明了〈班簋〉是穆王時代的標準器。此疑是穆王前期器。

23. 〈孟簋〉：（五中）此器孟之文考，不知為何人，曾隨毛公遣仲作戰，
與毛班當同輩同時。此作方座簋，還是周初舊習，但作鳥紋，顯非周
初器了。

24. 〈靜簋〉：（五中）吳姦即〈班簋〉的吳伯，等於《穆天子傳》說「毛
班」，即毛伯班，姦應是吳伯之名。此與〈遹簋〉相似，定是穆王時
無疑，然吳姦、呂犅與〈班簋〉相聯繫，極重要。

25. 〈靜卣〉：（五中）此器四月初吉丙寅，與〈靜簋〉六月初吉丁卯，可
能是同一年事。則先賜弓而後又命司射。

26. 〈小臣靜簋〉：〔註67〕（五中）靜似是以小臣而司射者。

27. 〈遹敦〉：（五中）生稱穆王，這是穆王時代的標準器，十分重要。

28. 〈井鼎〉：（五中）未載及理由。

29. 〈小臣傳卣〉：（五中）未載及理由。

30. 〈史懋壺〉：（五中）〈西周銅器斷代中的「康宮」問題〉認為〈免觶〉
裡說到了史懋，故將史懋壺歸為穆王時代。〔註68〕

31. 〈免尊〉：（五中）凡井伯、井叔當政，疑在穆共之際。又此銘有史懋
與〈史懋壺〉同時。王在鄭，又是刑叔入右，似均應定為穆王時。「載
市冋黃」又見〈趩曹鼎〉、〈師全父鼎〉、〈趩尊〉等，是均在恭（共）
世，則免器當在穆共之間。器形亦近似。

32. 〈免簋〉：（五中）〈免尊〉賞載市冋黃而此銘賞赤環市，似此銘當在

---

〔註67〕《史徵》此器注釋1載：此見《積古齋鐘鼎彝器款識》（憲仁案：齋乃齋字筆誤）
及《攈古錄金文》，均是摹本，《奇觚室吉金文述》卷十七有拓本，然《奇觚》
補編中拓本大都為石刻偽拓，不可信。《積古》、《攈古》均作彝，今姑定為簋。
〔註68〕唐蘭〈西周銅器斷代中的「康宮」問題〉，《唐蘭先生金文論集》，頁160。

後。

33. 〈免簠〉：〔註69〕（五中）此似晚於〈免簋〉，其官與所賜均勝於前。

34. 〈免盤〉：〔註70〕（五中）〔與〈免尊〉、〈免簋〉等同一人作。〕

35. 〈大乍大中簋〉：（五中）未載及理由。

36. 〈長由盉〉：（五中）生稱穆王僅〈遹簋〉與此兩器，此器有井伯，而共王七年的〈趞曹鼎〉，共王十二年的〈永盂〉，也都有井伯，可見井伯是穆、共間人，則此器當在穆王末年，此於確定諸器的時代極為重要。

37. 〈鼓霝簋〉：（附件一）〈西周銅器斷代中的「康宮」問題〉指出與〈召鼎〉之東宮皆是共王為太子時，此器銘「王令東宮追以六師之年」，故定為穆王晚年。〔註71〕

38. 〈段簋〉：（附件一）未載及理由。

39. 〈競卣〉：（附件一）都有井伯，可見井伯是穆、共間人，則此器當在穆王末年，此於確定諸器的時代極為重要。

40. 〈井季夒尊〉：（五中附錄）邢季疑是邢伯，邢叔之弟，由字體看當是穆王時。

41. 〈季夒盤〉：（五中附錄）〔與〈井季夒尊〉同一人作〕

42. 〈守宮盤〉：（五中）未載及理由。

43. 〈逆尊〉：（附件一）未載及理由。

44. 〈農卣〉：（附件一）未載及理由。

45. 〈效卣〉：（附件一）未載及理由。

46. 〈效尊〉：（附件一）未載及理由。

47. 〈庚嬴卣〉：（附件一）未載及理由。

48. 〈競卣二〉：（附件一之附）為〈競卣〉之附器。

49. 〈競簋〉：（附件一）未載及理由。

---

〔註69〕《史徵》此器注釋1云：
此器原見《積古齋鐘鼎彝器款識》、《攗古錄金文》、《敬吾心室彝器款識》等書，定為簋。《貞松堂集古遺文》作簠，《三代吉金文存》同，容庚從之。今按：此銘云「作旅蠶彝」，無論是簋是簠，均不合。此器原為阮氏藏，既題為簠，當然不會是簋。然穆、共之世，似尚無簠，另有〈史免匡〉，時代較晚，與此免非一人。疑此器實是有蓋之方鼎，形略似簋，阮元遂誤定為簋。

〔註70〕《史徵》此器注釋1云：舊以為盉，朱善旂云鄭王藏盤。

〔註71〕同上註，頁161。

50. 〈競尊〉：（附件一之附）附於〈競簋〉次後。

51. 〈競鼎〉：（附件一之附）附於〈競簋〉次後。

52. 〈競盉〉：（附件之附）附於〈競簋〉次後。

53. 〈白遟父鼎〉：（附件一）未載及理由。

54. 〈縣改簋〉：（附件一）未載及理由。

55. 〈甂鼎〉：（附件一）未載及理由。

56. 〈遹甗〉：（附件一）未載及理由。

57. 〈稽卣〉：（附件一）未載及理由。

58. 〈爰尊〉：（附件一）未載及理由。

59. 〈中競簋〉：（附件一）未載及理由。

60. 〈彔夋卣〉：（附件一）未載及理由。

61. 〈伯夋簋〉：（附件一）未載及理由。

62. 〈彔簋一〉：（附件一）未載及理由。

63. 〈彔簋二〉：（附件一）未載及理由。

64. 〈彔伯夋簋〉：（附件一）未載及理由。

65. 〈善鼎〉：（附件一）未載及理由。

66. 〈智壺〉：（附件一）此成宮似在成周的京宮中，井公似在穆王後期，井伯、井叔均其後。此智已爲冢司徒于成周八自，而〈智鼎〉之智，共王元年才爲卜人，可證非一人。且文考名亦不同。

67. 〈守宮鳥尊〉：（附件一）未載及理由。

68. 〈守宮觥〉：（附件一）未載及理由。

69. 〈守宮卣一〉：（附件一）未載及理由。

70. 〈守宮卣二〉：（附件一）未載及理由。

71. 〈守宮爵〉二器：（附件一）未載及理由。

72. 〈師俅簋〉：（附件一）未載及理由。

73. 〈弭叔盨一〉：（附件一之附）附於〈師俅簋〉次後。

74. 〈弭叔盨二〉：（附件一之附）附於〈師俅簋〉次後。

75. 〈弭叔鬲〉：（附件一之附）附於〈師俅簋〉次後。

76. 〈弭叔匜〉：（附件一之附）附於〈師俅簋〉次後。

77. 〈噩侯馭方鼎〉：（附件一）未載及理由。

78. 〈噩侯乍王姞簋〉：（附件一）未載及理由。

79. 〈遣弔吉父盨〉三器：（附件一）未載及理由。

80. 〈遣弔鼎〉：（附件一之附）附於〈遣弔吉父盨〉次後。

81. 〈夨方鼎一〉：（附件一）王劇姜疑是穆王的后。

82. 〈夨方鼎二〉：（附件一）〔與〈夨方鼎一〉為同墓所出〕

83. 〈夨簋〉：（附件一）〔與〈夨方鼎一〉為同墓所出〕同墓所出尚有〈夨鼎〉、〈夨甗〉、〈伯夨簋〉、〈伯夨飲壺〉二等共計十八件青銅器。

84. 〈衛簋〉：（附件一）衛裘四器，三器均在共王時，則此應為穆王二十七年。

85. 〈輔師嫠簋〉：（附件二）未載及理由。

86. 〈服方尊〉：（附件二）未載及理由。

87. 〈豐尊〉：（附件二）〈略論西周微史家族窖藏銅器群的重要意義——陝西扶風新出墻盤銘文解釋〉一文中云：「豐相當於穆王時。」〔註72〕

88. 〈豐卣〉：（附件二）理由同〈豐尊〉。

89. 〈豐爵〉：（附件二）理由同〈豐尊〉。

90. 〈師遽方彝〉：〈西周銅器斷代中的「康宮」問題〉指出此器銘中有宰利，即《穆天子傳》之井利，故定為穆王後期，而同一人所作〈師遽簋〉則定為恭王三年。〔註73〕

　　又〈西周銅器斷代中的「康宮」問題〉指出：陝西郿縣一九九五年出土的〈盠方尊〉、〈盠方彝〉、〈駒尊〉因銘文提及有「師遽」，故推其時代不能晚於共王時期。〔註74〕

　　由於唐先生未及完成《史徵》，附件一為其所立器目，未及詳細考釋，故未能得知唐先生將這些器目斷定為穆世器之理由。他列舉器目眾多，大有將西周銅器儘量歸入周王世系的企圖心，卻也留下不少爭議之處，尤其有些銅器，僅提出花紋為據，實亦難以取信於人。不過，整體而言，他的研究對西周銅器斷代有很大的影響與貢獻。

　　最後，就唐蘭先生在文獻解說及連繫上的說法提出一些意見：他在〈略論西周微史家族窖藏銅器群的重要意義〉一文中有以下的看法：

---

〔註72〕唐蘭〈略論西周微史家族窖藏銅器群的重要意義——陝西扶風新出墻盤銘文解釋〉，《唐蘭先生金文論集》，頁209。

〔註73〕唐蘭〈西周銅器斷代中的「康宮」問題〉，《唐蘭先生金文論集》，頁162。

〔註74〕同上註，頁162。

〈訪洛〉說:「率時(是)昭考。」指的是昭王,可見這是穆王的詩。

〈小毖〉:「予其懲而毖後患。」可見穆王自己,在晚年已有「懲前毖後」的意思了。〔註75〕

查看《詩經》的原文:

《詩・周頌・訪落》:訪予落止,率時昭考,於乎悠哉,朕未有艾,將予就之,繼猶判渙。維予小子,未堪家多難,紹庭上下陟降,厥家休矣,皇考以保明其身。

《詩・周頌・小毖》:予其懲而毖後患,莫予荓蜂,自求辛螫。肇允彼桃,拚飛維鳥,未堪家多難,予又集于蓼。

毛傳、鄭箋皆以為成王之詩,唐先生特由「昭考」定為穆王之詩,其證據十分薄弱,由詩之原文來看,實不足以斷其必為穆王時代所作,故唐先生如此處理文獻,甚有可商之處。

## 第七節　李學勤

李學勤先生在銅器斷代方面也做了不少研究,提出了一些意見,本文擇其與穆王時代相關的論文,探求其研究方法及成果:

〈西周中期青銅器的重要標尺——周原莊白、強家兩處青銅器窖藏的綜合研究〉一文專對器主世系與銅器斷代做研究。由於是器主家族的世系,所以可以避免將人名誤合的現象,再者由其世系推及王世,也可減少時代上的錯植。首先李先生就莊白一號窖藏以考器主微氏七世譜系:

| 第一世 | 高祖 | |
|---|---|---|
| 第二世 | 烈祖 | |
| 第三世 | 乙祖 | |
| 第四世 | 亞祖祖辛 | 折 |
| 第五世 | 乙公 | 豐 |
| 第六世 | 丁公 | 墻 |
| 第七世 | | 癲〔註76〕 |

〔註75〕唐蘭〈略論西周微史家族窖藏銅器群的重要意義〉,《唐蘭先生金文論集》,頁210。

〔註76〕李學勤〈西周中期青銅器的重要標尺——周原莊白、強家兩處青銅窖藏的綜

　　接著由〈史墻盤〉的銘文兩個基點：墻在恭王世、烈祖在武王世，對微氏七世與王世做了估計：

> 第一世「高祖」系商末人，第二世「烈祖」受武王之封，古書載武王克商後不久去世，微氏這一「烈祖」應活到成王時期。第三世「乙祖」……他在職的年數不短，成康兩王共約四十年，此人活動年代應大致相當。第四世作冊折，其繼父任職不會早於康王末年……折應該活動到穆王的初期，其主要活動則在昭王時期。第五世豐，恭王時〈史墻盤〉稱之爲「文考」，是當時已卒。……第六世史墻，其襲職當不早於穆王晚年。根據銘文知道他活到了孝王初年。由此，第七世癲的活動年代應爲孝王以至夷屬時期。綜上所述，莊白一號窖藏中折、豐、墻、癲四代器物，大體上縱跨著從周昭王到屬王這樣一段歷史時期。〔註77〕

由李先生的研究可以看出豐的器物主要在穆王時代，而折及墻的器也有一小部分可能是穆王時代的。

　　接者，李學勤先生就扶風強家村的青銅窖藏與清代出土的〈師望鼎〉一起探討其世系，這些器包括了〈師𩁹鼎〉、〈師望鼎〉、〈即簋〉、〈師丞鐘〉。他指出：

> 師𩁹之父「𤔲季易父」其實就是〈師丞鐘〉舉列祖的第一世虢季，「宄公」是師𩁹的諡。師𩁹、師望、即和師丞是相連續的四世。〔註78〕

這樣師𩁹的世系就大致可知了。〔註79〕由於〈師𩁹鼎〉中提及他曾事穆王，所以師𩁹至少跨了穆王與恭王二世。李先生將〈師𩁹鼎〉的絕對年代定爲恭王八年，師𩁹之父虢季約爲昭王時人。然後將莊白窖藏與強家村窖藏出土器

---

合研究〉，《中國歷史博物館館刊》1979 年第 1 期；又收錄於李學勤《新出青銅器研究》（北京：文物出版社，1990 年 6 月）。此處引自後者，頁 84。
〔註77〕同上註，頁 85。
〔註78〕同上註，頁 86。
〔註79〕李學勤〈師𩁹鼎剩義〉（收於《新出青銅器研究》，北京：文物出版社，1990 年 6 月，頁 94～97）一文對於此世系也做了排比：

| | | |
|---|---|---|
| 第一世 | 虢（郭）季 | |
| 第二世 | 師𩁹 | 宄公 |
| 第三世 | 師望 | 幽叔 |
| 第四世 | 即 | 德叔 |
| 第五世 | 師丞 | |

中的人物排比時代如下：

|  | 莊白 | 強家村 |
|---|---|---|
| 文 | 高祖 |  |
| 武 | 烈祖 |  |
| 成 |  |  |
|  | 乙祖 |  |
| 康 |  |  |
| 昭 | 折 | 虢季 |
| 穆 | 豐 |  |
|  |  | 師龢 |
| 恭 |  |  |
| 懿 | 墻 |  |
|  |  | 師望 |
| 孝 |  |  |
|  | 癲 | 即 |
| 夷 |  |  |
| 厲 |  | 師丞〔註80〕 |

　　他將豐諸器（〈豐尊〉、〈豐卣〉等）、〈伯戓簋〉（伯戓諸器）、〈班簋〉、〈孟簋〉等皆列爲穆王標準器，並且比較了昭穆時代銅器的差異：

> 昭穆兩個時期青銅器，其間的差異較大。昭王時器從形制、花紋、字體等方面看，較多保留成康時的特徵；穆王時器則變化已多，出現不少新的因素。因此，我們認爲把西周早、中期青銅器的界限劃在昭穆之間是合乎實際的。〔註81〕

在穆世器的斷代上，此文實有很重要的價值，就方法上言，他由家族器切入斷代的問題，便能減少人名誤合的現象，加上考慮了銘文、器形、紋飾及文字風格等，最後歸結出各王世銅器不同的特徵，這樣的方法在取材上更爲可信；再者，對於穆王世的標準器，李先生肯定了豐諸器、伯戓諸器、〈班簋〉、〈孟簋〉等四組，這些意見對於穆王銅器的確定提供了很好的意見。

---

〔註80〕同上註，頁 87。
〔註81〕同上註，頁 90。

　　〈穆公簋蓋在青銅器分期上的意義〉則對〈穆公毀〉做了探討，他認為〈穆公毀〉上相對的大鳥紋（應稱為鳳紋）流行於穆王時期，而侑禮的宰利可能和《穆天子傳》的井利有關，但李先生在斷定此器時代時，語氣仍有保留地說：「〈穆公簋蓋〉如能定在穆王晚期，就為這個時期的器物提供了新的綫索。」〔註82〕因此，這件器的斷代，依其文章語氣來看仍似未定。

　　〈班簋續考〉則同意于省吾及楊樹達二位先生的意見，定為穆王時代。李先生將〈班毀〉與〈孟毀〉比較，再由〈班毀〉的銘文格式等定〈班毀〉為穆王前期器，他說：

> 〈班簋〉與長安張家坡的一組〈孟簋〉同時，是明顯的。孟的父親大約在出征中戰死，毛公據簋銘也應死在歸來不久的時候。銘文字體也彼此相類。〈孟簋〉飾相對的鳥紋，有同志指出與近出於江蘇丹徒母子墩的〈伯簋〉相似。這種鳥紋的整個發展過程，現在材料仍不充分，但其盛行是在昭、穆之世，下限還要更晚，如〈穆公簋蓋〉屬穆王晚年。〈孟簋〉、〈伯簋〉的鳥紋，尾部橫接軀體，有分解趨勢，比〈效尊〉、〈卣〉和〈豐尊〉、〈卣〉的要更晚一些，而與〈靜卣〉接近。最近在陝西出土的一件簋，與〈伯簋〉非常類似，銘文顯然是昭王末年的，可以作為這幾件青銅器年代的證據。〈班簋〉的字體和文例，也是時代的證據。銘末云：「子子孫多世其永寶」，就是穆王以下西周中期銘文流行的一類格式。因此，把〈班簋〉列為穆王前期之器，是合適的。這樣，簋的器主無疑是《穆天子傳》的毛班。〔註83〕

關於〈班毀〉，清末劉心源已定為穆王時代器，然當時對器形、紋飾皆不能提出有力的證據，只能由文獻中《穆天子傳》、今本《竹書紀年》為依據，民國以來郭沫若、吳其昌、陳夢家等先生皆定為成王時代，而于省吾、楊樹達先生則力主為穆世器，二說甚為僵持，後來唐先生在〈西周銅器斷代中的「康宮」問題〉又對此器就銘文加以詳考，認定為穆王時代器〔註84〕，至此由銘

---

〔註82〕李學勤〈穆公簋蓋在青銅器分期上的意義〉，《文博》1984 年第 2 期；又收錄於李學勤《新出青銅器研究》（北京：文物出版社，1990 年 6 月）。此處引自後者，頁 71。

〔註83〕李學勤〈班簋續考〉，《古文字研究》第十三輯（北京：中華書店，1986 年 6 月），頁 185～186。

〔註84〕唐蘭〈西周銅器斷代中的「康宮」問題〉，《唐蘭先生金文論集》，頁 150～159。

文爲線索來判斷〈班設〉之時代大致能說到的皆爲學者所陳，李先生此文對器形、紋飾等補強了證據，使〈班設〉之斷代問題得到進一步地確定。

〈鮮簋的初步研究〉一文是專對穆王時代的一件標準器〈鮮簋〉做探討，除了銘文討論外，在器形、花紋、字體風格上也做了研究。〈鮮設〉早在 1978 年曾由澳大利亞巴納（Noel Barnard）及張光裕兩位先生公布拓本，但未有器形及花紋的資料公布，所以學者們對此器之眞僞曾有疑惑，直到李學勤與艾蘭二位先生合編之《歐洲所藏中國青銅器遺珠》〔註 85〕才正式公布定讞，這件器也由此證爲眞。由於此器是穆王時代的標準器，所以顯得格外重要。李先生在該器花紋的時代上做了比較，指出：

> 簋腹上面的龍紋，非常美觀，是不多見的。這種紋飾是一對相向的大龍，龍頭向後回顧，頭頂有下垂的花冠。細看，花冠本身又成爲頭朝下的吐舌龍紋。與此近似龍紋，曾見於著名的青銅器〈麥尊〉和〈燕侯盂〉。大家知道，〈麥尊〉是周成王時器，〈燕侯盂〉大約是康王時的，所以〈鮮簋〉的花紋粗看起來給人以年代很早的感覺，似乎是周初的古典形式。可是進一步考察，〈鮮簋〉的龍紋和〈麥尊〉等有所不同，就是龍紋的幾部分分解了，尤其明顯的是花冠已與頭部斷開。這和鳥紋的尾羽和軀體斷開一樣，是較晚時期出現的新變化。因此，簋的年代不能早到成康，一定要晚上一個階段。〔註 86〕

> 考慮到〈鮮簋〉的形制紋飾尚有西周早期遺風，它的年代不會太遲，唯一的可能便是穆王三十四年。〔註 87〕

接著，由〈鮮簋〉、〈呂方鼎〉與〈刺鼎〉所載月分及干支推「這三件青銅器頗有可能是同時的東西」。〔註 88〕由此文可以看出李先生對此器是全面探討的，其基礎在於銘文，推而至器形、花紋、文字風格，乃至曆朔的聯繫，這樣的方法是目前考定銅器年代最好的方法。

另外，有一點是應提出來商榷的，李文指出〈逋設〉與〈長囟盉〉（其稱

---

〔註 85〕李學勤、艾蘭《歐洲所藏中國青銅器遺珠》（北京：文物出版社，1995 年 12 月），第 108 號。

〔註 86〕李學勤、艾蘭合寫〈鮮簋的初步研究〉，《走出疑古時代》（瀋陽：遼寧大學出版社，1994 年 3 月），頁 284。

〔註 87〕同上註，頁 285。

〔註 88〕同上註。當然，李先生也由文字風格說明此三器相酷似，又皆記祭祀之事。

爲〈長思盉〉）二器：

> 都記穆王活動，而有「穆」字諡法，可能是在穆王卒死后不久追述。

〔註89〕

這樣的看法與王國維以來「生稱」王名之說相左，而對標準器斷代法無疑是一大衝擊，標準器的依據正是王名的生稱，既然李先生認爲此二器的穆王爲諡號，那麼是否對銅器中的王名都視爲諡號呢？此說法應再商議。

在〈新出青銅器看長江下游文化的發展〉，提到〈宜矦矢段〉亦是穆王時代器。〔註90〕

由以上的說明，對於李學勤所定的穆王時代器整理如下：

1. 豐諸器（〈豐尊〉、〈豐卣〉等）
2. 𢀛諸器（〈伯𢀛段〉等）
3. 〈班段〉
4. 〈孟段〉
5. 〈鮮段〉
6. 〈剌鼎〉
7. 〈呂方鼎〉
8. 〈宜矦矢段〉

至於沒有明白指出或以肯定而明確的語氣所說的銅器就不列出來了。

## 第八節　馬承源等

近代，在商周銅器的斷代研究上，上海博物館有舉足輕重的地位，《商周青銅器紋飾》與《商周青銅器銘文選》可稱爲該館的代表作，馬承源先生則領導了這些研究的進行。

馬先生對西周金文的月相及曆朔做了研究，發表〈西周金文和周曆的研究〉一文〔註91〕，文中檢討了月相解釋的異同，並對新城新藏、吳其昌、董

---

〔註89〕同上註。
〔註90〕李學勤〈從新出青銅器長江下游文化的發展〉，《文物》1980年第8期，又收於其《新出青銅器研究》（北京：文物出版社，1990年6月）；本文引自後者，頁265。
〔註91〕馬承源〈西周金文和周曆的研究〉，《上海博物館建館三十周年特輯》，1982年。

作賓三位學者關於西周時代的曆表做了檢驗，三家之曆表皆不能與銅器器群相合，所以選用張培瑜先生《晚殷西周多至合朔時日表》並加以修改，在《商周青銅器銘文選》第三冊附了〈西周青銅器銘文年曆表〉，以此做爲銅器年代推擬的基礎。

另外一篇關於月相的重要文章——〈西周金文中一月四分月相再證〉〔註92〕，則探討了初吉的問題，並對定點說做了更深入的檢驗，證明定點說是不能成立的。在這篇文章中尤其值得留意的是馬先生將〈遹𣪘〉、〈叔尊〉、〈競𣪘〉、致諸器等九件器物的月相做了詳細的探究。

對於銅器紋飾，馬承源及陳佩芬先生等上海博物館的研究人員出版了《商周青銅器紋飾》〔註93〕一書，到目前爲止，此書仍是研究商周銅器花紋的代表作，對於各類紋飾的變化及時代皆有成果展現。雖然紋飾對於以王世爲分期的研究上不能提供精細斷代的依據，然此書對於紋飾的全面觀察與研究，提供學術界極大的參考價值。關於穆王時代的部分，此書在變體獸形紋類中便指出：

> 商周青銅器紋飾的第二次變形和抽象的階段開始於西周中期，延續
> 到春秋中期。大約從西周穆王時期起，出現了青銅器紋飾逐漸簡化
> 和抽象的情形。〔註94〕

這段文字對紋飾演變的大勢做了說明，尤其在探討穆王時代紋飾發展的意義，更提供了重要的指引。

關於西周銅器銘文的斷代，《商周青銅器銘文選》第三冊〔註95〕無疑是繼唐蘭先生《西周青銅器銘文分代史徵》後的又一鉅作。在郭沫若先生的《大系》之後有陳夢家先生的〈西周銅器斷代〉及唐先生的《史徵》，惜後二者皆未能完成，《銘文選》無疑是《大系》以後的另一部大規模對銅器考釋與斷代的完成品，《大系》原則上以王世分西周器，以國名分諸侯器（多爲東周器）〔註96〕，《銘文選》在這點是上承《大系》的，但大系諸侯器中有西周器，而

〔註92〕 馬承源〈西周金文中一月四分月相再證〉，《上海博物館館集刊》第三期（1986年4月），頁10～20。

〔註93〕 上海博物館青銅器研究組編《商周青銅器紋飾》，北京：文物出版社，1984年。

〔註94〕 同上註，頁22。

〔註95〕 馬承源主編《商周青銅器銘文選》第三冊，北京：文物出版社，1988年。

〔註96〕 《兩周金文辭大系》原則上以上篇爲西周器，下篇多爲東周器，然而下篇中亦數有西周器，如〈楚公逆鎛〉郭先生自謂「此器之作在宗周末年」、〈蔡姞

《銘文選》則將西周和東周器分卷甚嚴。

　　這一套書由馬承源先生主編，上海博物館的學者：陳佩芬、潘建明、陳建敏、濮茅左幾位先生編撰，是集眾人之力而成的一套書。關於穆王時代器，一共列了三十件，茲擇其斷代及銘文聯繫的理由如下：

1. 〈遹簋〉：穆穆王，即昭王子穆王滿。

2. 〈長由盉〉：（銘文載穆王生稱）

3. 〈剌鼎〉：此穆王禘祭其父。

4. 〈作冊大方鼎〉：大，人名。作冊令之子。此銘後有族名鼄與〈作冊令方彝〉相同，矢令之父為丁，大則稱祖丁。〈作冊令方彝〉是昭王時器，召公奭死於康王時，成王臨終，召公為顧命大臣，則昭穆時代的大保應是第二代召公。此器晚於〈作冊令方彝〉，可能是昭王末或穆王初世之器。

5. 〈豐尊〉：銘末之「父辛」，即恭王時代〈牆盤〉銘的「亞祖祖辛」，瘷器中稱「高祖辛公」，也就是旂器中的旂。豐是旂的兒子，旂為昭王時人，豐應在穆王世。

6. 〈豐卣〉：（與〈豐尊〉同一作器人）

7. 〈班簋〉：呂伯名剛，見〈靜簋〉銘。《尚書·呂刑》……單稱呂伯為呂。呂之器傳世的尚有〈呂鼎〉，也僅稱呂。〈呂鼎〉和〈靜簋〉，都是穆王時器。班的皇公即昭考，是文王王姒之聖孫所育。因為毛叔鄭是毛氏始封之君，也是文王之子。所以班的父考「皇公」是毛叔鄭的兒子所育，也就是文王王姒的曾孫。班是文王的玄孫，毛叔鄭的曾孫。按宗廟的昭穆制度，毛叔鄭之子昭，孫是穆，曾孫又是昭，所以班稱父為昭考。在行輩上，昭王是文王玄孫，但在時代上自然可以相接。器主班，研究者多以為即是《穆天子傳》中的毛班。

8. 〈靜卣〉：（與〈靜簋〉同一作器人）

9. 〈靜簋〉：吳柔即〈班簋〉中的吳伯。呂剛即〈班簋〉中的呂伯。

10. 〈小臣靜卣〉：此小臣靜與〈靜簋〉之靜同是一人。〈靜簋〉是穆王時器，今定此器亦穆王時。

11. 〈趞鼎〉：〈班簋〉注鼒盉自指出〈趞鼎〉銘「命汝作鼒自家司馬」，

----

是以此聯繫。

12. 〈呂方鼎〉：呂即〈班簋〉中呂伯和〈靜簋〉中的呂剛，伯是排行，剛乃其名。

13. 〈彔致卣〉：《後漢書‧東夷傳》：「徐夷僭號……穆王畏其方熾……」徐夷，亦稱徐淮夷，這段史料說明穆王時與徐淮夷關係比較緊張，〈彔致卣〉諸器銘文應是反映了這一段史實。

14. 〈彔簋〉：白雍父，又稱師雍父，是穆王時征伐淮夷的將領之一。見於〈遇甗〉、〈臤鼎〉、〈彔致卣〉、〈彔簋〉、〈穡卣〉、〈臤尊〉、〈伯雍父盤〉等多器。

15. 〈致簋〉一：戎，即〈致方鼎〉所稱淮戎之省，也就是淮夷。

16. 〈致簋〉二：（與〈致簋〉同一作器人）

17. 〈致方鼎〉一：（與〈致簋〉同一作器人）

18. 〈致方鼎〉二：王指穆王。〈彔致卣〉銘記載穆王時淮夷侵伐內國而命致戍甶自，本銘記載王命致禦淮夷，當同是穆王時事。

19. 〈彔伯致簋〉：（與〈致簋〉同一作器人）

20. 〈伯致簋〉：（與〈致簋〉同一作器人）

21. 〈穡卣〉：穡，師雍父的下屬。

22. 〈遇甗〉：戍守在古自的師雍父遭遇事于獻侯……此為六月間事，同年十一月，伯雍父曾親自巡省至於胡國，詳見〈臤鼎〉銘。

23. 〈臤鼎〉：（銘文有師雍父）

24. 〈伯雍父盤〉：（即師雍父）

25. 〈臤尊〉：〈遇甗〉記六月師雍父戍在古自，本銘無記年而僅謂在十三月，當是同年年底事。

26. 〈競簋〉：（銘文有伯犀父）

27. 〈競卣〉：（銘文有伯犀父）

28. 〈縣改簋〉：伯犀父，亦見於〈競卣〉、〈競簋〉。〈競卣〉銘記「伯犀父以成師即東，命戍南夷」事，器主即〈臤尊〉銘文所載參預伐淮夷的仲競父。〈臤尊〉為穆王時器，伯犀父與競為同一時代人，所以〈縣改簋〉亦定為穆王時器。

29. 〈廿七年衛簋〉：廿七年三月既生霸之戊戌日。衛器中如〈三年衛盉〉、〈五祀衛鼎〉、〈九年衛鼎〉等月序、月相和干支皆合於《年表》

的恭王之世。此器不合，亦不合於懿王，惟合於穆王。據《年表》穆王廿七年爲公元前九八七年，三月己丑朔，十日得戊戌。簋的形制也較爲近於西周早期特點，疑〈廿七年衛簋〉是穆王時器。南伯，疑即井南伯，見〈井南伯簋〉。此簋形制近於〈師虎簋〉，〈師虎簋〉是懿王元年器，〈井南伯簋〉應略早，或爲穆、恭間器。

30. 〈繁卣〉：陳佩芬先生有〈繁卣、趞鼎及梁其鐘銘文論釋〉一文專論其器形及紋飾與銘文風格皆合於穆王時代器。

不難看出，其方法主要在銘文的聯繫，將銅器銘文中相關的人物、事件聯爲一器群，再參考曆表，也考慮到器形花紋方面。在馬先生主編的另一本書《中國青銅器》〔註97〕中對於斷代的方法有更爲深入的說明，首先分析了絕對年代和相對年代：

> 斷代的時間幅度，可以區分爲絕對年代和相對年代。絕對年代是青銅鑄造的年代，或非常接近於鑄造的年代。相對年代是指用一定的時間幅度彼此對比而藉以決定的期限。絕對年代作爲標明青銅器鑄造的時間，又可分爲兩種：一是具體標明年、月或日期；一是標明所屬的王世。……不能決定具體年份但可明確標明爲王世的，也可以作爲準絕對年代，如〈長甶盉〉銘：「三月初吉丁亥，穆王在下減𩰫。」「穆王」是生稱，可以知道是穆王時器，但不能斷定爲穆王的哪一年器。〔註98〕

由上面引文可知其「絕對年代」實包含了「準絕對年代」的概念，銅器中由銘文能直接看出絕對年代的器十分少見，所以必須以絕對年代器爲中心，做聯繫各器的工程，間接的判定相關器的時代，於是分散的銅器銘文便能進一步的結合起來。該書自述間接取證的方法爲：

> 這種方法是選擇一批銘文內容彼此有關聯的器，把記載的事件和人名作爲紐帶聯結爲或大或小的群體，這個群體中至少應有一件時間明確的標準器，然後對有關的人名進行分析，分析的結果若屬於橫向的關係，則有關聯的器與標準器應該屬於同一時代。如

---

〔註97〕 此書爲馬承源主編，陳佩芬、吳鎮烽、熊傳薪編撰，上海古籍出版社 1988 年 7 月出版。

〔註98〕 馬承源主編，陳佩芬、吳鎮烽、熊傳薪編撰，《中國青銅器》（上海：上海古籍出版社，1988 年 7 月），頁 409～410。

果關聯的器是縱向的父子祖孫關係，則器的時代屬於彼此相關聯
的王世。這種間接的取證方法祇要分析是正確的，也能斷定器物
的絕對年代。〔註99〕

之前的學者，如郭沫若、陳夢家、唐蘭等先生都是用這樣的方法來做銅器斷
代的依據，可是由於各人的寬嚴與判定不同，於是每個人對器物的時代仍存
在或多或少的歧異，方法易明，而實踐實難。《中國青銅器》一書中對實際運
用做了舉例，其例子正好是穆王時代的銅器銘文，該書依序舉了〈彔惑卣〉、
〈惑方鼎〉甲、〈惑簋〉、〈惑方鼎〉乙、〈彔簋〉、〈廄鼎〉、〈遇甗〉、〈穡卣〉、
〈貉尊〉、〈競卣〉、〈競簋〉、〈彔伯惑簋〉、〈伯惑壺〉、〈伯雍父盤〉、〈縣改簋〉，
一共十五器為一群組。在說明方面：

> （〈惑方鼎〉）甲以上銘文出現了惑、內史友員、伯雍父、王烟姜
> 等幾個人。王烟姜是周王的配偶，她的使者內史友員所鑄之器尚
> 有〈員卣〉，銘云：「員從史旗伐夷」。史旗是昭王時官員，〈史旗
> 鼎〉銘載王姜錫田事，已知王姜是昭王后，則王烟姜應是穆王的
> 配偶，員在穆王時已為內史僚屬，而史旗的活動見於昭、穆二世。
> 〔註100〕

> （〈惑方鼎〉乙）灘戎即淮戎，灘即淮，《汗簡》淮即作灘。淮戎也
> 就是淮夷。惑先戍於甘自，後在堂自抵禦淮夷。堂自之戎亦即淮夷
> 或淮戎。惑在堂自禦淮夷得勝，故王烟姜使內史友員錫惑玄衣。故
> 以上諸器皆在同一時期。〔註101〕

以上條引文乃藉由人名及事件的分析將「惑諸器」做了繫聯。由這裡分析出
來的人名又可和幾件器做相關探尋，尤其伯雍父（師雍父）；至於伐淮夷之事，
也見於惑以外的幾件器。

> （〈貉尊〉）甘又作古，為禦淮夷戍守之地，已見於〈彔惑卣〉，伯雍
> 父為惑之上司，亦見於同器，夷亦為軍事要衝。因而以上與甘、夷
> 二地戍守有關之器及與伯雍父有關軍事行動之器，亦可斷定為同
> 時。〔註102〕

---

〔註99〕同上註，頁410。
〔註100〕同上註，頁411，依此將〈彔惑卣〉和〈惑方鼎〉甲相聯繫。
〔註101〕同上註，頁411。
〔註102〕同上註，頁411，依此聯繫了惑諸器與廄諸器（〈廄鼎〉、〈遇甗〉）、〈穡卣〉、
〈貉尊〉。

（〈競簋〉）競即〈或尊〉銘中的仲競父，隨從師雍父戍於甘斷。〈競
卣〉銘記另一伐南夷亦即淮夷的將領伯屖父「皇競格於官」，時在斷
地，斷爲成周師氏東征淮夷的另一軍事要地，〈鄂侯馭方鼎〉銘記周
王伐淮夷班師時駐於斷，競是伯雍父的使節而遣之於伯屖父，乃有
所賞賜。故此兩器與以上諸器有聯繫，也是穆王時器。〔註103〕

以上諸器人名與前述人名相同，穆王在位時間最長，雖未表明有任
何事件的關聯，然亦當爲同一王世之器。〔註104〕

（〈縣改簋〉）簋銘有伯屖父，同見於〈競卣〉和〈競簋〉，近似同一
王世。〔註105〕

由伐淮夷事件推及或、伯雍父（師雍父）及王剉姜，再得伯屖父，於是將此
連串爲紐帶，廣連各器，就得出十五件，該書總結這個群器的結果說：

以上十五器以禦淮夷的戰爭爲紐帶，聯係到伯雍父、泵伯或、王剉
姜、内史友、龏（禹）、禂、或、仲競父（競）、縣改等同一王世者
九人，判斷中聯繫到上一王世者有王姜、史旗和員三人，而員的活
動跨於昭、穆二世。以上十五器皆屬穆王時代。〔註106〕

以上這十五件器定爲穆王世，所列出的理由，正可以補充《銘文選》在說明
上的不足。另外，此書在探討銘文書體上也有重要的參考價值，以西周中期
爲例，乃將該期書風分爲三類，其中第一類的說明如下：

第一類以穆王之世的〈或鼎〉、〈或簋〉、〈登尊〉、〈登卣〉和〈庚嬴
卣〉銘文爲最典型。這類銘文形體仍有早期的特點，字迹中依稀可
見肥筆，運筆舒展，字體間架亦較自然，但早期那種瑰異雄奇的風
格已經消失。〔註107〕

這裏對穆王時代字體風格的大勢做了概述，字體風格亦是斷代的一項重要參
考。馬承源先生在銘文、曆朔、器形、紋飾及字體風格皆做專題性的研究，
這一點對於他在斷代上的論證有很好的根基。各個方面做專題性的研究應是

---

〔註103〕同上註，頁412，註在〈競簋〉下。
〔註104〕同上註，頁412，因〈泵伯或簋〉、〈伯或壺〉、〈伯雍父盤〉等器銘文字數甚
　　　　少，未有提及其他人名、事件，故以推測定爲穆王世。當然這樣的推測在允
　　　　許的合理範圍內，但是也增加了誤差的可能性。
〔註105〕同上註，頁406，〈縣改簋〉因爲有伯屖父，所以定爲穆王世。
〔註106〕同上註，頁412。
〔註107〕同上註，頁386。

從事銅器斷代研究者不可不從事的工作，也唯有如此，才能全面地正視銅器斷代的這門學問。

## 第九節　劉啓益

在西周銅器斷代的研究上，以王世爲專題一一探究的學者中劉啓益是極其重要的代表。

他發表了一系列有關西周銅器斷代的文章，在方法上，劉先生繼承了前人的方法，由標準器出發，就銘文內容及器形、花紋等來做繫聯與探究，並且也考量了曆朔，更大的特色是他用了考古上器型學的方法來做銅器器形、紋飾的分類，他一一排比了各類型的器，分組比對其變化，由於有銘文的考釋爲基礎，所以比起專由曆朔下手的學者來，劉先生的意見更能照顧到形制和銘文人物的問題，在時代的斷定上也較能減少因曆朔而造成主觀的附會。下面就其一系列和斷代相關的文章做分析：

〈西周厲王時期銅器與「十月之交」的時代〉〔註108〕一文乃是由出土材料來論證《詩經·小雅·十月之交》的年代，是王國維先生二重證據法的運用，將經文中的人名在銅器中找其相應者，再由這些銘文去繫聯出更多相關的銅器來，接著分組探討其時代，考慮了器形、花紋、記時等現象，推定〈十月之交〉作於厲王三十六年，也將相關銅器的年代做了調整。

〈西周紀年銅器與武王至厲王的在位年數〉一文以「排比朔日干支」的方法檢驗某些銅器是否爲同一王世，這方法郭沫若等學者曾使用過，劉先生則加以推廣，他的看法是：

> 一件銅器只要確定了一個月的朔日干支，一年（包括上下相近的年份）十二個月的朔日干支，大體上是可以推算出來的。如果兩件紀年銅器是一個王世制作的，它們的朔日干支就應該是相銜接的，至少應該是相鄰近的（所謂相鄰近是指干支相差一個或者兩個，因爲，當時的曆法不可能推算得十分準確，一、二天之內的差誤是允許的）；反之，如果兩件銅器不是一個王世制作的，它們的朔日干支就應該是不相銜接的，或者說相距較遠（所謂相距較遠是指干支相差

---

〔註108〕劉啓益〈西周厲王時期銅器與「十月之交」的時代〉，《考古與文物》1980年第1期，頁80～85。

　　在三個，或者三個以上）。按照這個道理，我們就可以利用紀年銅器

　　朔日干支之間的關係，來檢驗前人所定銅器的時代了。〔註109〕

這樣的意見是可行的，在銘文研究的基礎上，將能確定王世的銅器中擇出年、月、月相、干支皆具或年、月、干支具備的器，在同一王世小範圍的時間內（年數不宜跨得太大）來推曆朔，則可減小誤差。小範圍的時間易於控制置閏（一年中最多僅有一閏，且十九年中有七閏，跨的年度在五年內應可控制干支之差在三十、六十之數，多不至於九十日，且其數當接近三十或六十）及月相的跨度（依一月四分說，一月相可有六至八天的差距），那麼這樣的推曆是可以加以運用的。劉啓益先生在這樣的情況下以曆朔斷某幾件器是否同一王世，在理論上是可以的，但是他將月相的跨度定爲三天左右，而初吉亦視爲月相，則多少留有可商討的地方。劉先生在他斷定各器王世的基礎上，又進而以前後兩個王世銅器的紀年及曆朔去推出各王的在位年數，這樣的方法也有其理論基礎，只是與事實相符與否則仍待證實。

　　劉先生在人物時代的討論過程中，也有可商量的地方，下面便是一個例子：

　　　　值得注意的是邢伯，他在穆王晚期器〈長甶盉〉中已經出現了，又
　　　　經歷了共王（五年〈衛鼎〉、十二年〈永盂〉）、懿王（十二年〈走毀〉）
　　　　兩世，一直活到了孝王元年（元年〈師虎毀〉），如果不是利用紀年
　　　　銅器朔日干支的矛盾，是不容易弄清楚的。〔註110〕

就算各器的王世皆如其說，則這些銘文中的邢伯是否皆爲同一人，是應該考慮的，邢伯之子若繼承爵位也叫邢伯，則何以能論定此邢伯爲一人跨了穆、恭、懿、孝四個王世呢？劉先生在考證〈元年師兌毀〉時，對榮伯處理的方式就很有見地地認爲榮伯可能不只一人〔註111〕，由於〈西周紀年銅器與武王至厲王的在位年數〉寫在前，所以處理人物的問題上，後來文章考慮的就縝密多了。

---

〔註109〕劉啓益〈西周紀年銅器與武王至厲王的在位年數〉，《文史》第十三輯（北京：
　　　　中華書局，1983 年 3 月），頁 2。

〔註110〕同上註，頁 10。

〔註111〕劉啓益〈西周夷王時期銅器的初步清理〉，《古文字研究》第七輯，北京：中
　　　　華書局，1982 年 6 月，頁 139～161。此文中他由文獻及銅器考察到榮伯家族
　　　　約與西周王朝相始終，故認定銅器銘文中的榮伯非同一人。事實上，邢伯也
　　　　應如此看待。

〈西周金文中的月相與共和宣幽紀年銅器〉〔註112〕一文仍用前面所述的方法對前人的斷代作了檢驗，重申其月相的解釋及斷代的方法。其中提及穆王時代器的有〈

㝬簋〉、〈㝬鼎〉、〈靜簋〉、〈靜卣〉、〈遹觥〉、〈𢀒尊〉、〈庚嬴鼎〉、〈衛簋〉。

對於各王世器的斷代作專題研究方面，劉先生發表的文章比例最高，包含了：〈西周夷王時期銅器的初步清理〉〔註113〕、〈西周康王時期銅器的初步清理〉〔註114〕、〈西周武成時期銅器的初步清理〉〔註115〕、〈西周昭王時期銅器的初步清理〉〔註116〕、〈西周穆王時期銅器的初步清理〉〔註117〕、〈西周懿王時期銅器的初步清理〉〔註118〕、〈西周共王時期銅器的初步清理〉〔註119〕、〈西周孝王時期銅器的初步清理〉〔註120〕、〈西周夷王時期銅器續記〉〔註121〕、〈西周宣王時期銅器的再清理〉〔註122〕等。

這些文章中皆以王世爲主題，將學者們定爲該王世的器一一分組討論，除了夷王的那篇外，各篇在器型學的使用上更爲顯著，並且著重和考古墓葬的聯繫。武成時代器的清理一文對其器型學有一段自述：

在方法上，我們較多地利用了對比法。具體辦法是：把每一類銅器

〔註112〕劉啓益〈西周金文中的月相與共和宣幽紀年銅器〉，《古文字研究》第九輯，1984年1月，頁207～249。
〔註113〕劉啓益〈西周夷王時期銅器的初步清理〉，頁139～161。
〔註114〕劉啓益〈西周康王時期銅器的初步清理〉，《出土文獻研究》，文化部文物局古文獻研究室編，北京：文物出版社，1985年6月，頁69～106。
〔註115〕劉啓益〈西周武成時期銅器的初步清理〉，《古文字研究》第十二輯，北京：中華書局，1986年6月，頁207～256。
〔註116〕劉啓益〈西周昭王時期銅器的初步清理〉，《出土文獻研究續集》，國家文物局古文獻研究室編，北京：文物出版社，1989年12月，頁56～106。
〔註117〕劉啓益〈西周穆王時期銅器的初步清理〉，《古文字研究》第十八輯，北京：中華書局，1992年6月，頁326～389。
〔註118〕劉啓益〈西周懿王時期銅器的初步清理〉，《文史》第三十六輯，1992年8月，頁27～45。
〔註119〕劉啓益，〈西周恭王時期銅器的初步清理〉，1988年中國古文字研究會論文（長春）。
〔註120〕劉啓益，〈西周孝王時期銅器的初步清理〉，《出土文獻研究》第三輯，據劉先生來函告知方出版，筆者尚未見。
〔註121〕劉啓益，〈西周夷王時期銅器續記〉，《紀念于省吾教授百年誕辰記念文集》（長春：吉林大學出版社，1996年9月），頁147～153。
〔註122〕劉啓益，〈西周宣王時期銅器的再清理〉，據劉先生來函告知刊入其將出版之《西周紀年》一書中。

分成若干型式，每一型式按已知時代早晚排定先後，在排比中觀察
器形的變化，從變化中找反映時代的特徵，經過反覆對比、校正，
就組成了每一型式的發展序列，序列形成了，每一型式銅器形制的
變化的特點就出來了，這樣，不知時代的銅器也可以根據它在序列
中的位置卡定其時代，這樣，也可以檢驗前此擬定的銅器的時代是
否正確。〔註123〕

這樣的方式正是考古學所用的器型比較法，可留意是否有復古現象與鑄造技
巧，結合銘文的考訂，大致上可以得出成果來。關於康王的那篇文章中則將
宜侯矢墓（含鼎、殷、鬲、盤四件）視為昭穆時期，也提到強伯墓的時代約
為昭穆。昭王時代器的清理一文，指出穆世器有〈不壽簋〉、〈呂壺〉、〈御正
衛簋〉、〈師旂鼎〉、〈庚嬴鼎〉、〈競卣〉、〈縣改簋〉、〈伯戈卣〉（器名可能有誤）、
〈長囟盉〉（其文稱〈長白盉〉）、〈疐簋〉、〈小臣宅簋〉、〈呂伯簋〉、〈豐尊〉、
〈冟簋〉、〈遇甗〉、〈剌鼎〉（即〈剌鼎〉）；昭穆時代有〈小臣宅簋〉〔註124〕；
穆恭之世的有〈邢伯甗〉。

　　〈西周穆王時期銅器的初步清理〉是到目前為止專文綜合討論穆王時代
銅器的唯一著作，全文將銅器分組，對於各組內銅器的銘文（隸定、人物等）、
器形、花紋做說明，更利用了長囟墓及戈組器做為重要依據，對於前人的說
法加以檢驗，也探討了部分史籍記載，如穆王都西鄭之事。〔註125〕下面將劉
先生的分組及器目做一整理：

---

〔註123〕劉啟益〈西周武成時期銅器的初步清理〉，頁207～208。

〔註124〕關於〈小臣宅簋〉的時代，劉先生於〈西周昭王時期銅器的初步清理〉頁91
　　　　正文中以為穆王，註十三認為有上升到昭王的可能。

〔註125〕〈西周穆王時期銅器的初步清理〉一文頁331：
　　　　〈長白盉〉銘文中的「王才下淢应」，可能與文獻記載中穆王居西鄭有
　　　　關。……臣瓚說穆王在西鄭作過都，是很重要的，但「西鄭」是不是在京
　　　　兆尹鄭縣（今陝西省華縣），卻值得商榷。《史記・秦本紀》記載「德公元
　　　　年，居雍城，大鄭宮」，一般人把「大鄭宮」，當作宮室的名稱，釋這句話
　　　　為「秦德公居於雍城的大鄭宮」，我們則以為此處的「大」是動詞，此句應
　　　　讀為「秦德公居於雍城後，把原來的『鄭宮』擴大了」，而「鄭宮」之「鄭」
　　　　就是穆王都於西鄭之「鄭」。秦都雍城遺址在今陝西省鳳翔縣，陝西省文物
　　　　考古工作者進行過勘探發掘，發現過帶有「淢」字陶文的瓦當，陶文「淢」
　　　　應當即〈長白盉〉「下淢」的「淢」，這樣，西周銅器銘文、文獻記載和出
　　　　土實物三者結合起來說明：穆王確曾居過西鄭，這個西鄭在今陝西省鳳翔
　　　　縣，而不在今華縣。

壹、標準器組

一、〈遹簋〉

二、〈剌鼎〉

三、〈長由盉〉、〈長由簋〉二件、〈長由盤〉、〈蘇罍〉、及長由墓同出之鼎四件、編鐘三件、爵二件、鬲、觚、甗、貫耳壺、壺。

貳、伯雍父組

A、伯戔墓組

一、伯戔墓：〈戔簋〉、〈伯戔簋〉、〈戔方鼎〉甲～乙、〈戔鼎〉、〈戔甗〉、〈伯戔飲壺〉1號～2號、〈伯雍父盤〉、〈卹父盉〉、爵二件、貫耳壺、觶

二、〈王壽簋〉

B、彔組：〈彔卣〉、〈彔尊〉、〈彔簋〉

C、戍于古自組：〈遇甗〉、〈嘼鼎〉甲～乙、〈嘼鼎〉（作冊睘）、〈寓卣〉、〈臤尊〉、〈穛卣〉、〈仲競方簋〉

D、伯犀父組：〈競簋〉二件、〈競鼎〉、〈競尊〉、〈競卣〉甲～乙、〈競方盉〉、〈縣改簋〉

參、伯懋父組：〈呂壺〉、〈呂方鼎〉、〈師旂鼎〉、〈御正衛鼎〉、〈小臣宅簋〉、〈小臣謎簋〉

肆、呂伯組：〈孟簋〉、〈班簋〉、〈呂伯簋〉、〈靜簋〉、〈靜卣〉，附〈小臣靜卣〉

伍、其 他

一、〈廿七年衛簋〉

二、〈利簋〉，附〈利鼎〉

三、豐器：〈豐尊〉、〈豐卣〉、〈豐爵〉三件、〈父辛爵〉、觶三件

四、庚嬴器：〈庚嬴卣〉、〈廿二年庚嬴鼎〉

五、應公諸器：〈應公方鼎〉、〈應公簋〉二件、〈應公卣〉、〈應公觶〉

六、〈鼄簋〉

這裡總共列了八十七件（含附器二件），在各家所列器中僅次於唐蘭先生。另外，在此文後面附有「穆王時期銅器墓葬」，共列了六座墓：長安普渡村二號墓、臨潼南羅墓、扶風齊家十九號墓、岐山賀家五號墓、扶風雲塘十號墓、青島嶗山縣前古鎮墓。

朱鳳瀚先生對劉先生的研究方法，做了以下的分析：

> 劉氏的研究基本上仍是循郭、陳二氏的途徑，但有發展，表現爲兩
> 點：其一是採用了器型學……。第二是因採用了新出土器物，故排
> 比的銅器豐富。由劉氏的研究中，可以看到他確是建立了自己型式
> 學的體系，力圖使銘文內容所揭示的年代序列與型式的發展序列一
> 致。〔註126〕

劉啓益先生確實建立起自己的一套斷代體系，除了朱先生所列的兩個方法，
更應留意劉先生在曆朔上的廣泛應用，這一點是他較郭沫若、陳夢家二位，
及其師唐蘭先生在方法上較爲突出的地方。朱先生對其成果又評論如下：

> 顯然，劉氏的系統研究，在方法與手段上及資料的豐富程度上均超
> 出前人，對促進西周銅器斷代研究的深入有重要的意義。當然，如
> 上述，銅器銘文在劉氏體系中仍具基礎地位，所以，他將西周諸器
> 按王世所作排比仍在一定程度上與對銘文內容的詮釋與理解（特別
> 是對月相的理解）直接相關，這樣也就爲其他學者留下了商榷的餘
> 地。〔註127〕

月相的問題一直是學術界爭議的焦點，月相直接影響到曆朔及銅器斷代，這
樣「留下了商榷的餘地」一直是存在的，這也是學術上更迫切要解決的問題。

## 第十節　吳鎭烽

　　吳鎭烽先生在其編著之《陝西金文彙編》中收有〈陝西西周銅器分期與
斷代研究〉一文，由於此書主要探討範圍在陝西地區，是故全書所列各器皆
有地域性的考量。雖然如此，由於西周時代重心在於陝西，所以此地域範圍
內出土的銅器在斷代研究的取樣上，實佔有很大的比例。〔註128〕在「各王世

---

〔註126〕朱鳳瀚《古代中國青銅器》，頁751。
〔註127〕同上註。
〔註128〕據吳鎭烽〈陝西商周青銅器的出土與研究〉（收於《陝西金文彙編》，西安：
　　　　三秦出版社，1989年8月）的統計指出：
　　　　據統計解放後的三十七年間（一九四九至一九八五年），陝西地區出土的商周
　　　　青銅器約三千餘件，其中鑄有銘文的七百二十六件。而全國各地出土的鑄銘
　　　　商周青銅器二千三百餘件（包含陝西在內），陝西佔全國總數的百分之三十左
　　　　右。（頁898～899）僅一九四九年以來出土的總數約有三千餘件，鑄銘者千餘
　　　　件，佔全國總數的百分之四十三以上，這是其他地區無法比擬的。（頁917）

銅器」中吳先生統計了該地區各王世標準器「武王世二件，成王世二件，康
王世十三件，昭王世七件，穆王世二十五件，恭王世二十六件，懿王世三十
八件，孝王世五十七件，夷王世十五件，厲王世十六件，宣王世三十三件」，
〔註129〕一共是二百三十四件，接下來又對各王世各器做了斷代依據的說明，
同一人所作器就列為一組，所以在其分組中，或僅有一器，或含蓋了多件銅
器。在穆王世中，他列舉了二十七件，分為六個組來說明，下面擇要引錄：

1. 登器六件：「微史家族銅器群中有登（過去釋豐）器六件」即〈登
   尊〉、〈登卣〉、〈登爵〉三件、〈父辛爵〉。「根據微史家族世系，登
   的生世在昭王後期到穆王前期。參以造型、紋飾、銘文風格，登器
   應是穆王前期鑄造的。」對於〈父辛爵〉其理由為「造型和〈登爵〉
   相同」、「柱下外側的銘文是『作父辛，木羋。』父辛即登器銘中所
   稱的父辛，族徽又相同，所以應是登鑄的，穆王前期之物。」

2. 彧器十六件（出土八件；傳世八件，其中三件有器形可考）：出土
   者八件，〈彧方鼎〉二件（甲、乙）、〈彧鼎〉、〈彧簋〉、〈伯彧簋〉、
   〈彧作旅簋〉、〈彧甗〉、〈伯彧飲壺〉二件（甲、乙），對於〈彧作
   旅簋〉吳先生特有說明「這是目前能夠確定時代的西周銅簋中最早
   的一件斂口鼓腹簋，這種形制的簋流行於西周中期後段到晚期，絕
   不見有穆王之前」，至於這一組器吳先生也有清楚地分析「這組銅
   器在造型上看，它們不同於早期的凝重敦厚，與晚期的輕薄簡陋也
   有區別，是承前啟後的新型式。〈伯彧鼎〉下腹向外傾垂，腹底近
   平，與長由墓的三號鼎、五號鼎相同，也和傳世的穆王世的〈廠鼎〉、
   〈剌鼎〉相同。裝飾的花紋不見早期流行的饕餮紋和標準夔紋，也
   沒有中晚期流行的竊曲紋和環帶紋，而存在著小鳥紋、長鳥紋和垂
   冠不分尾的大鳥紋。〈伯彧鼎〉、〈彧作旅簋〉，以及兩個〈彧方鼎〉
   的花紋則是回首捲尾、體呈倒「S」形的變形夔紋。這種花紋早期
   是沒有的，穆、恭二世特別盛行，其後又趨消失。這些具有時代特
   徵的花紋，為斷代提供了充分的證據。」接著就銘文字體以證明這

無銘的銅器在提供斷代的研究訊息較少，有銘銅器陝西占了全國總收百分之
四十三以上，這個比例更能看出陝西銅器在斷代上的重要性，及其所能提供
資訊的龐大數量。

〔註129〕吳鎮烽〈陝西西周銅器分期與斷代研究〉，收於《陝西金文彙編》，頁843。

組器爲穆王世的作品。他又將傳世的〈彔簋〉、〈彔夨卣〉（當稱爲〈彔卣〉）等相聯繫起來，由器形、花紋、銘文內容推「伯夨和彔伯夨應是一人」，至於在父祖日名不同的問題上，他認爲「莊白出土的夨器銘文裏伯夨稱其父爲『文考甲公』或『烈考甲公』，〈彔夨卣〉銘稱其父爲『文考乙公』，莊白夨器銘中伯夨稱其祖父爲『文祖乙公』，〈彔簋〉銘稱其祖父爲『文祖辛公』。我們知道，商周時期人們對於祖妣以上均稱祖妣，父輩均稱爲父。『文祖乙公』和『文祖辛公』都是夨的祖輩，『文考甲公』和『文考乙公』都是夨的父輩，不必是一人。」

3. 〈伯雝父盤〉一件：與夨諸器同出，「在傳世的夨器銘文中，可知伯雝父在穆王世是征伐淮夷的主帥，曾長期駐屯古自。這個人又稱師雝父，還見於〈敾鼎〉、〈遇甗〉、〈稱卣〉、〈叡尊〉等銅器銘文。」

4. 〈孟簋〉四件：「簋的造型和花紋是穆王世流行的式樣，銘文字體也和〈彔夨卣〉、〈夨簋〉、〈登卣〉、〈登尊〉相仿，時代應相同或者相近。」吳先生由孟的父親與毛公、遣仲征無需，事在穆王世，並結合〈孟簋〉「形制及紋飾呈現著中期之初的特徵」推論「孟的父親生世在昭穆二世，其主要活動在穆王之世，可能在征伐無需的戰爭中犧牲或戰爭結束後不久便過世了，〈孟簋〉當鑄於其父過世後不久。」

5. 長甶器四件：〈長甶盉〉、〈長甶簋〉二件、〈長甶盤〉，皆「同人同時所鑄」、「銘文是穆王生稱，與〈遹簋〉相同。刑伯還見於恭王世的〈衛盉〉、〈衛鼎〉、〈永盂〉等器。〈永盂〉鑄於恭王十二年，所以，長甶諸器只能是穆王後期的作品，再從〈長甶盉〉、〈長甶簋〉、〈長甶盤〉所飾竊曲紋判斷，它們也絕不能早到穆王前期。」

6. 〈裘衛簋〉一件：「〈裘衛簋〉的造型和〈長甶簋〉基本相同」、「銘文記裘衛在二十七年正月在周太室接受周王的冊命。從同坑出土的其他裘衛銅器分析，裘衛的生世約在穆王後期到恭王世。〈五祀衛鼎〉……其中有恭王生稱……器鑄於恭王五年三月。〈裘衛盉〉鑄於恭王三年三月。那麼〈裘衛簋〉記述裘衛初受冊命，應在穆王世，二十七年正月應是穆王紀年。」

以上一共列舉了二十七件（傳世夨器八件若全算入則爲三十二件），除此

之外，在其文章中提到的穆王器尚有〈窇鼎〉、〈班簋〉、〈廠鼎〉、〈遇甗〉、〈稻卣〉、〈彭尊〉、〈刺鼎〉、〈遹簋〉七件。

以上所舉，可留意的是第二條，吳先生對「文考甲公」和「文考乙公」的分歧上所做的說明實有未充分之處，或何以爲非直系之父祖作器，又這樣的例子在周代早、中期是否有足夠的佐證，也是可以商討的。

吳鎭烽先生斷代的研究方法主要在於標準器的掌握，再由器形、花紋、文字風格論證，值得留意的是吳先生曾在金文人名下很大的功夫，編有《金文人名匯編》〔註130〕，所以不難看出他在論斷銘文人物時代及相關人名時的很深厚的基礎。

就穆王時代的人物而言，《金文人名匯編》提供了很重要的探究基礎，由該書對人名的介紹及其所列各器，便易於比較世系及個人活動的年代，下面約要地將吳所列穆王人名做整理，凡同一人者，則舉出一條，其他則歸於註解：

※（　）內表示該書頁數

1. 史牆：〔註131〕見〈牆盤〉、〈師西簋〉，西周穆恭時期人，名牆，恭王元年正月周王冊命師酉時曾代宣王命。史牆是登的兒子，微伯癲的父親。（69）

2. 井（邢）伯：〔註132〕見〈長由盉〉、〈五祀衛鼎〉、〈師虎簋〉、〈七年趞曹鼎〉、〈師奎父鼎〉、〈永盂〉、〈走簋〉、〈師毛父簋〉、〈師瘨簋蓋〉、〈救簋蓋〉、〈井伯甗〉，西周穆王時期人，名親，封於井（刑），

---

〔註130〕吳鎭烽《金文人名匯編》，北京：中華書局，1987 年。依該書說明頁知此書共收銅器銘文人名五千二百二十八條，人名詞頭用字一千五百六十二個，依筆劃編輯，其所採用資料至一九八五年六月底前作者所見諸器。

〔註131〕△丁公：見一式〈癲鐘〉，即史牆，微伯癲的父親，生世在西周穆恭時期。（2）
　　　　△牆：見〈牆盤〉、〈牆爵〉，即史牆（見〈師酉簋〉），西周穆恭時期人，任周王朝史官，微史家族人，登的兒子，微伯癲的父親，族徽爲「✦」（木羊冊）。（330）
　　　　△牆（牆）（340～341）

〔註132〕△司馬邢伯（74）
　　　　△邢伯親：見〈師瘨簋蓋〉，西周中期前段人，名親，邢國族首領，穆王後期開始用事，任司馬之職，和榮伯、益公是恭王時期職位最高的三位執政大臣。（98）
　　　　△嗣馬井伯（司馬邢伯）：邢國族首領，穆王後期用事，任周王朝司馬之職。曾參加周王對長由賞賜的儀式。（321）

任周王朝司馬之職，和榮伯、益公等人同朝用事。（25～26）

3. 內史友員：〔註133〕見〈彧方鼎〉甲，西周穆王時期人，名員，任周王朝內史之職。（35）

4. 毛公（班）：〔註134〕見〈班簋〉、〈毛公旅鼎〉、〈孟簋〉，西周穆王時期人，毛國族首領，故又稱毛伯，毛叔鄭的曾孫。〈孟簋〉銘載孟的父親曾隨毛公遣仲征無需，毛公賜給孟的父親「臣自氒（厥）工」。（56）

5. 呂：〔註135〕見〈呂方鼎〉，亦稱呂伯、呂侯，西周中期前段呂國族首領，名剛，穆王時期任周王朝司寇。《尚書·呂刑》：「呂命，穆王訓夏贖刑作呂刑。」……曾率領部族隨毛公班征伐東國痟戎。（86）

6. 吳伯：〔註136〕見〈班簋〉，西周中期前段吳國族首領，名彶（見〈靜簋〉）。穆王時曾率領部族作爲左路軍，協助毛伯征伐東夷痟戎。（106）

7. 伯彧：〔註137〕見〈伯彧簋〉、〈伯彧旅簋〉、〈伯彧飲壺〉即彔伯彧，西周穆恭時期人，彔國族首領，事周王室。穆王之世曾隨伯雝父戌

---

〔註133〕△鼎（員）：見〈彧方鼎〉甲，即內史友員，西周穆王時期人，任周王朝內史。某年九月乙丑，員奉王姐姜之命在堂自賞賜伯彧。（319）

△員（192）

〔註134〕△毛父：見〈班簋〉，西周穆王時期人，毛國族首領，名班，又稱毛伯、毛公，曾祖父爲文王之子毛鄭，班是穆王的父輩，故稱毛父。（56）

△毛伯：名班，又稱毛公。（56）

△班：見〈班簋〉，即毛公班，亦稱毛伯，西周穆王時期的一位軍事統帥。《穆天子傳》作毛班。（186）

〔註135〕△呂伯：見〈班簋〉，西周穆王時期呂國族首領，名剛，曾率部族作爲左路軍隨毛伯班征伐東域痟戎。（87）

△呂剛：見〈靜簋〉。（87）

〔註136〕△吳彶：見〈靜簋〉，西周中期前段人，名彶，吳國族首領。某年八月庚寅，曾和呂剛與穆王會射於大池。（106）

〔註137〕△彔伯彧：見〈彔伯彧簋〉，又單稱彔（見〈彔尊〉、〈彔簋〉、〈彔彧卣〉）、彧（見〈彧鼎〉、〈彧方鼎〉、〈彧甗〉、〈彧簋〉、〈彔尊〉、〈彔彧卣〉等），亦稱伯彧（見〈伯彧簋〉、〈伯彧飲壺〉），西周穆恭時期人，彔國族首領，事周王室。〈彔尊〉銘載，穆王之世淮夷侵伐內地。（165）

△彧：見〈彧鼎〉、〈彧方鼎〉甲、〈彧方鼎〉乙、〈彧甗〉、〈彧簋〉、〈彧作旅簋〉、〈彔彧卣〉，即伯彧、彔伯彧，西周穆恭時期人，彔國族首領，事周王室。穆王時隨伯雝父戌守古自，多次征伐淮夷，建有戰功，受到周王和王后姐姜的賞賜。（171）

守古𠂤，征伐淮夷，因有功於王室，多次受到賞賜。某年淮戎侵犯內地，奉命駐守堂官，抵禦淮戎，在械林一帶打了勝仗，殺敵百餘人，繳獲兵器甲冑一百三十五件，奪回被戎人俘去的周人一百一十四人，受到王姐姜的獎賞。（115）

8. 伯屖父：〔註138〕見〈縣妃簋〉、〈競簋〉、〈競卣〉甲，西周穆王時期人，征伐淮夷的主帥之一。卣銘載某年正月伯屖父率領成周八𠂤征伐淮夷，駐在𠭰地，伯屖父賞給競章（璋）……（117）

9. 伯雝父：〔註139〕見〈伯雝父盤〉、〈彔盄卣〉、〈彔簋〉，又稱師雝父見〈㝬鼎〉、〈遇甗〉、〈臤尊〉、〈稽卣〉，西周穆王時期人，任周王朝師職，征伐淮夷的主帥。（121）

10. 師𣄴：〔註140〕見〈師𣄴鼎〉，西周中期前段人，名𣄴，從穆王時期起就任周王朝師職，有功於王室。（199）

11. 師㝬：〔註141〕見〈師㝬簋蓋〉，西周穆恭時期人，名㝬，任周王師職。（200）

12. 登：〔註142〕見〈登尊〉、〈登卣〉、〈登爵〉，西周昭穆時期人，作冊折的兒子，史牆的父親，微伯瘓的祖父，死後稱乙公。族徽爲「𡕥」（木羊冊）。（254）

13. 裘衛：〔註143〕見〈裘衛簋〉、〈五祀衛鼎〉、〈九年衛鼎〉、〈衛盉〉，西周穆恭時期人，名衛，裘氏。穆王二十七年接受周王冊命。（257）

14. 遇：〔註144〕見〈遇甗〉，與㝬爲一人，西周穆王時期曾隨師雝父戍於古𠂤；某年六月丙寅，師雝父命遇「吏（使）于𣁷侯」。（264）

---

〔註138〕△宰屖父：見〈害簋〉，即伯屖父，西周穆王時期人，字屖父，任周王朝宰職，曾率兵征伐南淮夷。某年在𠭰地，賜給競玉璋；某年十二月又賜給縣妃女婦和琱玉等。（210）

〔註139〕△師雄（雝）父：見〈遇甗〉、〈㝬鼎〉、〈臤尊〉、〈稽卣〉，即伯雝父，西周穆王時期人，字雝父，任周王朝師職，較長時期戍守在古𠂤，抵禦南淮夷的侵擾。（200）

〔註140〕△𣄴：見〈師𣄴鼎〉，即師𣄴。（290）

〔註141〕△㝬：即師㝬。（299）
　　　　△𤞪（㝬）（340）

〔註142〕△豐：見〈登尊〉、〈登卣〉、〈登爵〉，原篆作「𡕥」，簡報作釋「豐」，似應釋爲「登」。（324～325）

〔註143〕△衛：即裘衛。（291）

〔註144〕△㝬：見〈㝬鼎〉、〈㝬作寶鼎〉，西周穆王時期人。（313）

15. 強伯：〔註145〕見〈強伯方鼎〉、〈強伯鼎〉甲、〈強伯鼎〉乙、〈強伯突鼎〉、〈強伯鬲〉、〈強伯甗〉甲、〈強伯甗〉乙、〈強伯簋〉甲、〈強伯簋〉乙、〈強伯獏尊〉、〈強伯盤〉甲、〈強伯盤〉乙、〈強伯鋻〉，西周昭穆時期強國族首領，名不詳，其妻爲井姬。（283）

16. 臺季易父：〔註146〕見〈師觀鼎〉，師觀的父親，西周穆王時期人，字易父。李學勤先生認爲「臺季」即「郭季」，也就是「虢季」。「臺季易父」就是師丞鐘銘中的「虢季」，師丞的高祖，師望的祖父。（312）

17. 井（邢）姬：〔註147〕見〈強伯突鼎〉、〈強鼎〉、〈強伯方鼎〉、〈強伯甗〉乙、〈強伯獏尊〉，西周昭穆時期井國女子，強伯之妻。（26～27）

18. 同姬：〔註148〕見〈訇簋〉，又稱益姬（見〈師訇簋〉），師訇的祖母，乙伯之妻，西周穆王時期姬姓婦女。（86）

19. 則：〔註149〕見〈則爵〉，西周昭穆時期人。（174）

20. 叡：〔註150〕見〈庸伯叡簋〉，西周昭穆時期人，庸國族首領，故亦稱庸伯叡。某年，周王征伐速魚、淖黑，在宗周舉行寮祭時，賜給叡貝十朋。（191）

21. 長由：見〈長由盉〉、〈長由簋〉、〈長由盤〉，西周穆王時期人。（138）

22. 刺：見〈刺鼎〉、〈刺作父庚鼎〉，西周穆王時期人。（167）

23. 遹：見〈遹簋〉甲、〈遹簋〉乙，西周穆王時期人，族徽爲「彳凸」。（314）

24. 鮮：見〈鮮盤〉，西周穆王時期人。三十四年五月戊午，穆王在蒡京「蒿于珝王」，其後賜給鮮璋、玉二品、貝廿朋。（321）

25. 競：見〈競鼎〉、〈競簋〉、〈競尊〉甲、〈競尊〉乙、〈競卣〉甲、〈競卣〉乙、〈競盉〉，即御史競，西周穆王時期人。（324）

26. 叚（賢）：見〈叚尊〉，西周穆王時期人。尊銘載某年十三月丁卯，叚從師雝父戍于古自之年，仲競父賜給叚赤金。（136～137）

---

〔註145〕△曩伯（強伯）（336）
　　　　△曩伯（強伯）（344）
〔註146〕△虢季易父：見〈師觀鼎〉，西周穆王時期人，字易父，虢季氏。師觀的父親，師望的祖父，師丞的高祖。（295）
〔註147〕△邢姬：西周昭穆時期婦女，姬姓，強伯之妻。（99）
〔註148〕△益姬：見〈師訇簋〉，亦稱同姬。（212）
〔註149〕△劓（則）：見〈則爵〉，西周昭穆時期人。（309）
〔註150〕△庸伯叡（229）
　　　　△臺伯叡（庸伯叡）（312）

27. 孟：見〈孟簋〉、〈孟爵〉，西周穆王後期到恭王時期人，其父曾和毛公、遣仲一起征伐無需，受到毛公的賞賜。（162）

28. 稽：見〈稽卣〉，西周穆王時期人，族徽爲「戈」。（277）

29. 寧：見〈寧簋〉、〈寧簋蓋〉，西周昭穆時期人。（282）

30. 靜：見〈靜簋〉、〈靜卣〉，西周穆王時期人。（304）

31. 遣仲：見〈穸鼎〉、〈孟簋〉、〈永盂〉，西周穆恭時期人。穆王晚期遣仲曾和毛公征伐無需。（317）

32. 繁：見〈繁卣〉，西周昭穆時期人，族徽爲「或」。（320）

33. 蘇：見〈蘇罍〉，西周昭穆時期人，族徽爲「戈」。（314）

34. 世子效：見〈效卣〉、〈效尊〉，即效，周昭穆時期人。（62）

35. 害：見〈害簋〉，西周穆王時期人，某年四月由宰犀父任儐右在犀宮接受周王冊命。（210）

36. 㝬公：〈昊生鐘〉，單伯昊生的父親，生世當在西周穆恭之世。（284）

37. 黃（黃）：見〈黃簋〉，西周昭穆時期人，族徽爲「☿」。（215）

38. 楷叔：見〈楷叔叔父鬲〉，西周昭穆時期人，字叔父，楷國公族。（257）

39. 楷侯方：〔註151〕見〈楷侯簋〉，西周昭穆時期楷國國君，名方，畢公的支庶。（258）

40. 嬰父：見〈嬰父方鼎〉，西周昭穆時期人。（289）

41. 虢城公：見〈班簋〉，西周昭穆時期人，封於虢城，名不詳。（295）

42. 其父：見〈瞂鼎〉、西周穆王時期人，瞉地的戍守官。某年十一月瞂隨伯雔父巡察戰車通道到達瞉，其父贈給瞂金。（136）

43. 牧：見〈牧簋〉，西周穆恭時期人。（155）

44. 兒：見〈兒鼎〉、〈兒簋〉，西周穆王時期人，彊伯的妾，彊伯死後同墓殉葬。（156）

45. 甲娟：見〈寧簋〉，西周昭穆時期姒姓婦女。（64）

46. 乙伯：見〈訇簋〉、〈師訇簋〉，師訇（詢）的祖父，生世約在西周穆王時期，其妻爲益姬。（2）

47. 乙伯：見〈師酉簋〉，師酉的父親，其妻爲宄姬，生世約在西周穆恭時期。（2）

48. 大仲：見〈盉駒尊〉甲，盉的父親，益公之子，生世在西周穆王時期。

---

〔註151〕△方：見楷侯簋，西周昭穆時期人，楷國國君，其妻爲姜氏。（58）

（9）

49. 大矩：見〈登尊〉、〈登卣〉，西周昭穆時期人，諸侯國國君。（10）
50. 也公：見〈師遽方彝〉，師遽的祖父，生世約在西周昭穆時期。（16）
51. 父戊：見〈同簋〉、〈同卣〉，同的父親，生世在西周穆王時期。（47）
52. 甲公：見〈㦨方鼎〉乙，伯㦨的父親，生世在西周昭穆時期。（64）
53. 外季：見〈師𤸫簋蓋〉，師𤸫的父親，西周昭穆時期人，外氏公族。（71）
54. 外姞：見〈靜簋〉，靜的母親，西周昭穆時期人，姞姓。（71）
55. 孝孟：見〈申簋蓋〉，申的父親，生世在西周穆恭時期。（103）
56. 伯囝父：見〈望簋〉，望的祖父，西周昭穆時期人。（113）
57. 叀（惠）伯：見〈諫簋〉，諫的父親，西周穆恭時期人。（138）
58. 剌仲：見〈師奎父鼎〉，師奎父的父親，生世在西周穆王時期。（167）
59. 姜氏：見〈楷侯簋〉，西周昭穆時期姜姓婦女，楷侯方之妻。（180）
60. 姜氏：見〈衛簋〉，西周穆恭時期姜姓婦女，衛的母親。（180）
61. 應侯：見〈應侯鐘〉，鐘銘有「用作皇祖應侯大禁鐘」，此應侯是應侯見工的祖父，名不詳，生世在西周昭穆時期。（323）
62. 㴯伯：見〈利鼎〉，利的父親，生世在西周穆王時期。（313）
63. 釐王：見〈彔伯㦨簋〉，彔伯㦨的父親，生世在西周昭穆時期。（315）
64. 釐伯：見〈康鼎〉，康的父親，生世約在西周穆王時期。（326）
65. 釐叔：見〈豆閉簋〉，豆閉的父親，生世約在西周昭穆時期。（326）
66. 幽叔：見〈即簋〉、〈師丞鐘〉，西周穆王時期人，即的父親，師丞的祖父，虢國族的一支，故又稱虢季宄公。（185）
67. 旅叔：見〈師遽簋〉，師遽的父親，西周穆王時期人。（209）
68. 益伯：見〈牧簋〉，牧的父親，生世約在昭穆時期人。（212）
69. 宄公：見〈師望鼎〉、〈師丞鐘〉，師望的父親，師丞的高祖，西周穆恭時期人。根據〈師𠭰鼎〉、〈師望鼎〉和〈師丞鐘〉銘文內在的聯繫推斷，宄公就是師𠭰。楊樹達先生云：「宄」音宮，即宮字的繁體。（228）
70. 惠仲：見〈同簋〉，同的父親，生世約在西周穆王時期。（239）
71. 惠伯：見〈諫簋〉，諫的父親，生世約在西周穆恭時期。（239）
72. 惠孟：見〈衛盉〉，裘衛的父親，生世在西周昭穆之世。（239）
73. 無需：見〈孟簋〉，西周穆王時期，異族部落首領。（245）
74. 㝬侯：見〈遇簋〉，西周穆王時期㝬國國君，名不詳。（283）

75. 南伯：見〈裘衛簋〉，西周穆王時人，南氏族首領。穆王二十七年三月戊戌，裘衛在周太室接受冊命時，南伯擔任儐右。（170）

76. 眉敖：見〈九年衛鼎〉、〈乖伯簋〉，西周穆王時期臣服於周王朝的一個戎人部族。眉敖既是部族名，又是部族首領名，其首領亦稱乖伯。（183）

77. 眉能王：見〈周悆鼎〉（即〈眉能王鼎〉）、〈周悆簋〉（即〈眉能王簋〉），西周中期異族君長。唐蘭先生認為可能就是穆王時期的帝嗣或上帝嗣，也就是夏祝，夏后氏生前稱為「后」，死後稱為「帝」，所以也稱帝嗣。（183）

78. 子牙父：見〈屒敖簋〉，一說是西周穆王時期的君牙，古文《尚書》中有〈君牙〉篇……郭沫若先生則認為此子牙父是春秋早期的鮑叔牙。（17）

以上一共七十八個人名，這些人名中有來自標準器的，也有來其各種方法繫聯起來的，也有值得商議的，如第 78 例以為子牙子即君牙的理由甚為牽強，又 22 例誤將不同時代的器視為剌所作。不過，至少這裏提供了一些比對銅器人名的線索，若能小心地比對，避免附會，銅器人物的研究對斷代能提供的幫助是極大的。

# 第十一節　高　明

高明先生在他所著的《古文字學通論》一書中第七章第三節〈周代彝銘斷代和分區〉，對於西周彝器作了斷代的探討，首先他對考訂西周銅器年代的方法做了評述：

> 有關考訂西周銅器年代的方法主要有兩種：一種是標準器分期法；另一種是以銘文中之曆朔推斷器物的時代。……這兩種方法，都存在一定的問題。例如標準器分期法，準確與否關鍵在於對標準器年代的考定。但是，問題常發生在各家對標準器年代的看法不一致，甚至分歧很大。真正在銘文中明確記載年代的器物，數量極其有限；多數器物由於各家意見不統一，時代難以確定。利用銘文朔曆分期，更有難以克服的困難，首先西周時代所用的曆法就不明確，無論是三統曆或四分曆，都未必符合實際。再如厲王以前的諸王在位年數，

傳説不一，而且多出於晉朝人的推測，均不可靠。〔註152〕

確實，這兩種斷代法都或多或少存在某些問題，高明先生所言甚是。他的方法是用與西周諸王平行的魯國歷史協助解決：

> 《史記・魯世家》所載魯國歷史，内容比較完整，在時間上亦與西周平行。關於各位魯公在位年數，除伯禽之外，自考至惠十二公執政年限均有詳細記載。這是在《史記》諸侯世家中唯一保存諸公在位年數較爲完整的資料……〈魯世家〉所記載的各位魯公在位年數，有些與劉歆《世經》所載不同，個別處的出入還很大……〈魯世家〉遺漏了伯禽在魯執政的年限，《史記・魯世家》徐廣曰皇甫謐云：「伯禽以成王元年封，四十六年康王十六年卒。」與《世經》所載伯禽在位年數相同，均做四十六年，當可靠。……《世經》自伯禽至春秋是三百八十六年，〈魯世家〉自伯禽至春秋是三百二十一年，彼此相差六十五年。這個差數問題可能出在《世經》……我們認爲劉歆爲了讓魯歷符合三統，改動魯公在位年數。〔註153〕

這裡，高先生強調了〈魯世家〉的可信，並採用了古籍的意見認爲伯禽在位四十六年，這樣以魯之世系年代推西周王世便有較清楚的資料，但仍存有問題要解決，他接著就此做了說明：

> 關於武王滅殷之後執政時間，史籍中有四種說法〔註154〕……應以《周書・金縢》和《史記・殷本紀》之資料最爲可靠，故取武王在位三年的意見爲是。關於周公攝政七年之說……我們認爲無論周公攝政情況如何，在西周的積年中只包括諸王的在位年數，不應包括周公的攝政年數。周公行政七年，當屬於成王紀年之中，後人編輯的西周諸王在位年數，其中有周公行政七年，顯然是不正確的。〔註155〕

之後高先生推出西周紀元在公元前 1046 年，西周積年共二百七十六年，並以此做爲銅器斷代研究的基礎。然而他顯然並未就此推斷各器的斷代，以致在西周的年代研究下筆至此就說：

---

〔註152〕高明《中國古文字學通論》（北京：中華書局，1987 年），頁 422。
〔註153〕同上註，頁 428～429。
〔註154〕即克殷同年而崩（《逸周書・作雒》）、克殷二年而崩（《尚書・金縢》、《史記・周本紀》、〈封禪書〉）、克殷六年而崩（《逸周書・明堂位》）、克殷七年而崩（《管小・小問》）。
〔註155〕高明《中國古文字學通論》，頁 429～430。

現在雖然對西周時代的紀年和積年有了結論，但仍有許多問題沒有解決，如諸王在位的年數，只能了解個平均值。因此說在目前條件下，對西周銅器的分期斷代，還不能做到對任何一件器物，均準確無誤地指出它鑄造於某位周王的時代。利用標準器分期法，亦并非沒有問題，因爲器形、花紋和文字形體變化是有階段性的。尤其是青銅工藝，發展緩慢，不經過相當長的時間不會有明顯的變化。因此，即便有些器物的形制、花紋和銘文字體都相象，也不能斷定它們必然是同一王世制造的，時代相近的器物彼此不會有特別顯著的差別。所以，做好西周銅器斷代工作，必須採用雙軌的途徑。所謂雙軌，一軌是根據銘文內容可以按王定代的，盡量按王定代；對待那些銘文本身尚不能明確反映屬於某王的器物，不要勉強規定，應按早中晚三期劃分。這樣做似乎是比按王定器粗疏，實際上是科學的、穩妥的，絲毫不影響銘文的史料價值。〔註156〕

高明先生在檢討了銅器斷代的困境之後，對於西周銅器各王皆列舉了標準器，他自述由銘文內容且參考了銅器的形制與花紋而定，在穆王時代他列了六件：〈遹段〉、〈長囟盉〉（其文稱〈長白盉〉）、〈剌鼎〉（即〈剌鼎〉）、〈趞鼎〉、〈豐尊〉、〈靜段〉。然而在之前他所探討的西周王年與魯國紀年的問題，似乎並未在這六件器物的斷代上有明顯的關聯，只能說那是他對斷代研究方法的一些見解。

## 第十二節　張聞玉

張聞玉先生以曆法斷代著名，先後在各期刊中發表多篇關於銅器斷代的文章，集結於《西周王年論稿》一書中。關於穆王時代的文章有數篇，提出不少新的看法：

〈西周銅器斷代研究三題〉一文中再三強調曆法斷代的重要性，首先對當前主流「標準器比較斷代法」有所批論：

現今普遍施用的標準器比較斷代法，主要依據器物的形制、文體、人名諸項進行考釋。其最好結果也只能斷至某一王世，而得不到絕

---

〔註156〕同上註，頁 431。

對年代。在這種粗疏的結論上研究西周歷史，研究者本身未必就心
中踏實，產生的疑問是可以想見的。如果我們輕視銅器曆日的作用，
等於是捨棄準確的結論不用，繼續採用著那原始的耕耘方法而怡然
自樂。——這就是當今銅器斷代研究的現狀。〔註157〕

在這段文字中，可以看出張先生對標準器比較法並不滿意，因而想由銅器曆
日校比實際天象的方法來解當前銅器斷代的瓶頸，這也就是張先生主張的方
法，他由銘文中所載曆日校定了其師張汝舟先生《西周考年》中的〈西周經
朔譜〉，而成〈西周朔閏表〉，這表也參考了張培瑜先生《中國先秦曆表》。依
張先生自述他這方法是「充分體現銅器、典籍與天象『三證合一』的研究手
段」。在〈西周銅器斷代研究三題〉中他提出對〈善夫山鼎〉斷代的意見：

> 如果拘於形制，三十七年〈善夫山鼎〉「其造型和紋飾與〈毛公鼎〉
> 相類」（《文物》1956年第7期），十七年〈此鼎〉「造型、紋飾是屬、
> 宣時期流行的型式」（《文物》1976年5期），似乎只有斷在屬、宣時
> 代了。而器銘曆日咸與屬、宣十七年或三十七年天象不合，〈此鼎〉
> 曆日恰是穆王十七年天象，〈善夫山鼎〉曆日恰合穆王三十七年天象。
> 這難道是私意的安排？我們不得以實際天象曲就形制，應將〈善夫山
> 鼎〉斷爲穆世器。〈此鼎〉銘有「王在周康宮徲宮」，唐蘭認爲「徲宮」
> 是夷王廟。果如此，曆日當是「既死霸己卯」才合屬王十七年天象，
> 得用變例解說。信「既生霸乙卯」，仍當斷爲穆世器。〔註158〕

從這段文字，很清楚可以看出張先生對於斷代所持理由，他篤信曆日，將〈此
鼎〉與〈善夫山鼎〉定爲穆王時代器。〔註159〕另外，這篇文章中他將學者們
定爲穆王時代的〈衛殷〉與斷爲恭王時代的〈九年衛鼎〉、〈五祀衛鼎〉、〈衛
盉〉分別改爲屬王、懿王與夷王時期，而主要的證據仍是曆日：

> 裘衛四器，多以爲二十七年記初受冊封，時代較他三器爲早，定〈衛
> 簋〉爲穆王器，或定爲恭王器。其實，〈衛簋〉曆日合屬王二十七年
> 實際天象，九年〈衛鼎〉與懿王九年天象吻合。三年〈衛盉〉、五祀
> 〈衛鼎〉當用變例斷爲夷王器方合。究竟裘衛是一個人，還是父子

〔註157〕張聞玉〈西周銅器斷代研究三題〉，《西周王年論稿》（貴陽：貴州人民出版社，
　　　　1996年9月），頁27。
〔註158〕同上註，頁28。
〔註159〕張聞玉〈善夫山鼎王世考〉，《西周王年論稿》，頁128～132，亦對〈善夫山
　　　　鼎〉的斷代做說明，其方法仍爲曆日校比實際天象法。

兩代，解釋是可以不同的。〔註160〕

張先生對於曆日比較實際天象斷代法的自信，由上面引文中他勇於改動學者的斷代看得出來，但他也自知這樣的方法是存在問題的，於是也強調以形制、字體、人名及史實來輔助：

> 毋庸諱言，以曆日合天象為主要手段進行斷代也不是沒有問題的。由於曆朔以三十一年為一個周期，每三十一年，月、日干支又重現一次。西周一代三百三十多年。任何一個無王年的月日干支均有十個年頭可合。如果王年明確，凡有王年、月、月相、日干支四全的銅器，一般都有確定位置。只共王與宣王的年、月、日干支同。共王元年即公元前951年至宣王元年即公元前827年，計124年，正經歷四個月朔周期，所以共王器曆日亦合宣王各年的天象。……我們說以曆日合天象為主要手段，并不排斥以形制、字體、人名、史實等作為輔助手段進行銅器斷代。〔註161〕

> 又因為有誤字、奪字等變例，常有一個銅器曆日既合正例（實際天象），又合變例的情況……準確的結論來源於正確的取捨。〔註162〕

可惜在文章中他對形制、紋飾、字體等的輔助並不常見，在面對與曆日差池時，他仍以曆日做為「正確的取捨」。事實上，曆日的問題不僅是他所提的周期與誤字、奪字而已，在曆日和天象的結合上也有很多層面必須考量。周期的問題可以由形制、紋飾、銘文字體等加以覈校，但在月相、閏月、王年的處理上，若有失誤，則常導致一連串的差錯，這也是為何郭沫若、容庚等學者對長曆的的質疑之由。張先生對於月相堅持「定點說」，認為必定於一日，不可有兩天三天以上的移動，這一點和當前多數學者的意見是分歧的，〈晉侯穌編鐘〉的公布，學者們對於月相定點說更為質疑，馬承源〔註163〕、張培瑜〔註164〕等學者皆提出支持四分月說的看法，是這方面，張先生的堅持有待考驗。在置閏問題上，張先生亦認為「西周觀象授時，隨時觀察，隨時置閏，無規律可言」〔註165〕所以可變性是存在的。既然在曆日比較天象的方法上，

---

〔註160〕張聞玉〈西周銅器斷代研究三題〉，頁29～30。

〔註161〕同上註，頁30。

〔註162〕同上註，頁30。

〔註163〕馬承源〈晉侯穌編鐘〉，《上海博物館館刊》第7期（1996年9月），頁14。

〔註164〕參考張培瑜在〈晉侯蘇鐘筆談〉（《文物》1997年第3期），頁62，中的意見。

〔註165〕這段話是張聞玉在〈晉侯蘇鐘筆談〉，頁60，中的意見。

存在不少主觀認定的問題,而所謂「準確的結論來源於正確的取捨」固然是對的,但「正確的取捨」往往流於個人主觀的認定。

於〈武王克商在公元前1106年〉一文中同意古書所載穆王在位五十五年,並提出穆王時代器三例:(一)、〈牧簋〉為穆王七年;(二)、〈此鼎〉為穆王十七年,又表示「以所謂『流行型式』定王世是靠不住的。」;(三)、〈善夫山鼎〉在穆王三十七年。〔註166〕

〈鮮簋王年與兩周昭穆制〉斷〈鮮簋〉為屬王三十四年器:

> 禘祀昭王,不假。但不是穆王禘祀昭王,而是屬王在菾京對始祖昭王進行禘祀。為什麼這麼說呢?這與西周一代五世為一組的昭穆制有直接關係。昭王為始祖居廟堂正中,則穆、共、懿、夷,正是五世。〈小盂鼎〉載:「用牲,禘周王□王成王□□□□」……實為昭王三十五器。銘文「成王」之後泐缺四字,文已不可辨識。按禮制推求,當是禘祀昭王以上的五世先王,包括文王(銘文中的「周王」)、武王、成王、康王、昭王。這昭王三十五年器,怎麼又禘祀昭王?該器銘有「隹八月既望,辰在甲申」曆日。當是昭王沒於漢水之後最多兩個月內的事。新君穆王即位,紀年不改,仍用昭王三十五年記事。〔註167〕

這關鍵在於西周禘祭的問題,銅器銘文中提及禘祭的除了〈小盂鼎〉02839—1329、〈鮮段〉10166—6784外,尚有〈繁卣〉05430—☑載禘酓辛公、〈大段〉04165—2688「用窖于乃考」、蔡侯☒☒器(尊06010—4887、盤10171—6788)載「祗盟嘗窖」等,根本不能看出張先生所說的禘五世這樣的意見來,反而禘其父是有例可循的,學者們將〈鮮段〉定為穆王標準器的說法是正確的(詳本論文第三章第三節)。其次〈小盂鼎〉成王以下為殘泐之文,張先生私意補以「康王、昭王」乃為合於其昭王三十五年曆日而做的擬測,不但如此,又以新君即位之事來為他推〈小盂鼎〉為昭王器而又補銘文中泐缺為昭王二字這一矛盾現象做解脫。張先生對於形制、紋飾不加留意,而只醉心於曆日,故所論多為異說。

另外,在〈西周王年足徵〉一文中,張聞玉先生所列穆王銅器有:穆王二年〈吳彝〉、七年〈牧簋〉、十二年〈走簋〉、十三年〈望簋〉、十六年〈伯

---

〔註166〕張聞玉〈武王克商在公元前1106年〉,《西周王年論稿》,頁97~98。
〔註167〕張聞玉〈鮮簋王年與西周昭穆制〉,《西周王年論稿》,頁210~211。

克壺〉、十七年〈此簋〉（〈此鼎〉）、三十年〈虎簋蓋〉、三十七年〈善夫山鼎〉。
〔註168〕其方法亦以曆日與天象比較法為主導。

## 第十三節　白川靜

　　日人白川靜先生自 1963 年始，在《白鶴美術館誌》發表一系列關於銅器
綜合研究的文章，內容包含逐器考釋、分組、斷代，也談及了考古學、金文
學等研究方法，內容包羅很廣，後來合編為《金文通釋》七卷八冊。

　　他將銅器分類，分類的方式有以人物的，如：「大保關係諸器」、「周公伯
禽關係諸器」、「休王、諸侯伯諸器」、「師遽、丼伯諸器」、「懿王諸器」等；
有以地名為分類的，如「三都關係諸器」；有以器形紋飾為分類的，如「鳳文
諸器、莽京諸器」（此亦涉地名分類）、「丼伯諸器、方座殷諸器」（此亦涉人
物分類）；除此之外，如「周室關係諸器」、「大室諸器、昭王諸器」、「十月之
交關係諸器」、「南征、夫人、儀禮關係諸器」、「共和之器」，甚無統一的方式。
東周以後則以「西北諸器」、「東土諸器」、「南土諸器」等方位做區分。

　　白川靜先生這一系列的文章取名為「通釋」，正可看出他對每個器的處理
方式，他集合各家之說（這一點近似集釋或匯釋），再加以個人的意見（這一
點為考釋），每一器先列「器名」、「時代」、「出土」、「收藏」、「著錄」、「考釋
（即各家考釋之篇目）」、「器制」、「銘文」、「訓讀」、「參考（這方面最能看出
白氏的意見）」。

　　在穆王銅器方面，分佈在「周室關係諸器」、「鳳紋諸器、莽京諸器」、「伯
屖父、師淮父諸器」、「大室諸器、昭王諸器」、「師遽、丼伯諸器」各類中，
未對穆王時代專作一類處理。

　　《金文通釋》於方法上和郭沫若、陳夢家、唐蘭幾位先生並無不同，在
斷代上受郭先生的影響很大。

　　在〈西周彝器斷代小記〉〔註169〕一文考訂了「休王彝器」、「夷王彝器」、
「共和彝器」、「幽王彝器」四部分。他主張「疑休王者康王之生稱，後世以
其宮名，稱為康王。」〔註170〕又將〈大豐殷〉（按：即〈天亡殷〉）定為康王

---

〔註168〕張聞玉〈西周王年足徵〉，收於朱鳳瀚、張榮明編《西周諸王年代研究》（貴
　　　　陽：貴州人民出版社，1998 年 7 月），頁 370～372。
〔註169〕白川靜〈西周彝器斷代小記〉，《中央研究歷史語言研究所集刊》，第 36 本上
　　　　冊，1965 年 12 月，頁 147～157。
〔註170〕同上註，頁 149。

器〔註171〕，此皆難爲學者認同，康王之名已見〈史牆盤〉，〈天亡段〉稱文王
爲顯考，白川靜先生之說其誤亦大。又在共和彝器之處，他認爲：

> 夫共和之時，厲王奔彘，鎬京無主。公卿大臣，奉太子靜，攝王位。
>
> 共和十四年，厲王死于彘。於是，宣王即位，稱大號。是宣王之時，
>
> 在攝位爲共和，踐祚之後爲宣世。各有紀年，故有二元也。〔註172〕

白川靜先生認爲厲王奔彘之後，太子靜攝政，稱元爲「共和」，厲王薨，乃即
位稱王，這樣的說法，恐怕不能令人同意，首先《史記‧周本紀》對厲王奔
彘之事載之甚詳，共和之事或有《竹書紀年》「共伯和」不同的說法，但決非
「公卿大臣，奉太子靜，攝王位」，白川先生勇於自創新說，實亦可議。

　　白川先生又有《金文的世界——殷周社會史》〔註173〕一書，對殷周的銅
器銘文做綜合性的論述，正如書名副標題，全書在「社會史」的部分著墨甚
多，與斷代及穆王課題相關的篇章爲：緒論「青銅器時代」、第五章「南征與
遠遊」、第六章「廷禮與貴族制」及第十二章「斷代與編年」。在第五章談及
〈穆天子〉時提到了穆世器〈彔伯䍙段〉、〈執駒之禮〉則以盠之器群爲穆王
時代器。第六章則以〈君夫段〉、〈剌鼎〉、〈師遽段〉（穆王三年）、免之器爲
穆世器。在方法上，利用了銘文、器形、花紋、曆算、文獻史料等以從事斷
代的研究。至於結論正確與否，與研究者對方法主觀客觀的運用有關，歷來
研究銅器斷代的學者亦不免涉及個人主觀，白川靜先生在銅器研究上的用心
與努力，是應給予掌聲的。

## 第十四節　樋口隆康

　　日人樋口隆康先生在《京都大學文學部研究紀要》中發表〈西周銅器之
研究〉〔註174〕一文，對西周銅器的斷代和器群作了詳細的考察，並且企圖提
出研究的新途徑。

　　他有感於前人的研究方法有所不足，於是提出一套方法來探究銅器斷代

---

〔註171〕同上註，頁 150。

〔註172〕同上註，頁 154。

〔註173〕白川靜《金文的世界——殷周社會史》，原爲日文寫成，由蔡哲茂師及溫天河
　　　　合譯，臺北：聯經出版事業公司，1989 年 8 月。引文皆以中譯本爲出處。

〔註174〕樋口隆康〈西周銅器の研究〉，《京都大學文學部研究紀要》第七，昭和三十
　　　　八年（西元 1963 年）3 月。又收入樋口隆康主編、蔡鳳書翻譯《中國考古學
　　　　研究論文集》，香港：東方書店，1990 年 3 月，頁 39～131。引文皆出自後者。

這個課題，他說：

> 我並不否認根據金文的群別法來決定銅器年代這一方法。當然，有銘文的銅器是編年的第一根據，這自不待言。但是，我所要否定的是只因人名相同就認爲是同時代的這種簡單的方法。銅器的年代必須通過銘文的內容和器形紋飾兩個方面來推斷，當兩者的見解一致時才能確證。我在本文中試作的編年觀，首先是以出土地確切的新資料爲基礎，然後從銘文和器形紋樣兩個方面把器類集中，並分爲幾個組。通過以一器爲中心的同組內器物的關係，自然可以分出與這一器關係密切的和關係比較疏的來，因而可以從這種關係密切的器物中判斷其同時代性，從關係疏的器物中判斷其時代的先後，據此可以建立起最可靠的編年。〔註175〕

前人在處理人物或事件的繫聯上確實有不少附會之處，往往將不同時代的人物誤爲一人，或將不同王世對外的征伐之事合爲一事，因而斷代的研究上便雜入各種變因，結論往往受到影響而不夠純粹，樋口先生在這的意見是很正確的。

樋口先生先列出標準器九件，其中穆王者有三件，即〈遹段〉、〈長囟盉〉（其文稱〈長囟盉〉）、〈剌鼎〉（即〈剌鼎〉），由這些標準器做利用——「各器如何與其相連結，及其年代跨度如何等問題」，他由紋飾及器形找出一些相關的銅器，接著研究其銘文內容及族徽，歸納出一個時間跨度的特徵來。在討論完標準器之後，接著就新出的銅器群做分析，其中關於穆王時代的是「普渡村的銅器」。

對於普渡村的銅器，他先是就墓葬出土器做器形紋飾上的說明，也對其他非此墓葬出土的銅器加以比較，特別的是就同出的陶器做了斷代的參驗，這一點是很重要的。

在單獨器之考察方面，樋口先生則探討了〈禹鼎〉及井器，對於〈禹鼎〉顯然著重在人物的探究，接著舉列相關器加以聯繫，這便是他「以〈禹鼎〉爲中心的西周晚期銅器之一組」的共同考察，也是他強調的方法。

在結尾的部分，他對器類的時代演變及器形的時代特徵提出觀察的成果來，比如對〈遹段〉他說：

> 作爲這一時期（按：指西周中期）標準器之一的〈遹段〉是斂口的

> 有蓋段，與裝飾整個器的橫帶都是接近晚期段形之物，這可以說是
> 新形式之先驅。〔註176〕

他主張以器形和花紋爲「銅器型式上的編年觀」必須併用的構成要件，紋飾能把握住不同器種之間的平行關係，將紋飾分類分型有助於探討時代的流行情況。最後則就西周銅器分佈的文化圈與地域性、西周銅器社會意義做發揮，以期由器形、金文學的研究來理解歷史。

綜觀樋口先生的方法，有幾點是值得注意的，第一是在選擇標準器上，他的「標準」是較爲嚴謹的；第二、在研究方法上，他以墓群或人物聯繫爲主要方法，討論詳細，尤其是以陶器器形的比對做爲斷代的參考，思考層面詳細；第三是在器形、花紋考察上，除了時代的焦點外，他也留意了地域性及社會意義，加深了銅器斷代的研究。

# 第十五節 小 結

銅器斷代的研究，自郭沫若先生提出標準器研究法到現在，已歷經超過一甲子了，六十多個年頭來，多位優秀的學者投身於此領域，不斷提升研究水準，關於穆王器歷來學者的討論大要如上文所述，涉及的銅器在百件以上，雖然到現在仍有很多器的時代是否眞能定爲穆王世還在討論，但是以穆王在位的年數如此長〔註177〕，就比例來看，有百件以上是很自然的，不過研究著重證據，這百件以上的器是否有足夠證據以定爲穆王世，正是本論文的重心。在下面幾個章節將有詳細的探討。

在研究方法上，由吳其昌先生的曆朔研究到郭沫若先生的標準器研究法，後來的學者在研究方法上大多數由此改進，唐蘭先生提出「康宮」的研究、郭寶鈞先生著重器群及鑄造法、張聞玉先生強調曆日比較實際天象斷代法等都各具特色，但是其結論也受到學者們的反覆檢驗，猶未能定讞。

郭沫若先生在器形、花紋、銘文風格上有提倡之功，容庚、唐蘭、李學勤、馬承源、劉啓益幾位先生都在這方面功力深厚。曆法方面雖然仍飽受質疑，但是本文同意在小的時段內去檢驗各器的王世關係，謹愼處理，是很好

---

〔註176〕同上註，頁106。
〔註177〕歷來說法仍然未定，一般以爲五十五年，不管如何，〈鮮段〉記年「三十又四祀」，說明至少穆王在位三十四年以上。

的輔助方法。

　　在斷代的研究上，銘文內容是最主要而有力的證據，而器形、花紋、銘文風格是必然不可或缺的討論對象，同出器（銅器、陶器、玉器、石器等）、家族器也是不能不留意的，加上曆法的參考，如此在研究方法上才能面面俱到。

　　因此，本文認為由銘文做斷代研究是可信度較高的方法，也就是先確立標準器，就其銘文做繫聯，各器亦先由銘文做時代考察；其次是器形、花紋與文字風格，另外，考古出土現象也是必要的考慮因素；至於曆法方面，由於此方法存在的變因較大，其可信度也較令人懷疑。《韓非子‧顯學》中說：「無參驗而必之者，愚也；弗能必而據之者，誣也。」這段話對於從事研究的學者，尤其是銅器斷代的研究，正可稱是最佳的座右銘。

　　這一章討論了十多位中日學者在穆王器的研究，在研究方法上及成果方面，都做了整理，不管學者們的結論是對是錯，他們在這方面所付出的心力都是值得敬佩的，由於他們的研究，才能從其中得到寶貴的意見及經驗，這一點也是在回顧時作者最深刻的體驗。

# 第三章　穆王時代標準器組研究

　　穆王時代的標準器主要爲〈遹段〉、〈剌鼎〉、〈長囟盉〉及〈鮮段〉，這些器物銘文清楚地記有生稱王名，或由銘文可以知其時代爲穆王世，因此學者們對於這幾件銅器的斷代持著較一致的意見，它們便是穆王時代的標準器，而與〈長囟盉〉同墓所出的另外幾件長囟器，因爲是由盉銘與出土狀況以定其時代，所以本文將銘文有長囟的器稱爲長囟組器（一盉、二段、一盤），而穆王時代的四件標準器加上長囟組器就合稱爲「標準器組」。本章將一一詳細而全面地探討這幾件器物，以它們做爲穆世器研究的基石。

## 第一節　標準器與王名和銅器斷代分級

　　標準器的概念由郭沫若先生提出之後，成了當前從事斷代的學者所運用的主要方法，郭先生自豪地說標準器的斷代法對於銅器的時代有「鑿破渾沌」[註1] 的成就，他並未特別對「標準器」下定義，但在「標準器研究法」的一段說明文字中可以略得：

> 我是先選定了彝銘中已經自行把年代表明了的作爲標準器或聯絡
> 點……[註2]

郭先生所謂的「標準器」便是銘文中標明其年代的器，這個定義尙需有一前提，

---

[註1] 郭沫若先生批評了以長曆做爲斷代研究的方法，認爲「以錯誤的方法從事考定，愈考定，愈增加問題的渾沌」，而自豪此一渾沌現象被他的方法所鑿破，這方法就是標準器斷代法。參郭沫若《青銅時代·青銅器時代》（收錄在《郭沫若全集》第一卷，北京：文物出版社，1982年），頁604。

[註2] 同上註。

便是「王名生稱」的問題。王國維先生在〈遹敦跋〉中提出〈遹段〉三次稱穆王皆號而非諡的看法〔註3〕，郭先生加以推闡，寫成〈諡法之起源〉〔註4〕一文，雖然文中有些地方至今仍為學者爭論，但銅器銘文上的王名當存在「生稱」的現象，這點是可以肯定的。就銘文出現的情況來說，從武王至懿王時，皆為生稱，至於懿王以後王號未在銅器上出現，所以不便多加惴測。

馬承源先生等所編的《中國青銅器》一書中對於斷代的時間幅度，做了說明，分出絕對年代和相對年代，其中絕對年代又包含了準絕對年代（關於這點，請參考本論文第二章「研究回顧」第八節），書中所說的絕對年代和標準器是密切相關的。可以說標準器便是器銘載有絕對年代的器，舉例來說：〈十五年趞曹鼎〉02784－1278 銘文記錄了「隹十又五年」及「龏王才周新宮」，故此器為標準器，記載了絕對年代恭王十五年；又如〈長囟盉〉09455－4448 銘文出現穆王，但未有記年，便是準絕對年代（亦屬絕對年代），也是標準器。

至於本文所說的「王名器」，便是銘文記載王名的器，所謂王名有二種：一種是王名號，如穆王、龏王；另一種是王的名字，如屬王名金文作散，文獻作胡。如果就天子諸侯與外族的關係來看，又可分出地方王名，如矢王（〈矢王段〉03871－2511）、呂王（〈呂王壺〉09630－5725）、夒王（〈夒王盉〉09411－4417）等。有王名的器不一定是標準器，如〈毛公鼎〉02841－1332 銘文中有文王、武王的王名，但這件器由器形、花紋、銘文風格及事件等現象來看顯然不是文王、武王或成王時期的銅器。

目前可知的銅器中，既為王名器又是標準器的並不多，本文將這幾件器列舉出來：

（這些器皆有器形花紋可查對，又此處所列器採用嚴格的標準）

| 器　名 | 集成─總集編號 | 斷　代 | 王　名 |
|---|---|---|---|
| 利段 | 04131－2671 | 武王 | 斌 |
| 天亡段 | 04261－2777 | 武王 | 文王 |
| 獻侯鼎二件 | 02626－1135<br>02627－1136 | 成王 | 成王 |
| 德方鼎 | 02661－1184 | 成王 | 斌 |
| 何尊 | 06014－4891 | 成王 | 玟王、斌王 |

〔註3〕 王國維《觀堂集林・遹敦跋》（臺北：河洛圖書出版社，1975 年 3 月），頁 895。
〔註4〕 此文收在郭沫若所著《金文叢考》（北京：人民出版社，1952 年）一書中，頁89～101。

| 成王方鼎 | 01734—0456 | 康王 | 成王 |
|---|---|---|---|
| 剌鼎 | 02776—1272 | 穆王 | 卲王 |
| 遹段 | 04207—2734 | 穆王 | 穆王 |
| 長囟盉 | 09455—4448 | 穆王 | 穆王 |
| 鮮段 | 10166—6734 | 穆王 | 卲王 |
| 十五年趞曹鼎 | 02784—1278 | 恭王 | 龔王 |
| 師𩵦鼎 | 02830—1323 | 恭王 | 穆王 |
| 五祀衛鼎 | 02832—1325 | 恭王 | 龔王 |
| 史牆盤 | 10175—6792 | 恭王 | 文王、武王、成王、康王、卲王、穆王 |
| 𠭯作文考日丁尊 | 05423—4882 | 懿王 | 懿王 |
| 㝬段 | 04317—2834 | 厲王 | 㝬、文武 |
| 㝬鐘 | 00260—7176 | 厲王 | 㝬 |
| 五祀㝬鐘 | 00358—☐ | 厲王 | 㝬 |

　　關於穆王時代的標準器在筆者初步清查所得到的有〈遹段〉、〈剌鼎〉、〈長囟盉〉、〈鮮段〉，這些器中〈遹段〉與〈長囟盉〉因為銘文有穆王生稱，所以學者們的意見較為一致；〈剌鼎〉與〈鮮段〉則記載禘（啻）祭昭王（卲王、卲王），昭王在這兩件銘文中非生稱，這又牽涉到禘祭的禮制內容，本文認為這兩件器也是穆王時代的標準器。

　　在上一章「研究回顧」提到的其他各器，因為銘文的記載未足以看出其時代或不合乎標準器的定義，其所屬王世皆有待進一步研究才能斷定，所以在本章只探討上舉的四件穆王時代標準器。

　　本文認為將銅器分成標準器與一般器是過於粗略的，標準器應再分級，本論文擬將標準器細分為「一級標準器」與「二級標準器」，所謂的一級標準器乃指「銘文中清楚交待王世，無待考證而可一目了然者」，如〈利段〉04131—2671 直接載「珷征商」為武王時代一級標準器；又如〈遹段〉04207—2734 銘文記載其時代為「穆王」，亦為一級標準器。所謂的二級標準器乃指「銘文中記載重要事件或非其時代之王名，然由文獻或銘文考釋得其王世者」，如〈剌鼎〉02776—1272 記「啻卲王」，由西周禘祭的研究可以推其為穆世器；又如〈史牆盤〉10175—6792 記載了文王到穆王的王名，接著稱「天子」是其所在之王在穆王之後，學者定為恭王，此皆為二級標準器。

　　一級標準器在時代上最為清楚，學者間的意見也較為一致；二級標準器

則需經由「推定」的過程，在準確性方面比一級器稍小，這樣的差別便是「直接」與「間接」的不同，但由器形、花紋、銘文內容與風格上皆足以佐證，亡有不合。

至於銘文中未直接載及王世、王名的器，則需藉由人物與事件比對傳世文獻，以推定其時代，在過程上，更需考訂的功夫，這些器本文稱為「相關器」。「相關器」和「二級標準器」的差別在於，二級器的銘文提供了推定其時代的主要條件，而相關器對傳世文獻的依存度較高，由於銘文的可信度較傳世文獻為高，所以二級器自然比相關器在斷代的推定上更為準確。

相關器在王世器中居二級器之後，故本文稱之為三級器。如〈魯侯獻鬲〉00648－1465〔附圖一〕，其銘文為「魯侯〔侯〕獻乍〔作〕彝，用亯〔享〕鬻毕〔厥〕文考魯公。」據《史記·魯世家》所載，伯禽卒後，其子考公酋立，考公四年卒，其弟熙立，即煬公。熙字從臣，而獻字亦從臣，獻應即是魯煬公之名，故此鬲時代當在西周早期，古籍或載伯禽在位四十六年，但是成王在位年數及康王在位年數猶未能定，因此在推測魯煬公年代上是存有困擾的，今本《竹書紀年》及《漢書》引《世經》等皆以為成王在位三十年，若以此推之，則魯煬公可能在康王之世，這個可能性很大，但「可能性」和「準確性」自有差別，所以〈魯侯獻鬲〉定為康王相關器，即康王三級器。又如，與〈長囟盉〉同出的兩件〈長囟段〉與一件〈長囟盤〉為穆王時代三級器，因為這三件器銘文中僅有長囟之名，而長囟可能跨及兩個王世，所以就有可能鑄器於穆王時代之前或之後，不過這三件器與同墓所出的〈長囟盉〉在風格上相近同，又有同墓所出、同一作器人的繫聯條件，其在穆王世的可能性是很大的，所以定為穆世三級器。

相關器之下，又有「可能器」，本文稱為四級器，這類器在形制、文飾方面可以與學者所斷時代相容，但缺乏明確證據，故列為「可能器」以為參考。

依此四等級畫表如下：

| 標準器 | 一級標準器 | 一級器 |
|---|---|---|
| | 二級標準器 | 二級器 |
| 相關器 | | 三級器 |
| 可能器 | | 四級器 |

本文就以這樣的區分，將學者們所說的穆王時代器做一檢驗與分級，本章先就標準器做全面綜合性的研究，下一個章節再探討繫聯與分組的問題。

## 第二節　遹段之綜合研究

〈遹段〉出土於清末，據《周金文存》載：「庚戌年秦中出土」〔註5〕，是知此器出於清宣統二年（西元 1910 年）陝西關中地區，由於此爲銘文中首見「穆王」之例，就成爲學者所認識銅器中屬於穆王時代的第一件標準器。又據《周金文存》載：「爲端匋齋所得」、據《貞松堂集古遺文》所記：「歸盧江劉氏善齋」〔註6〕，故知先後爲端方及劉體智所藏，後藏於中央博物院，國民政府遷臺乃由臺北故宮博物院保管，代號爲 J.W.44－32。出土時器殘，修復後「高 17.5 公分，腹深 11.3 公分，圈足高 1.9 公分，三足高 4.3×4.5×4.7 公分，口徑 19 公分，腹最寬徑 24.3 公分，圈足徑 20.5 公分」〔註7〕〔附圖一〕。此器現由臺北故宮博物院展出。另外，吳鎭烽先生《金文人名彙編》一書中頁 314〈遹段〉有兩件，一件著錄於《三代吉金文存》，一件未見著錄現藏故宮博物院（未指明是北京或臺北），然而目前在其他著錄中皆未提及此事。

### 壹、銘文考釋

#### 一、銘　文

〈遹段〉腹內底鑄有銘文六行五十三字（重文二字）〔註8〕〔附圖二〕，隸定如下：

> 隹〔唯〕六月既生霸，穆ゝ王才〔在〕
> 菱京，乎〔呼〕漁于大沱〔池〕。王鄉〔饗〕
> 酉〔酒〕，遹御亡遣。穆ゝ王窺〔親〕易〔錫〕
> 遹**雒**，遹拜首〔手〕䭫首敢對
> 覴〔揚〕穆ゝ王休，用乍〔作〕文考父
> 乙䵼彝，其孫=子=永寶。

#### 二、考　釋

#### （一）穆ゝ王

---

〔註5〕鄒安《周金文存》（臺北：台聯國風出版社，1978 年 1 月），卷三，頁 40。

〔註6〕羅振玉《貞松堂集古遺文》，收錄於《羅雪堂先生全集初編》冊十一（臺北：文華出版公司，1968 年 12 月），頁 4462。

〔註7〕據故宮出版之《商周青銅粢盛器特展圖錄》（臺北：故宮博物院，1994 年），頁 409。三足高之符號「×」是本書所載，應是「、」之意。

〔註8〕本文認爲只有「孫=」和「子=」是重文，「穆=」非重文。

王國維先生對此器銘文中的「穆王」提出了生稱的看法，他認爲：

此敦稱穆王者三，余謂即周昭王之子穆王滿也。何以生稱穆王，曰：

「周初諸王，若文、武、成、康、昭、穆，皆號而非謚也。」〔註9〕

王國維先生的意見正是標準器判斷的理論基礎，因銘文中的「穆王」，遂知〈遹敦〉爲穆王時代的標準器。由銘文拓片可以清楚看到〈遹敦〉的銘文有三處「穆王」，穆字下皆有近似「＝」的符號，因此有學者便讀爲「穆穆王」，如吳其昌先生〔註10〕、容庚先生〔註11〕、馬承源先生主編的《商周青銅器銘文選》〔註12〕等；有學者認爲當讀「穆王」即可，如吳闓生先生〔註13〕、于省吾先生〔註14〕、陳夢家先生〔註15〕等。其中陳夢家先生認爲「金文的專名（國名、人名和數字）常常以重文號作爲『指標』。」然而陳說的「指標」，在古文字中缺乏佐證，並且其他王號出現時並未有此「＝」或其他的「指標」，再者，其他穆王出現的例子也沒有加「＝」的現象，所以陳先生這樣的說法仍值得商議。

本文認爲穆字下的「＝」不可讀作「穆穆王」，而只能讀爲「穆王」，這個「＝」和重文符號亦不相類，由同銘的「孫＝子＝」這兩個重文符號一比較便可看出，孫和子字的重文符號較短而平正，相對之下，此三處穆字下的兩筆則較長，尤其第三個穆字下的那兩筆明顯是傾斜的。由於生稱穆王的銅器目前只有二見，另一件爲〈長囟盉〉03455－4448並無此現象，至於其他提及穆王的銘文中，也看不到這種情況〔註16〕，所以本文推測穆字下的兩點可能是飾筆或個人的特殊習慣、或爲誤剔所致，目前無法肯定原因，仍留待考。

---

〔註 9〕 王國維〈遹敦跋〉，《觀堂集林》（臺北：河洛圖書出版社，1975 年 3 月），頁895。由於王國維的時代習稱敦爲敦，故此處所稱的敦實是今日學界所稱的敦。

〔註10〕 吳其昌《金文厤朔疏證》（國立武漢大學叢書，1936 年），卷二，頁 43。

〔註11〕 容庚《商周彝器通考》（臺北：文史哲出版社，1985 年 1 月），頁 50。

〔註12〕 馬承源主編《商周青銅器銘文選》（三）（北京：文物出版社，1988 年），頁104～105。

〔註13〕 吳闓生《吉金文錄》（臺北：洪氏出版社，1976 年 1 月），卷三，頁 6。

〔註14〕 于省吾《雙劍誃吉金文選》（臺北：洪氏出版社，1976 年 1 月），卷上三，頁10。

〔註15〕 陳夢家〈西周銅器斷代（六）〉，《考古學報》1956 年 4 期，頁 86。

〔註16〕 提及穆王的器尚有三件：〈史牆盤〉10175－6792、〈師虎鼎〉02870－1323、〈無叀鼎〉02814－1306。〈史牆盤〉穆字下無「＝」符號；〈師虎鼎〉乍視之，似有二小點，然而拓片布滿此種殘蝕之跡，實非筆劃；〈無叀鼎〉穆字則字形似爲殘鑄，然由拓片視之，字左下還算清楚，亦無「＝」符號。

## （二）葊 京

葊京是西周銘文中頗為常見的地名，或單稱「葊」，或作「旁」、「蒡」。由〈史懋壺〉09714—5785「王才葊京濕宮」可知此地有濕宮，又〈歠匜〉10285—6877「王才葊上宮」、〈弭弔師求毀〉04253—2771「王才葊，各于大室」是此地亦有「上宮」、「大室」；由〈麥方尊〉06615—☒知此地有「辟雝〔雍〕」；由〈靜毀〉04273—2788 知地有「大池」、「學宮」；由〈王盂〉知有「中寢」。〈麥方尊〉載王在此行「酓祀」、「舟射」，〈遹毀〉載於此處行「乎漁」、「鄉酉」，而〈小臣靜彝〉〔註17〕則載王於此行「饗」，〈靜毀〉載於此「習射」，是葊京為西周的一個重要都城。

古籍所載西周王城有「豐」、「鎬」、「成周」；學者們希望將銘文中的「葊」和文獻能結合，但說法相當分歧，其主要的可以歸為以下數種：

### 1. 鎬京說

吳大澂首先就指出「疑即謂鎬京也」〔註18〕，羅振玉先生也認為葊字「殆即鎬京之初字歟」〔註19〕，而陳夢家先生對此說提出理由：

> 金文鎬京之鎬作葊，字不能分析其音義所从來。所以決定它是鎬字者：《詩》、《書》稱豐、豐邑，而鎬稱京；〈文王有聲〉曰「鎬京辟雍」，而辟雍即大池，西周金文的大池皆在「鎬京」。〔註20〕

陳說的重要依據在「辟雍」即銅器銘文中的「大池」，然而這樣的看法仍有一點是應注意的：〈德方鼎〉02661—01184 載「征斌福自葊」，〈德方鼎〉的年代在西周早期，很可能是成王時代的器，銘文中既然有「葊」字，這使主張葊為鎬京的學者不得不再重新考慮。本文同意學者們將葊釋為鎬京，即金文常見的「宗周」。

### 2. 豐京說

第二種重要的說法是認為葊京是豐京，郭沫若先生首先提出這一個看

〔註17〕此器阮元《積古齋鐘鼎彝器款識》（卷五·頁31）稱為〈小臣靜彝〉，方濬益《綴遺齋彝器考釋》（卷十二·頁1）則稱為〈小臣靜卣〉，陳夢家〈西周銅器斷代（三）〉同，而唐蘭《史徵》頁362稱為〈小臣靜毀〉；是此器或名為卣，或稱為毀，然器形未見，故不能定，在此姑仍稱為彝。

〔註18〕吳大澂《說文古籀補》（臺北：臺灣商務印書館，1968年），頁271。

〔註19〕羅振玉《遼居乙稿·靜簋跋》，收錄在《羅雪堂先生全集初編》（臺北：文華出版公司，1968年12月）冊四，頁1441。

〔註20〕陳夢家〈西周銅器斷代（二）〉，《考古學報》第十冊，1955年，頁141。

法，在考釋〈臣辰盉〉時他認為：

> 葊京者豐京也。葊即蒡字，古蒡豐本雙聲字，而陽東二部復近疊韻，故可通用。〔註21〕

後來的修訂版云：

> 宗周即鎬京，葊京即豐京。葊字从茻旁聲，旁當从△方聲，當即旁之古字。葊則蒡之緐文也。〈㑇卣〉「王礿竇旁」（《薛》十一〈尹卣〉）與本銘例相同，而字作旁。〈召伯虎毁〉之一，曰「隹六年四月甲子，王在葊，召伯虎告曰『余告慶』。」葊慶正相為韻。蒡豐古同紐，而音亦相近，且彝銘中所見之葊京與宗周比鄰，是則葊京即豐京矣。〔註22〕

除了郭說之外，徐中舒先生、方述鑫先生等由「從草表示週遭有茂密的樹林與豐草」〔註23〕，推論葊京為豐京。不過，這一點是不可為據的，因為金文中有地名蒿，其字亦从茻，也可以說是「週遭有茂密的樹林與豐草」。這一說中，郭沫若先生的意見最值得參考。但黃盛璋先生已提出豐和葊有別的看法：

> 金文中所見之葊京與文獻記載幾全相合，但有葊又有豐，寫法與叫名既不相同，又同時存在，并非時代之異，不得以因時改稱為解。而且西周晚期記事詩也稱「方」，與豐并存，也不得以誤字為解。〔註24〕

黃說可從，是葊非豐可知。

### 3. 方地說

第三種重要的說法是以葊為方，《詩經・小雅・六月》：「侵鎬及方」，中有地名「方」，由文意來看，方為一重要地點，故和鎬並舉。葊字所从者茻、△、方，故學者將金文中的葊和《詩經》中的「方」連繫起來看，王國維先生首將「葊」認定為《詩經》的「方」，然而他考證為「蒲坂」，這個說法很難為學者

---

〔註21〕參見郭沫若《兩周金文辭大系・臣辰盉》（日本東京：文求堂書店，1932年（昭和七年）），頁28。

〔註22〕參見郭沫若《兩周金文辭大系・臣辰盉》（臺北：大通書局，出版年月不詳），頁32。

〔註23〕方述鑫於〈召伯虎簋銘文新釋〉一文中引用徐中舒之意見，並同意徐說。見於《考古與文物》1997年1期，頁67。

〔註24〕黃盛璋〈關於金文中的「葊京（葊）、蒿、豐、邦」問題辨正〉，《中華文史論叢》1991年4輯，頁196。

所接受；黃盛璋先生也認為荽即方，但他在地名的考證上有新的看法：

> 金文中的「荽京」、「荽」，從䒑，丂（方）聲，隸定就是「芳」，也
> 就是《詩》「侵鎬及方」之方。……金文中荽京不論地理位置、自然
> 環境、政治地位、宮廟建築，都和文獻記載之豐京相合，但「荽」
> 字不是「豐」。豐為文王所立之邑，滅殷以後，因其狹小，遷都於鎬。
> 而豐為文王舊居，有宗廟宮室，又開闢有靈囿、靈沼，風景佳麗，
> 而百官貴族亦慣居此，遷鎬之後，此處仍為王往來娛樂休養、乘舟、
> 射禽、釣魚。百家貴族子弟也利用此處之辟雍、學宮作為學習、教
> 育之所。荽京應該就是利用豐邑之外已經開闢經營之地，包括辟雍、
> 大池等而擴展新建為王離宮別館之處，與豐同處一個地區，彼此相
> 近，但還不是同一地方。〔註25〕

在字形上，「方地說」是較前二說為佳，黃先生的說法很有可能。唐蘭先生本
來認為荽為酆，但後來改為方說，又認為方即鎬京，然以荽為鎬京，其誤已
見上文。

除了上面三種說法之外，尚有六種說法：

### 4. 蒲坂說

此說為王國維先生〈周荽京考〉所立〔註26〕，學者已辨其非。

### 5. 酆地說

此為唐蘭先生〈荽京新考〉〔註27〕一文中所提出，但在《史徵》考釋〈高
卣蓋〉時已改新說，他認為：旁即方，鎬稱鎬京，或作葊，方亦可稱荽京。
周朝有兩個鎬，而荽京應是宗周的一部分。〔註28〕是酆地說已為揚棄。

### 6. 范宮說

溫廷敬先生〈荽京考〉一文認為荽京為范宮〔註29〕，此說證據不足。

### 7. 鎬京附近說

---

〔註25〕同上註，頁197～198。
〔註26〕王國維《觀堂集林》卷十二〈周荽京考〉（臺北：河洛圖書出版社，1975年），
頁525～528。
〔註27〕發表於北京大學《史學論業》第一期，1934年；亦收於北京・故宮博物編《唐
蘭先生金文論集》，北京：紫禁城出版社，1995年10月。
〔註28〕唐蘭《西周青銅器分代史徵》（北京：中華書局，1986年12月），頁133～
135。
〔註29〕此文發表於《中山大學史學專刊》一卷四期。

劉雨先生〈金文蒡京考〉主張蒡京非鎬京，亦非豐京，而是近於鎬京的一個都城。〔註30〕

## 8. 秦阿房宮附近說

王玉哲先生〈西周蒡京地望的再探討〉與王輝先生〈金文「蒡京」即秦之阿房說〉皆持此說。〔註31〕

## 9. 旁于岐周說

此說首先由李仲操先生提出，他認爲蒡京是旁於京地之西周王宮專名，而他考證京的地望就是「岐山之陽，是古公亶父自邠遷岐所居之地」、「蒡京雖非都城之名，但它爲周王居住的宮室，則它必距都城不會太遠。即名旁京，則它必在周之故都岐周京地之旁。」〔註 32〕後來盧連成及羅西章二位先生由扶風縣劉家村出土的〈王盂〉立說，亦主旁于岐周的看法。〔註33〕

關於銘文中都邑的問題，學者們由銘文的比對及研究，得出鎬京〔蒡〕和豐、蒡爲三個不同的地名，所以「鎬京說」、「豐京說」都不能成立，至於「蒲坂說」、「邠地說」、「范宮說」也和金文中所載蒡京和宗周的距離不合或因證據不足，已不爲學者接受。至於「秦阿房宮附近說」亦無確切證據。盧連成及羅西章二位先生以〈王盂〉出土地爲據以立說，陳美蘭於《西周金文地名研究》中評論：

> 據羅文敘述，隸屬西周早期的〈王盂〉出土於一西周青銅器窖藏中，而窖藏的埋藏時間大約在西周末，也就是周室東遷之時，不過目前同窖藏並未出現其他青銅器，對於這個現象，盧連成認爲可能是西周末年時，犬戎入侵，居住在豐、宗周、岐邑内的王公貴族匆匆將重器掩埋在居家院内或附近……而劉家村出土的有銘青銅器目前只有一件〈王盂〉，其數量遠不如前述幾組窖藏〔案指扶風莊白微氏家族窖藏、岐山董家村裘衛家族窖藏、扶風強家村虢季家族窖藏〕，因此〈王盂〉在劉家村西周晚期窖藏出現的原因，可能有待日後更多

〔註30〕劉雨〈金文蒡京考〉，《考古與文物》1982年3期。

〔註31〕王玉哲文發表於《歷史研究》1994年1期；王輝文發表於《陝西歷史博物館館刊》第三輯。

〔註32〕李仲操〈王作歸盂銘文簡釋——再談蒡京爲西周宮室之名〉，《考古與文物》1998年1期，頁82。

〔註33〕盧連成〈西周金文所見蒡京及其相關都邑討論〉，《中國歷史地理論叢》1995年3期；羅西章〈西周王盂考〉，《考古與文物》1998年1期。

　　的證據方能說明。〔註34〕

陳說可從。再者，李仲操先生提出鎬、豐、周三地都不稱京，這一點仍有待
再探究，事實上葊京亦有稱爲葊的，如〈弭弔師求殷〉04253－02771，至於
何以只有葊稱京，這一點至今仍末有較好的解說，李說以爲葊京的葊爲附
近、旁邊的意思，這是尚待商議的。對於「鎬京附近」、「岐周附近」、「豐附
近」的說法本文暫取保留態度。由以上的淘汰之後，筆者認爲葊很可能就是
《詩經》「侵鎬及方」的方，其地可能在鎬京、豐京附近，至於確實地望仍
未能解決。

　　就時代方面來看，出現「葊京」、「葊」的銅器時代分布於西周時期，並
看不出早、中、晚的區別，在整個西周時期葊京一直是十分重要的都城。

　　（三）乎漁于大沱〔池〕

　　由於銘文中出現大池的尚有〈靜殷〉04273－2788「射于大沱〔池〕」，〈遹
殷〉所載的「漁」和〈靜殷〉的「射」都在大池進行，學者們於是將銘文中
出現射的〈麥方尊〉06015－4892 聯繫起來：

　　△〈靜殷〉：丁卯，王令靜嗣射學宮，小子罕服罕小臣罕夆僕學射。雩八
月初吉庚寅，王昌吳彔、呂㓷卿𢽾盍自、邦周射于大沱〔池〕。

　　△〈麥方尊〉：侯〔註35〕見於宗周，亡远〔尤〕。迨王饗葊京，酚祀。雩若
翌日，在璧雝〔雝〕，王乘于舟爲大豐，王射大龏〔鴻〕禽。侯乘于赤旂舟從。

　　由「大池」將〈遹殷〉和〈靜殷〉繫聯，再由「射」及「璧雝」、「乘舟」
等，將〈遹殷〉、〈靜殷〉、〈麥方尊〉三器繫連起來。另外，銘文載「乎漁」
的另有〈井鼎〉02720－1221，這和〈遹殷〉等亦可繫聯：

　　△〈井鼎〉：佳〔唯〕七月，王才〔在〕葊京，辛卯，王彔〔漁〕于𤔲𢎘，
乎〔呼〕井從漁。攸易〔錫〕魚，對𤔲〔揚〕王休，用乍〔作〕寶障鼎。

　　由以上各器的聯繫來看，學者們乃推測「漁」及「射」在璧雝〔雝〕的
大池中舉行，並以射禮、祭祀等爲說，陳夢家先生指出：

　　　由此可見周王漁於大池即漁於鎬京之辟雝，往往乘舟而射，既射即
　　　以所獲的魚禽或納於寢廟、或賞賜於其從御之人。〔註36〕

〔註34〕陳美蘭《西周金文地名研究》，國立臺灣師範大學國文研究所碩士論文，1998
　　　　年 6 月，頁 40。
〔註35〕侯指井侯。
〔註36〕陳夢家〈西周青銅器（六）〉，頁 86。

陳說將〈遹𣪘〉的葊京釋爲鎬京，上文已明其非，至於其所言漁於辟雍、乘舟而射等，學者亦多從之。劉雨先生也認爲：

> 〈遹𣪘〉、〈攸鼎〉〔憲仁案：當稱〈井鼎〉〕中的「乎魚」如上所述是「射魚」，是射禮的一種，也是在葊京辟雍大池中舉行的。〔註37〕

陳、劉二者之說甚是，至於「乎魚」等是否爲「祭祀」而來，於上面所引諸銘文中，只有〈麥方尊〉提到「饗」和「彫祀」，而其射在「翌日」，所以是否爲祭祀而射則不能無疑，又上所列諸器，確爲習射者僅〈靜𣪘〉。〔註38〕陳槃先生認爲〈遹𣪘〉此處的「乎魚」乃爲祭祀而習射：

> 葊京之學宮有大池，池中有魚，故〈遹𣪘〉云：「穆王才（在）葊京，乎（呼）𣲊于大池」。天子有將祭則與士眾習射魚之禮，靜等習射于大池，即祭以先習射魚也。……古祭祀有射牲之禮，同時又有射魚之禮。以其祭之先須習射牲于「射宮」，故知此射于水者，爲習射魚也。〔註39〕

不管是〈遹𣪘〉或〈靜𣪘〉，皆未提及祭祀，而〈遹𣪘〉則提到了「鄉酉」，這是饗禮，所以和祭祀應無必要牽強解說，所以這兒的「乎漁于大池」本文認爲大池是葊京的璧雝學宮，而射漁和饗禮有關。

## （四）鄉酉〔饗酒〕

鄉酉即饗酒，吳闓生先生釋酉爲醴，非是，醴字金文作醴〈三年𤼈壺〉09727—5796、醴〈師遽方彝〉09897—4977、醴〈大鼎〉02807—1301、醴〈曾伯陭壺〉09712—5783，同爲穆王時代的標準器——〈長囟盉〉09455—4448以醴爲醴，值得注意的是〈三年𤼈壺〉中「鄉〔饗〕醴」和「鄉〔饗〕逆酉

---

〔註37〕劉雨〈西周金文中的射禮〉，《考古》1986 年 12 期，頁 1117。

〔註38〕習射於大池，在後世文獻中也留有相關記載，古代教育重視文武合一，射爲其重要課程。《禮記‧射義》提到：「天子將祭，必先習射於澤。澤者，所以擇士也。已射於澤，而后射於射宮，射中者得與於祭，不中者不得與於祭。不得與於祭者有讓，削以地……」，關於這段話，筆者分析爲：澤即是銘文中的大池，經文所以稱澤，乃爲和「擇」取得音訓的關係；射宮在銘文亦見記載，至於射和祭的關係，在這些銘文中尚未能取得較肯定的關聯，在射和削地、進爵的關聯上，更值得存疑。本文認爲〈射義〉作者記錄這段文字，前有所承，其中亦不乏將其理想寫入文中，至於射和祭祀，雖有其可能，但未必射皆和祭祀有關。

〔註39〕陳槃〈春秋「公矢魚于棠」說〉，《中央研究院歷史語言研究所集刊》第七本第二分，1936 年，頁 183～184。

〔酒〕」同在一篇銘文中，是知酉〔酒〕和醴不同。關於饗禮，許維遹先生於〈饗禮考〉一文中認爲：

> 饗與醴當分爲二。饗必設酒。《荀子·禮論篇》：「大饗尚玄尊，饗尚玄尊，而用酒醴。」酒醴連文，酒即醴也。饗禮與祭禮相類，祭禮用醴，則饗禮亦必用醴。……饗醴二字，〈師遽尊〉作「鄉醴」，〈遹𣪘〉、〈尹光鼎〉作「鄉酒」，醴與酒間用，酒亦指醴酒而言。〈周語〉中述饗禮則云：「潔其酒醴」，非酒與醴爲二，酒亦醴也，其例與《荀子》同。〔註40〕

其後，楊寬先生於《古史新探》中有專篇探討，其言云：

> 〈遹𣪘〉既說周穆王在「大池」射魚後，舉行「鄉酒」禮，那末這個「鄉酒」禮就在辟雍中舉行，其爲鄉飲酒無疑。……過去考釋金文的學者，都讀「鄉」爲「饗」，認爲「鄉酒」就是饗禮，其實不然，金文中稱「饗酒」的應指鄉飲酒禮，稱「鄉醴」的才是饗禮。〔註41〕饗禮中獻賓用的是「醴」，和鄉飲酒禮獻賓用「酒」的不同，所以古文獻上或稱鄉飲酒禮「鄉人飲酒」，或稱饗禮爲「饗醴」。西周金文也稱鄉飲酒禮爲「鄉酒」，而稱饗禮爲「鄉醴」，有著嚴格的區別。〔註42〕

周聰俊師於《饗禮考辨》一書中對此課題亦有深究，云：

> 尋繹許說，蓋凡饗禮所用（除獻前之祼外）止醴而已。楊寬亦以爲饗禮中獻賓用醴，與鄉飲酒獻賓用酒不同，所以古文獻上或稱饗禮爲饗醴，說與許同。按許、楊二氏以饗禮獻賓用「醴」蓋是已，然以饗禮不用「酒」，其說仍有可商。按《左傳》言饗醴、言饗，皆謂饗禮，蓋無可置疑，惟二者輕重有殊。……且徵之彝銘，饗有「鄉醴」、有「鄉酒」，蓋以醴與酒而分其輕重……饗酒與饗醴，所用飲料不同，其禮輕重殆亦不同。〔註43〕

醴重於酒，歷來學者已有定說，饗醴與饗酒不同，楊先生與周師之說甚確，然楊說將「鄉酒」視爲「鄉飲酒禮」，而周師將「鄉酒」歸爲「饗禮」，故楊

---

〔註40〕 許維遹〈饗禮考〉，《清華學報》第 14 卷 1 期，1947 年 10 月，頁 123～124。

〔註41〕 楊寬《古史新探·「鄉飲酒禮」與「饗禮」新探》（臺北：木鐸出版社），頁 287。

〔註42〕 同上註，頁 296。

〔註43〕 周聰俊師《饗禮考辨》，國立臺灣師範大學國文研究所博士論文，1988 年 6 月，頁 244～245 及 253。

說以饗禮只用醴，而周師認爲饗禮用醴之外，亦用酒，這是二說的主要不同處。楊說以爲：

> 就其歷史發展過程來看，饗禮確是起源於鄉飲酒禮而有所發展的；
> 就其內容來看，確實有許多基本相同之點，饗禮實際上是一種高級
> 的鄉飲酒禮。〔註44〕

這樣的看法對於探求饗禮的起源是很有啓發的。周師認爲饗禮和鄉飲酒禮是不可混同的，並提出「二禮所涉人物之不同」、「祭饗、賓饗義本相因，故其禮亦多相類而與鄉飲酒禮有別」、「饗禮裸獻同乎祭禮，而與鄉飲酒絕異」、「饗有酬幣，而鄉飲酒禮並無此類好貨之賜」、「樂舞也者，饗祭之時所必用也。鄉飲酒禮則有樂而無舞」等五點，而得出「饗禮殆非本乎鄉飲酒禮者也」的結論。〔註45〕

本文認爲二說各有可取之處，楊說在探尋禮之起源甚有可參考之處，饗禮和鄉飲酒禮在最初可能是氏族部落的飲酒聚會，而到了國家結構成形，貴族之往來聘使、天子饗諸侯之禮儀乃較地方之飲酒禮更爲隆重，其禮儀亦更爲繁複，乃稱饗禮，而地方之飲酒禮則爲鄉飲酒禮，其功能漸有分別，在儀式上亦有不同，周師著重於分別其不同，亦甚是。

「鄉酉〔酒〕」不必強說爲「鄉醴」，至於〈遹殷〉所載之禮究竟是屬於「饗禮」或「鄉飲酒禮」則不可不辨。憲仁試辨之如下：

「鄉飲酒禮」所舉行之情況據孔穎達《禮記正義》中所說有四：一則三年賓賢能，二則鄉大夫飲國中賢者，三則州長習射飲酒也，四則黨正臘祭飲酒。至於「饗禮」，《禮記正義》則引皇侃之說亦有四：一是諸侯來朝，天子饗之；二是王親戚及諸侯之臣來聘，王饗；三是戎狄之君使來，王饗之；四是饗宿衛及耆老孤子。周聰俊師根據黃以周《禮書通故》之意見補第五爲饗群臣於學校。劉雨先生據西周金文，歸納七點：一是大祭之後，二是出征凱旋，三是封建諸侯，四是巡視地方，五是大射前後，六是賞賜臣工，七是答謝宿衛。〔註46〕由〈遹殷〉的內容來看：銘文清楚地說穆王先是乎漁於大池，而後才饗酒，這和「鄉飲酒禮」的情況不同，本文認爲〈遹殷〉所載當是「饗

---

〔註44〕楊寬《古史新探》，頁295。

〔註45〕周聰俊師《饗禮考辨》，頁29～38。

〔註46〕劉雨〈西周金文中的饗與燕〉，《大陸雜誌》第83卷2期，1991年8月，頁64。

禮」，而所用饗者爲酒。

## （五）雜

此字从隹从米从干，可隸定爲雜。此字僅此一見，故必先由字形分析與〈遹段〉銘文文例來探求。由文例可知是穆王對遹之賞賜，僅見於此，於其他銅器銘文中未見有此賞賜，故究竟爲何，仍不可知。學者對此之說法可留意者如郭沫若、吳闓生等先生認爲是爵；〔註47〕陳夢家先生認爲是鳧類之禽：

> 王漁於大池，其方法是漁（網、釣）或射（射、弋），其所獲是水中之魚或水上之禽。此器「王漁于大池」而賞賜以川禽，則知亦嘗有於池上射禽之事。本銘第四行第二字，是王所錫之物，字從鳧粎聲，其聲符疑是《說文》之粎，音如米。其字應是鳧類之禽，或即是鳧而加聲符者。〔註48〕

唐蘭先生則提出是轚雉的意見：

> 雜當從隹粎聲，粎是秆的別體，《說文》秆是稈的或體，此從米，與從禾通。雜當即轚字。轚從軟聲，軟本從扒從單，單與干一字。……
> 《爾雅·釋鳥》有十四種雉，其中之一爲「轚雉」，即作轚。〔註49〕

陳、唐之說較郭、吳之說爲佳。此字與爵字字形不合，爵字金文作爵（〈史歡鼎〉02778－1271），而雀字篆文从小从隹，甲骨文中有雀（《京津》二一三四），或以爲雀字，和〈遹段〉之雜字皆不同，故郭、吳之說恐非是。至於陳、唐二說於文例可通，然仍未爲定論。日人白川靜先生由陳夢家先生之說得到啓發，他認爲雜是雁：

> 字は鳥形と米と干とに從う。その聲を以ていそば、鴻雁の雁に近いようである。詩の「離離鳴雁」を鹽鐵論結和篇に引いて「雍雍鳴鳲」に作る。集韻に「鳲、魚澗切、音贋」とみえ、禽經の張華注に「鳲音雁、鳲隨陽鳥也、冬適南方、集於江干、故字从干」という。およそ牲穀を薦めるときには相宜しきを選んで配することが行なわれ、禮記王制に「麥以魚、黍以豚、稻以雁」とみえ、また内則には「牛宜稌、羊宜黍、豕宜稷、犬宜梁、雁宜麥、魚宜苽」

---

〔註47〕郭沫若之說參見《兩周金文辭大系》，頁48；吳闓生之說參見《吉金文錄》卷三。

〔註48〕陳夢家〈西周銅器斷代（六）〉，頁87。

〔註49〕唐蘭《西周青銅器分代史徵》，頁364。

とあり、牲穀の和が定められている。いまこの字形に米形を加え
ているのは、あるいはその和するところの穀を示したものであろ
ラ。参なろば、本器の六月の儀禮と時期も合するのである。〔註50〕

白川靜先生以爲字形从鳥形从米从干，字音上近於雁字，由古書的鴈字推从
干、从米之意，考定此字爲雁字。周法高先生同意此說。〔註51〕此說之優點
爲字音與文獻方面皆能顧及，故本文認爲這個說法較可從，不過仍不排除是
另一種水禽的名稱（讀如米聲之名稱）。

### （六）拜首誚首

銘文中「拜誚首」最爲常見，此外有「拜手誚首」、「拜首誚首」、「拜手」、
「再拜誚首」、「拜誚手」、「拜手誚」、「拜手誚手」、「拜誚」、「拜頁首」、「拜
嘉命」等形式。其中「拜誚首」占了總數量約四分之三，爲標準式，而「拜
首誚首」僅〈遹設〉一見。首先本文就「誚首」來探討：

誚首的「誚」字在古籍中常用「稽」字，《說文解字》對於「誚」字所下
的字義是「下首也」，而對於「稽」字所下的字義是「留止也」，稽字於甲金
文中皆未見，而銘文誚首字皆用「誚」，是知誚爲本字，而稽爲假借字〔誚和
稽皆从旨聲〕，稽字由字形上實亦不能看出「拜誚首」或「留止」之意。

《周禮·春官》中載大祝掌「九拜」以宥祭祀，九拜第一便是誚首。歷
來學者對於此有不少爭論，其中最重要的是——拜首至地與否的爭議。這一
點鄭憲仁〈釋拜——稽首、頓首、空首、振動〉一文對此做過研究，在此則
擇要說明：

1. 拜首至地

主張「拜首至地」的說法最早見於《白虎通·姓名》：

必稽首何？敬之至也，頭至地。何以言首？謂頭也。〔註52〕

鄭玄注《周禮》九拜時也說：「拜頭至地也」，其後主此說者甚多，如賈公彥
《周禮疏》、王昭禹《周禮詳解》、易祓《周官總義》、段玉裁《經韻樓集·

---

〔註50〕白川靜〈遹設〉，《白鶴美術館誌》第十六輯，1966 年（昭和四十一年）11 月，
頁 146。

〔註51〕參見李孝定、周法高、張日昇合編之《金文詁林補附錄》，第 3176 號所引。

〔註52〕陳立對《白虎通》此句的疏證所做的句讀是：「必稽首何？敬之至也。頭至地
何？以言首，謂頭也。」（參見王雲五編《國學基本叢書》所收之《白虎通》
陳立疏證，臺北：臺灣商務印書館，1968 年，頁 347～348。）本文不採用這
樣的句讀。

釋拜》、鄧國光先生《中國文化原典新探》、李建國先生〈古代的九拜禮〉等同之，皆謂稽首為頭至地，並由稽字而言稽留之。茲舉其要者討論如下：

> 賈公彥云：一曰稽首，其稽，稽留之字。頭至地多時則為稽首也。〔註53〕

> 易祓云：荀卿曰：「平衡曰拜，下衡曰稽首，至地曰稽顙。」稽之為義一也。知喪非至哀不稽顙，則知禮非至尊無稽首。《書》言稽首必拜手，拜手則手至于地也，稽首則首下於衡，至地而稽留也。〔註54〕

> 段玉裁〈釋拜〉：稽首者何也？拜頭至地也，既拜手而拱手下至於地，而頭亦下至於地。〔註55〕

> 又《說文解字注》：蓋諳首者，拱手至地，頭亦至於地，而顙不必觸地，與頓首之必以顙叩地異矣。

> 諳首者，稽遲其首也。〔註56〕

鄭玄並未提及稽留多時之意，賈公彥則有「至地多時」之語，後之學者多依之，此可視為學者對「稽首」之補說，非有確證，以理推之而已。又段玉裁言「頭亦至於地」而「顙不必觸地」，不知其意如何至於地，蓋首觸地者必以顙額至地，故段說於此令人費解。

　　2. 頭不至地

　　此說法始自清人，以毛奇齡及惠士奇、孫希旦等為代表，今人張光裕先生亦主此說：

> 毛奇齡《辨定祭禮通俗譜》云：凡拜皆跪，無所謂立拜者，亦無不以手先至地，而首下至手者，所謂拜手也。……其曰稽首者，謂拜手而稽其首也，稽者留也，首至手稽留不即起也。……而鄭又誤註以稽首為首至地。〔註57〕

> 惠士奇《禮說》云：《說文》諳與頓皆云下首，而不言至地。《荀子·大略篇》：「平衡曰拜，下衡曰稽首，至地曰稽顙。」蓋平衡謂頭與

〔註53〕　賈公彥《周禮注疏》（阮刻十三經），頁387，臺北：藝文印書館。
〔註54〕　易祓《周官總義》（影印《四庫全書》本），頁92.461，臺北：藝文印書館。
〔註55〕　段玉裁《經韻樓集》，頁15368，收錄於《皇清經解》，臺北：漢京出版社。
〔註56〕　段玉裁《說文解字注》（影印經韻樓藏本），頁427，臺北：蘭臺書局。
〔註57〕　毛奇齡《辨定祭禮通俗譜》（影印《四庫全書》本），頁142.772，臺北：藝文印書館。

> 腰平，下衡謂頭下於腰，《說文》所謂下首。則稽首、頓首皆頭至手
> 而不至地也。〔註58〕

> 張光裕先生〈拜稽首釋義〉云：而「稽首」之禮則爲據掌於地後始
> 彎身向下，拜首於手，與「稽顙」有別。〔註59〕

這一說皆認爲稽首乃頭至地上的手，頭不至地。

另外，孫希旦《禮記正義》兼取以上二說而成一說：

> 一曰稽首，先拱手兩手至地，加首於手，又引首至地，稽留而後起
> 也。〔註60〕

這樣的說法事實上是首至地上之手〔取第二說〕，而接著首至地〔取第一說〕，但總歸是首至地了。

在評論以上說法的是非之前，應該先討論一個句讀上的歧異現象，學者們對於稽首時手的動作多根據《禮記‧玉藻》所記載的「君賜稽首據掌致諸地」，這句話在理解上有了分歧：

（甲）君賜，稽首，據掌，致諸地

（乙）君賜，稽首，據掌致諸地

一說致諸地者，首及手也；一說致諸地者，手也。所以才對稽首的動作方面有不同的說法。這裡可以由《荀子‧大略》篇所說的：「平衡曰拜，下衡曰稽首，至地曰稽顙。」做爲一項重要的依據，這句話由拜、稽首、稽顙對比而成，可知三者是不同的，這裡的拜可以理解爲空首即鄭康成所注的拜手；稽顙用於喪禮，是拜顙至地，觸地無容，所以特別強調「顙」；稽首既然是下衡而不如稽顙之至地，那麼我們可以了解荀子所說的稽首是拜首不至地的，結合〈玉藻〉的記載，因此可以推測稽首是拜手至地上，首至手，至地的是手而不是頭。

接下來要探討的是「拜稽首」、「拜手稽首」等問題：

最早對金文中拜稽首做專題研究的是張光裕先生的〈拜稽首釋義〉一文，他由《兩周金文辭大系》及《三代吉金文存》所錄器物，並依郭沫若先生的斷代爲準，研究拜稽首和拜手稽首的時代前後：

> 知凡穆王以前銘文皆作「拜稽首」，穆王以後始間有「拜手稽首」之
> 出現，且爲數甚少。……可知「拜手稽首」實較「拜稽首」爲晚出，

---

〔註58〕惠士奇《禮說》，頁5119，收錄於《皇清經解》，臺北：漢京出版社。

〔註59〕張光裕《雪齋學術論文集》（臺北：藝文印書館，1989年），頁246。

〔註60〕孫希旦《禮記集解》（臺北：文史哲出版社，1990年8月），頁168。

> 然則「拜𩒨首」於𩒨首禮中當爲最早見之者矣。至若「再拜𩒨首」、「𩒨首再拜」、「拜」或「再拜」，甚而有所謂「九拜」者（《周官・太祝》）乃時代愈後，禮變愈繁故也。〔註61〕

這裡有兩個問題是應提出來的，第一是時代先後的問題：「拜𩒨首」和「拜手𩒨首」在演變上的先後；第二爲「拜𩒨首」是「拜」加上「𩒨首」或「拜𩒨首」最初即爲一體的詞彙。這當然牽涉到這麼多拜的名稱中出現的先後及變化的情況，本文根據周何師、季旭昇師及汪中文先生等所合編的《青銅器銘文檢索》〔註62〕，將其中所有關於「拜」和「𩒨首」的資料擇出，共查得 179 條 169 器，在探討上，本文依器爲主，去除一器多條的現象，將一器計爲 1 點，而不管一器出現相同形式的「𩒨首」詞幾次，都算做 1 點；至於一器而出現不同形式的「𩒨首」詞，目前知道的有〈曶鼎〉02838—1330 出現「拜𩒨首」一次，而「𩒨首」獨用不加拜者二次，在探討上將此現象視爲「拜𩒨首」和「𩒨首」各計 1 點，又如〈叔夷鎛〉00285—7214 出現「拜𩒨首」和「再拜𩒨首」，所以各計 1 點，除此之外，各器皆以 1 點計之，所以全部是 169 器 171 點。列表如下：

| 編號 | 1 | 2 | 3 | 4 | 5 | 6 | 7 | 8 | 9 | 10 | 11 | 12 | 13 | 14 |
|---|---|---|---|---|---|---|---|---|---|---|---|---|---|---|
| 項目 | 拜𩒨首 | 拜手𩒨首 | 拜手 | 再拜𩒨首 | 拜𩒨手 | 拜手𩒨 | 拜手𩒨手 | 拜首𩒨首 | 拜𩒨 | 拜手頁首 | 拜嘉命 | 手𩒨首 | 𩒨首 | 三拜𩒨首 |
| 點數 | 127 | 20 | 5 | 3 | 2 | 1 | 1 | 1 | 1 | 1 | 2 | 1 | 5 | 1 |
| 流行時代 | 西周早期始 | 西周中晚期 | 西周晚期 | 春秋晚期 | 西周晚期 | 西周晚期 | 西周晚期 | 穆王遹𣪕 | 西周中期 | 西周中期 | 春秋時期 | 西周中期 | 西周中晚期 | 西周中期 |

（由於不少形式只有一件例子，或同一組器，因此其使用時代可能比此表更廣泛，此表僅作參考用。大致上西周中期以後，𩒨首禮更常出現在銘文中，而記錄用詞也更爲分歧，隨著銘文記錄內容的改變，東周以後銘文出現𩒨首禮的記載少了很多，這當然不能當作𩒨首禮的消失，事實上，𩒨首禮一直沿用到民國才由政府明令廢除。）

〔註61〕張光裕《雪齋學術論文集》，頁 245～250。

〔註62〕周何師總編，季旭昇師、汪中文先生主編《青銅器銘文檢索》，臺北：文史哲出版社，1995 年 5 月。

　　※「拜手」可看成是「拜手𩒨首」的省略，亦可視爲一獨立詞彙。在這裡本文比較傾向第一個看法。

　　※「再拜𩒨首」僅見於〈叔夷編鐘〉00275—7185；00282—7192，時代爲春秋晚期。古籍中常見「再拜𩒨首」，這一點或者可爲考證古籍年代之參考；「三拜𩒨首」僅〈𫑡卣〉05424—5497，此爲西周中期器。

　　※「拜𩒨手」可視爲「拜手𩒨首」訛成「拜手𩒨手」之省，或視爲「拜𩒨首」之訛。

　　※「拜手𩒨」爲「拜手𩒨首」之省。

　　※「拜手𩒨手」、「拜首𩒨首」爲「拜手𩒨首」之訛。

　　※「拜𩒨」爲「拜𩒨首」之省，當然也可能是「拜手𩒨首」之省，但筆者認爲「拜手𩒨首」本由「拜𩒨首」而來，且「拜𩒨首」所占的比例高，所以由「拜𩒨首」省的可能性也較高。

　　※「拜手頁首」之頁可視爲「𩒨」漏寫聲符「旨」，所以可視爲「拜手𩒨首」的一類。

　　※「拜嘉命」爲拜的獨用，時代上也較晚。

　　※「手𩒨首」爲「拜手𩒨首」之省或爲「拜𩒨首」拜字訛爲手字。

　　※「𩒨首」獨用目前可見最早者爲西周中期的〈𫤼鼎〉02838—1330 而由銘文來看其例子分布在西周中、晚期，目前未見春秋以後的例子。

　　由此約略地可以看出，「拜𩒨首」的形式占了全部筆數的百分之七十三以上，而「拜手𩒨首」和「拜手𩒨手」、「拜首𩒨首」、「拜手𩒨」、「拜手頁首」等占了不到百分之十四，在比例上相當懸殊。「拜手𩒨首」出現的銘文時代：西周中期的有〈臣諫𣪘〉04237—2774、〈彔白𫤼𣪘〉04302—2816、〈𫤼壺蓋〉09728—5798 及〈𬱒卣〉05430—□等四件器物，其中〈彔白𫤼𣪘〉及〈𬱒卣〉有學者以爲亦穆王時代器，此在後面篇章將有探究。其他的器皆爲西周晚期器，是「拜手𩒨首」在銅器銘文呈現的時代則始於西周中期至晚期，比起「拜𩒨首」來看是晚了些，且使用上也少多了。「手𩒨首」出於〈王臣𣪘〉04268—2785 上，而其時代亦爲西周中期；「拜手頁首」只出現於西周中期的〈卯𣪘蓋〉04327—2842；「拜手𩒨手」則只出現於西周晚期的〈吳生鐘〉00104—7060；「拜手𩒨」亦只出現於西周晚期的〈逆鐘〉00060—7135。由此不難看出，「拜手𩒨首」、「拜手頁首」及〈遹𣪘〉04207—2734 的「拜首𩒨首」皆在西周中期才出現，其他則更晚，因此我們可以提出「拜手𩒨首」

是詳式，而「拜𩒨首」是略式、常用式，且「拜手𩒨首」乃由「拜𩒨首」演變而來，在行禮動作上二者根本是相同的，只是詞彙詳略不同耳，而詞彙的不同正有時代的流行現象。

至於「拜𩒨首」是「拜」加上「𩒨首」〔拜和𩒨首各為動作〕或拜即是𩒨首〔即拜和𩒨首〕為「同位詞」，目前由於銘文上所能見到的「拜」獨用只有「拜嘉命」兩條，加上有金文使用身分上的局限，所以仍不能斷言其真實情況，不過，在當時可能拜𩒨首是一專用的詞彙了。

（七）孫＝子＝

銘文祝願詞最常見者為「子子孫孫」，除此之外，則有「子子孫」、「子孫」、「孫孫子子」、「孫子」等。這些詞例，大致可分為「先子後孫」及「先孫後子」兩類，以第一類數量最多。考查祝願詞中「孫孫子子」、「孫子」等將孫置子之前的祝願詞約六十多件，其中「孫孫子子」最為規整，就時代上而言只出現在西周〔「孫子」式的祝願詞則跨至春秋晚期〕，西周早期有〈白盂〉10312－6901、〈師艅尊〉05995－☐、〈麥方尊〉06015－4892、〈白衛父盂〉09435－4439 等，文例有「其萬年孫孫子子永寶用享」、「孫孫子子寶」等的祝願詞，到了西周中期及晚期「孫孫子子」的形式出現數量增加些，但春秋時代將孫置乎子之前的形式就只有「孫子」這類了，如〈邾宜同歔盂〉10320－6908、〈吳王光鑑〉10298－6888、〈邾靁〔傳〕兒鐘〉00183－7117、〈王孫遺者鐘〉00261－7175 等。

## 貳、形制風格

〈遹𣪘〉是學者們對穆王時代標準器的首次認識，在銅器斷代研究的歷程中，〈遹𣪘〉對於開啓西周中期斷代的研究有著重要地位。

### 一、器形方面

本器器身為一扁圓體，弇口，圈足附三小足，兩獸首銜環耳，容庚先生疑其「失蓋」〔註63〕，此點由西周中期的𣪘常有蓋，而其口弇且器身造型相同的〈無曩𣪘〉〔附圖三〕、〈散伯𣪘〉〔附圖四〕等皆有蓋來看，容先生的推測是很有可能的。

器形上值得留意的是圈足附三小足及獸首銜環耳。首先就三足來觀察𣪘

---

〔註63〕容庚《商周彝器通考》，頁346。

形器的時代特徵，由此不難發現三足和方座是殷形器在西周時代最重要的創
新造型，在商代的殷形器中，看不到三足的造型，西周早期三足殷才出現，
中期、晚期是這種造型的流行期，三足殷一直到春秋中期仍然可見，逮及春
秋晚期三足殷便隨著殷形器的式微而退出歷史的舞臺。

　　至於獸首銜環耳的造型，目前所見的殷形器中最早的一件便是〈遹殷〉，
對銅器留意者皆知道在商代的罍中這樣的耳部造型自有其例，如〈獸面紋方
罍〉〔附圖五〕、〈登屰方罍〉〔附圖六〕等，但運用到殷的耳部來，由目前可
信的資料來判斷應是西周穆王時代的事了。〔註64〕至於這樣的耳部造形在殷
形器的呈現時代也只局限在西周中、晚期。

　　綜合來看，像〈遹殷〉這樣圓腹而圈足下設三足、獸首銜環耳的造形，
其主要流行於西周中、晚期。這類殷的造形少有改變，只是三足偶有變化，
如〈五年師旋殷〉〔附圖八〕三足作象鼻形上捲狀，這是圈足附三足的殷形器
中較常見的變化。關於〈遹殷〉這樣的造形，陳芳妹師研究的心得是：

> 資料顯示，近世出土例證多集中在陝西的岐山、武功、扶風及張家
> 坡一帶，古之宗周地區。鑄器時間多在西周中、晚期之間，約一百
> 年光景。……流行不長，形制變化不顯，僅獸首銜環耳的形態有些
> 細微變化。〔註65〕

其流行時代在西周中、晚期，而主要地區在陝西關中地區。這些造形相似的
殷中，可以肯定準確時代的器當首推〈遹殷〉。

## 二、紋飾方面

　　〈遹殷〉器身布滿平行溝狀的瓦紋，看起來很樸素，不免有單調的感覺。
對於瓦紋，容庚先生做了說明：

> 瓦紋，其狀橫列若干于器上，上下高起成線條而中陷落如仰瓦。始
> 于商代而通行于西周後期及春秋時期。〔註66〕

瓦紋就是因「上下高起成線條而中陷落如仰瓦」這樣的特點而得名，如此的

---

〔註64〕甘肅出土的〈呂姜作殷〉《集成》3348 號斷代爲西周早期，但此器由銘文
　　　　上不能定其標準年代，由器形和紋飾上來看仍可再研議。又馬承源主編之
　　　　《中國青銅器》將其斷代爲西周中期〔頁 130，該書篇之圖 38〕。關於此
　　　　器器形及銘文參附圖七。
〔註65〕陳芳妹師〈商周青銅簋形器研究——附論簋與其它粢盛器的關係〉，頁 41，收
　　　　錄於《商周青銅粢盛器特展圖錄》，臺北：故宮博物院，1984 年 4 月。
〔註66〕容庚《商周彝器通考》，頁 130。

紋飾，似乎也可能是由陶器製作得來的靈感，設想在製作陶器時，用搓圓的泥條疊成砵杯狀，自然在器體上出現這般「上下高起成線條而中陷落如仰瓦」的紋飾，或許在陶器製造時這是一種造型，而在銅器上此類「上下高起成線條而中陷落如仰瓦」應視作仿自陶器的「紋飾」了。朱鳳瀚先生認為瓦紋是造型上的一種修飾形式：

> 實際上并非紋樣，而是器物造型上的一種修飾形式，即器表外部作
> 平行的溝槽狀，狀似一排排的仰瓦，常飾於器物腹部或蓋頂，但亦
> 可飾於其他部位。〔註67〕

朱先生的意見很值得參考，但是就銅器鑄造來看，應視為紋飾較佳。從紋飾流行的時代上來觀察，不難發現從西周中期開始，在段形器的器身、器蓋上，瓦紋成了重要的裝飾文樣，這樣的現象一直持續到春秋早期，陳芳妹師的研究指出：

> 西周中期至春秋早期約三、四百年間，瓦紋普遍地見於簋形器上。
> 此期間，正是三足簋的盛行期。〔註68〕

陳師指出於段這類銅器上，瓦段和三足段盛行期相合的現象，這是值得注意的，「瓦紋」和「三足」是西周中期到春秋早期段形器的重要特徵。另外，就瓦紋最常出現的器類來觀察，便會發現多集中在段、盨及匜上。盨的時代也正好也是西周中期到春秋早期，這樣時代的相合更說明了在這段時期，瓦紋在粢盛器的紋飾上有一定的地位。除了以上所說這三類器物之外，個別零星的器物上也有飾瓦紋的例子，如杜迺松先生就有文章介紹北京故宮所藏殷代晚期的〈九象尊〉〔附圖九〕圈足上即飾瓦紋，該文中提到了瓦紋出現於商後期的可能性〔註69〕，這一點是應當留意的。

　　除了腹部的紋飾外，也應留意兩耳的獸首浮雕紋飾，〈遹段〉兩耳雖鏽蝕嚴重，然而仍可看出它的紋飾是整個虎面紋；又三足看來亦為鏽蝕所掩，然仍依稀可看出飾有浮雕獸首，而其紋飾已不可辨。這在單調的瓦紋之外，也添了些不同的紋飾。

## 三、字體方面

　　關於西周中期的字體風格，大致上穆王時代尚保留了西周早期的風格，

---

〔註67〕朱鳳瀚《古代中國青銅器》（天津：南開大學出版社，1995 年 6 月），頁 406。
〔註68〕陳芳妹師〈商周青銅簋形器研究——附論簋與其他粢盛器的關係〉，頁 48。
〔註69〕杜迺松〈記九象尊與四蛇方甗〉，《文物》1973 年 12 期，頁 62。

而龔王以下才和早期的字體風格有較明顯的分別。一般而言，穆王時代的銘文書寫已趨向「圓潤」、「規整」的書風，但商代以來至西周早期甚為常見的波磔〔註70〕及肥筆現象在穆王時代猶有遺風。馬承源先生主編的《中國青銅器》對穆王之世的書風做了以下的探討：

> 西周中期銅器銘文向著書寫便捷的方向發展。穆王之世還比較接近早期的波磔體，許多銘文還保留著肥筆和首尾出鋒的現象。……字體結構方面，中期前段，特別是穆王之世，「王」字下部仍顯肥碩，「宀」頭作銳頂聳肩，兩側略有弧度……「其」字頭上仍作平筆；「蹲」字所從的酉字上部的兩豎筆多出頭；「貝」字下兩筆或在內或移在左右兩筆的頂頭；「于」字不再有「丂」形；「文」字有從心和僅作一點兩種。〔註71〕

由〈遹殷〉的三個「王」字，可以看得出來最後一筆仍為肥筆，而且微彎地稍稍保有字形象形的特微；「于」字已不寫成「丂」；「文」字寫法是其中為點狀和上筆相連，已不做心形；「其」字如上面引文所說「字頭上仍作平筆」，至於「宀」其頂稍為矮平，然兩肩角仍方。行款上，最後一行外，每個字的相對位置已較為工整相對。朱鳳瀚先生對穆王時代書風提出看法：

> 銘文基本上沿襲以上所述昭王時期出現的那種小而規整、拘謹的字形，總體顯現出一種整潔的風貌。文字的象形性已甚弱，表現人體的字多不再作跪跽狀而下肢向下伸展。〔註72〕

〈遹殷〉銘文上承昭王之世「小而規整、拘謹」的書風，也還保留肥筆的現象，但線條上已經較西周早期柔和多了。

---

〔註70〕 「波磔」乃書法筆畫的稱呼，左撇稱為波，或捺稱為磔。宋人黃伯思《東觀餘論》上〈第一帝王書〉云：「凡草書，分波磔者名章草，非此者，但謂之草。」是以波磔為章草和今草的區分，章草尚與隸書有相同筆法，而今草則少了這樣的特點，當然，今草和章草之別不僅於此，如筆畫省簡合併等差異，也是二者之別，波磔應指一筆中有粗細的變化，所以學者對於商代至西周早期乃至中期的金文筆畫中，凡是有如隸書捺撇的樣子，或首尾尖而中間有肥筆的字，便稱為「波磔」現象，如父字作、孚作、王字作王、令作，在銘文風格中用「波磔體」來形容、說明，已為目前研究銘文的多數學者使用。

〔註71〕 馬承源主編，陳佩芳、吳鎮烽、熊傳薪編撰《中國青銅器》（臺北：南天書局，1991年10月），頁379～380。

〔註72〕 朱鳳瀚《古代中國青銅器》，頁455。

# 第三節　剌鼎之綜合研究

　　根據文獻所能查得的資料，對於〈剌鼎〉最早的記載首見於吳大澂《愙齋集古錄》中提到「歸安姚氏藏器」〔註73〕，是姚晏爲目前所知最早收藏〈剌鼎〉者，之後方濬益《綴遺齋彝器攷釋》中稱藏有此器〔註74〕，《周金文存》則載南陵徐乃昌有此鼎〔註75〕、《商周彝器通考》稱頌齋藏器〔註76〕，是〈剌鼎〉之收藏經過可考者先後爲姚晏、方濬益、徐乃昌、容庚等幾位先生，後來容先生捐贈廣州市博物館，此器之出土時間地點皆不可考。器通高19公分，口徑17.5公分，腹徑18公分，重量爲二公斤。〔註77〕內壁鑄有銘文六行五十二字。目前藏於廣州市博物館〔參附圖一〕。

## 壹、銘文考釋

### 一、銘　文

　　〈剌鼎〉鑄有銘文六行五十二字〔附圖二〕，其中重文二字〔子、孫〔註78〕〕、合文二〔五月、卅朋〕，茲隸定其文如下：

　　　　唯五月，王才〔在〕𢍜，辰才〔在〕丁

　　　　卯，王啻〔禘〕，用牡于大室，

　　　　啻〔禘〕卲〔昭〕王，剌钔〔御〕，王易〔賜〕剌

　　　　貝卅朋。天子𧆞〔萬〕年，剌對

　　　　𣪘〔揚〕王休，用乍〔作〕黃公障

　　　　䵼彝，𠭯〔其〕孫=子=永寶用。

### 二、考　釋

　　　（一）𢍜

---

〔註73〕　吳大澂《愙齋集古錄》（臺北：台聯國風出版社，1976年9月），第四冊，頁21。

〔註74〕　方濬益《綴遺齋彝器攷釋》（臺北：台聯國風出版社，1976年9月），卷四，頁17。

〔註75〕　鄒安《周金文存》（臺北：台聯國風出版社，1978年1月），卷二，頁2。

〔註76〕　容庚《商周彝器通考》（臺北：文史哲出版社，1985年版），頁294。

〔註77〕　馬承源主編《中國文物精華大全・青銅器卷》，頁78，編號0280，臺北：臺灣商務印書館，1994年1月。

〔註78〕　由拓片視之孫字下似無重文符號「=」，然依《殷周金文集成》2776號按語「孫字下重文號不清」，故知孫字亦有重文。

　　🜨字由文例來看，當爲地名，歷來學者對此字隸定不一，意見大致有五：第一說認爲是「衿」之反文，以吳大澂爲代表〔註79〕；第二說隸定爲「初」，方濬益〔註80〕、容庚先生〔註81〕皆有此意；第三說以爲是「衣」字，劉體智〔註82〕、吳闓生先生〔註83〕皆如此說，其中吳先生認爲「衣即殷字」；第四說爲「萃」字說，這是唐蘭先生提出來的，他認爲此字從衣從屮，即萃字，通悴、瘁字，「在瘁」即「宅憂、丁憂」〔註84〕；第五種意見是對於此字不加以隸定，多數學者則採取這樣的態度，如郭沫若〔註85〕、陳夢家先生〔註86〕等。

　　在以上五種說法中除了第四說唐蘭先生之外，皆以🜨爲地名。就字形分析而言：🜨字左從仐，此部分和衣字作仐稍有小別，衣字下襟作火，而此字之🜨，作箭頭之筆和衣字有別；🜨字右爲泐筆，以爲刀之殘劃，不無可能。由此看來此字應非「衣」字，而唐蘭以爲從屮，亦非是。吳大澂以爲下從二人，誤甚。至於以🜨爲「初」的看法，則仍有可商之處，仐和衣字有小別，不排除因做爲地名而於字形上稍有區別，但以謹愼故不加隸定。

　　唐蘭先生對於將🜨釋爲地名提出疑點：

　　　如果是地名，下文怎麼能説「用牡于太室」呢？太室不是任何地方
　　　都可以有的，可見此處決非地名。〔註87〕

---

〔註79〕　吳大澂《憲齋集古錄》，第四冊，頁21。

〔註80〕　方濬益《綴遺齋彝器攷釋》，卷四，頁17。

〔註81〕　容庚在《商周彝器通考》中提及〈剌鼎〉銘文時，於頁50作「王在□」；於頁294作「王在初」，本文依後者爲據。

〔註82〕　劉體智《小校經閣金石文字》（臺北：大通書局，1979年1月），卷三，頁18。

〔註83〕　吳闓生《吉金文錄》（臺北：洪氏出版社，1976年1月），卷三，頁13。

〔註84〕　唐蘭《西周青銅器銘文分代史徵》（北京：中華書局，1986年），卷五上，頁305～306。其說法如下：

　　此字從衣從中，亦見甲骨文，當是萃字，中與艸通，衣與卒一字，六國時萃字尚作衮。萃通悴、瘁，《說文》「悴，憂也。從心卒聲，讀若萃。」僞古文《尚書·說命》一開頭說「王宅憂」，是指居喪，後人因之有「丁憂」的話。造僞古文《尚書》時所見古書比現在多，「宅憂」的話必有所本。《晉書·周光傳》說陶侃「丁艱」，艱和憂同義。那末，此銘「在瘁」，也和「宅憂」同義。吳大澂不識此字，因臆測爲地名，不知如果是地名，下文怎麼能説「用牡于太室」呢？太室不是任何地方都可以有的，可見此處決非地名。

〔註85〕　郭沫若《兩周金文辭大系考釋》中對〈剌鼎〉銘文考釋時認爲：「『王才』下一字是地名，余初釋爲衣，或釋爲旅，均不確。」臺北：大通書局影印本。

〔註86〕　陳夢家〈西周銅器斷代（六）〉，《考古學報》1956年第4期，頁87。

〔註87〕　唐蘭《西周青銅器銘文分代史徵》（北京：中華書局，1986年），卷五上，頁305～306。

這一點是應辨析的，金文中「大室」所在之地名並非一定只能是周、蒡等這些具首都性質的都城，大室可以是某一建築物的一部分，和後世「太室」的概念並不相同。這一點在下文（三）大室，將有說明。

（二）禘

金文禘字作祭禮解釋，學者認為即「禘」祭。記載禘祭的銅器目前公布的有：〈小盂鼎〉02839－1329：「禘周王、□王、成王□……」；〈鮮設〉10166－6784：「禘于邵王」；〔註88〕〈鯀卣〉05430－☐：「公禘、酬辛公祀」；〈大乍大中設〉04165－2688：「用禘于乃考」；〈蔡侯🔲尊〉06010－4887、〈蔡侯🔲盤〉10171－6788：「祇盟嘗禘」。然而文獻中的禘和古文字中的禘、帝（祭），在解釋上是有差異的。

文獻中的禘大致有三種：1、祀天地于郊，而以其始祖配之，又稱「大禘」。《禮記・大傳》：「禮，不王不禘。王者禘其祖之所自出，以其祖配之。」又〈明堂位〉：「祀帝于郊，配以后稷，天子之禮也。」；2、文獻載夏商於夏季享先王為禘，周改稱為礿。《禮記・王制》：「天子諸侯宗廟之祭：春曰礿、夏曰禘、秋曰嘗、冬曰烝。」鄭玄注云：「此蓋夏殷之祭名，周則改之：春曰祠、夏曰礿，以禘祭為殷祭。」；3、殷祭中的禘，祭群廟，這一種禘祭的說法最為複雜，後世學者聚訟不休，周何師由前人注疏諸說，析縷條目，關於禘祫說法得一百零六條，關於宗廟之禘所舉行之年月方面，約有八種說法：（1）、每王一舉；（2）、五年一為；（3）、三年一為；（4）、間歲一行；（5）、每歲一行；（6）、三年一禘，五年再禘；（7）、禘於午月；（8）、禘於巳月。〔註89〕此八說中於禘祭舉行之間隔年限，有五年、三年、一年等不同說法。在文獻的禘這三種用法中，除了第一種所祭以始祖配之外，第二、三種皆為先王，即至前一代的王。這樣看來，禘祭在文獻的記載除只祭始祖外，其他祖考先王是連著的為祭祀對象。

下面就甲骨文和金文中禘祭內容做一說明：

---

〔註88〕　〈鮮設〉現藏於英國不列顛博物館，此器歷來有不同的名稱，如〈鮮盤〉、〈三十四祀盤〉等，《集成》10166 號按語據不列顛博物館證實是設而非盤。又李學勤、艾蘭所編《歐洲所藏中國青銅器遺珠》第 108 號附有〈鮮設〉照片〔北京：文物出版社，1995 年〕。本論文第五節「鮮設綜合研究」亦有說明。

〔註89〕　周何師《春秋吉禮考辨》（臺灣師範大學國文研究所博士論文，臺北：嘉新水泥公司文化基本會，1970 年 10 月），頁 101～102。

　　甲骨文帝字有作祭祀用，學者以爲即文獻中之禘字〔註 90〕，然其祭祀對象和方法與文獻中的禘或有不同，如：

　　　△貞：帝于王亥？　　　　　　（《合集》一四七四八）

　　　△丙戌卜，貞：叀犬屮豕　　　（《合集》一五九八三）
　　帝？

　　　△癸巳卜：其帝于巫？　　　　（《合集》三二〇一二）

　　　△癸亥卜：帝西？　　　　　　（《合集》三四一五六）

　　　△禘黃爽，三犬？　　　　　　（《合集》三五〇六）

　　不難看出甲骨文中的帝和歷代禮學研究者的意見有很大的出入。關於殷代禘祭，丁山先生早已指出：

　　　禘在殷、商，爲氾祭各神之名，不盡是郊祀上帝、配以始祖的專名。

　　　虞夏之禘黃帝，商、周之禘帝嚳，此周人新說，決不合於殷商祭典。

〔註 91〕

這樣的看法是合乎甲骨文的。黃然偉先生歸納卜辭中禘的對象有七：1、禘先公先王；2、禘自然神祇；3、禘巫；4、禘方向；5、禘于某地；6、禘秋；7、禘風。〔註 92〕董蓮池先生補充「以先臣爲對象，專祭」一類。〔註 93〕

　　詹鄞鑫〔註 94〕和董蓮池〔註 95〕兩位先生對禘祭也做了全面的研究，詹說

---

〔註 90〕　孫海波指出「卜辭用帝爲禘」，參見《甲骨文編》（日本京都：中文出版社，1972 年 6 月），頁 9。

〔註 91〕　丁山《中國古代宗教與神話考》（上海：上海文藝出版社，1988 年 3 月，影印龍門聯合書局 1961 年版），頁 477。

〔註 92〕　黃然偉《殷禮考實》（臺灣大學中國文學研究所碩士論文，1965 年），頁 75〜78。

〔註 93〕　董蓮池〈殷周禘祭探眞〉，《人文雜志》1994 年 5 期，頁 75〜76。

〔註 94〕　詹鄞鑫指出：
　　　殷代的「帝」祭是止息灾氣的祭祀。帝祭的對象多爲四方神；帝祭的目的多爲止息風灾或蟲（蝗）灾；用牲多用犬，也用羊豕；祭祀法多用睪磔，即磔狗掛於城邑的門上，也用燎或埋的辦法。
　　　參《神靈與祭祀──中國傳統宗教綜論》（南京：江蘇古籍出版社，1992 年 6 月），頁 344。

〔註 95〕　董蓮池對殷代的禘祭下如此之定義：
　　　禘祭是殷王一年中任何一個季節都可舉行的一種祭典，用以祭祀先公、先王、先臣以及除上天之外的其它神祇，它是一種膜拜對象廣泛的祭祀活動，祭中僅用牲而無賞賜。
　　　參〈殷周禘祭探眞〉，頁 77。

指出殷代的禘祭以止息灾氣爲常，而董說則指出殷代禘祭舉行季節並無固定。

　　金文中祭祀的啻，其出處諸器已見上引，其中〈小盂鼎〉可勉強說成上文所歸納的文獻用法中的「享先王」〔文獻中禘字的第二種用法〕或「祭群廟」〔文獻的第三種用法〕；而〈蔡侯龖尊〉、〈蔡侯龖盤〉可以用「時享」解釋；〈大乍大中殷〉則啻祭其父考而〈緐卣〉啻祭及彭祭辛公，由這一點可以知道不只是周王可以行禘祭，而貴族亦可行禘祭；〈剌鼎〉與〈鮮殷〉皆禘祭卲王。所以金文的啻和文獻中的禘雖可強合，但仍有差別。

　　關於本器的斷代依據便是「啻卲王」，〈大乍大中殷〉清楚著記錄著祭其父考，而〈緐卣〉則載啻祭辛公，有學者認爲辛公是緐的祖輩，筆者認爲辛公是緐的父輩。首先由金文中稱爲「公」的來觀察：有自稱爲公的，如〈白公乍鼎〉01722－0427、〈毛公𦥑鼎〉02725－1217、〈郹公鼎〉02714－1220等，這種例子極多。有稱其祖爲公的，如〈歶方鼎〉02789－1285「享孝于乇文且乙公」、〈𦉢攸从鼎〉02818－1310「从乍朕皇且丁公、皇考叀公尊鼎」、〈師晨鼎〉02817－1311「用乍朕文且辛公尊彝」等，這種例子也十分常見。有稱其父爲公的，如〈師趛鼎〉00745－1213「文考聖公」、〈師望鼎〉02812－1307「不顯皇考宄公」、〈此鼎〉02716－1212「皇考癸公」等，此亦爲常見之例。當然稱他人爲公的更不乏其例了，由於在這裡本文要討論是〈緐卣〉的辛公問題，所以不相干的部分便不贅言。既然〈緐卣〉銘所祭祀的辛公是緐的父考或祖輩，那麼，本文便將焦點放在「啻」上。在探討文獻的禘祭時筆者歸納出關於啻之對象，若爲先王則單獨是「始祖（配天）」或者便是以前一代王向前推先王。金文中〈緐卣〉獨禘辛公一人、〈剌鼎〉、〈鮮殷〉中皆獨禘卲王一人，如果不是始祖，那麼就是前一代先王。由此，筆者認爲〈剌鼎〉及〈鮮殷〉皆載某位周王祭昭王，而且此王爲昭王之子，也就只能是穆王，所以這兩件器就是穆王時代的標準器。

　　關於西周的啻祭，董蓮池先生根據〈小盂鼎〉、〈剌鼎〉、〈緐卣〉及〈大簋〉四器歸納西周之禘祭有六特點：1、祭主：周初只有「王」才能禘祭，其他人無權行禘。到了「穆王」時，「公」才有權行禘。後來甚至一般臣下也有此權利。2、對象：一律只限于祭祀先祖先考。3、方式：周初可合祭，以後只專祭。4、地點：在宗廟。5、時間：在夏秋兩季。6、其他：用雄性牲，祭後王有賞賜。〔註96〕這些意見值得參考，但也應留意到董說所根據銅器銘文

中只有四件，而〈剌鼎〉及〈躲卣〉在時代上是較近的〔有學者認爲〈躲卣〉是穆王時代器，這一點將在後面章節論及，此不贅述〕，材料很有限，而且由此得出「到了穆王時，公才有權行禘」、「周初可合祭，以後只專祭」等意見，這還可以在研議。

另外，董先生對殷周兩個時代的禘祭做了以下的比較：

> 相同者主要在于都是以先祖先考爲對象，合祭或專祭，并且都可以專祭爲主，合祭偶或爲之。都不用以祭天。不同之處則是：殷禘對象廣泛，周禘則只限祖考；殷禘一律由王舉行，周禘則初由王舉行，後發展爲「公」及臣下也可舉行；殷禘在每個季節中都可以舉行，而周禘只限于夏秋兩季。〔註97〕

這樣的意見確實反映了殷周禘祭的某些異同，但是應留意的是探討殷代禘祭的材料是甲骨文，而探討周代禘祭的材料是金文，銅器上的記載內容和甲骨上的記載內容各有其特色及局限，二者的不同是顯而易見的，不待多言，拿這樣記載性質不同的資料來比較，自然會有不少限制，就以銅器銘文來說，如果周朝有祭先王以外的對象，是否會（應）在銘文中呈現？銘文內容的記載局限，只反映了當時的某些層面，其他以外，便是我們所未能知的了。雖然如此，但在所見材料上，仍可以著重地說明，如「殷代禘祭對象十分廣泛」、「周代有由臣子舉行的禘祭的情況」、「周代禘祭對象若爲先人，則由父考向上推諸幾代祖先；單獨禘祭先人時，則可能是始祖配天，或爲父考」等。

### （三）大　室

大室於金文中常見，由其文例來看，上下文或言地望，或言宮殿，下面筆者將金文中出現大室諸器〔〈剌鼎〉暫不列入〕依其所在地點或建築宮殿歸納以下幾條：

1. 周：銘文載於周，至於小地點則未明，如〈敔𣪘〉04166－2687、〈廿七年衛𣪘〉04256－2775、〈徒𣪘〉04244－2776 等。

2. 周康宮、康宮：康宮在周，或稱周康宮，或逕稱康宮，金文中提及大室而於周康宮者數量最多，如〈君夫𣪘〉04178－2705、〈即𣪘〉

---

西周之時在夏秋兩季于宗廟內專以祖考爲對象的一種祭典。最初只能由周王舉行，後漸發展至公及一般臣下也可舉行。以專祭爲主。祭中用牲并有賞賜。董先生的說法還是有商量的餘地。

〔註97〕　參見董蓮池〈殷周禘祭探眞〉，頁78。

04250－2773、〈申殷〉04267－2784 等。

3. 周康卲宮：如〈頌鼎〉02827－1319、〈趞鼎〉02815－☐、〈頌殷〉04332－2844。

4. 周康穆宮：只出現在裘所作器〈裘鼎〉02819－1309、〈裘盤〉10172－6789。

5. 周康宮徲宮：只出現在此所作器〈此鼎〉02821－1312、〈此殷〉04304－2819。

6. 周康宮新宮：只出見於〈望殷〉04272－2787。

7. 周師康宮：只出現於〈諫殷〉04285－2796。

8. 周師彔宮：出現於〈師晨鼎〉02817－1311 及兩件〈癲殷〉04462－3083、04463－3084。

9. 周師彙宮：彙即量字。周師彙宮只出現於〈虘殷〉04252—2767。

10. 周師㐭宮：只出現於〈師俞殷〉04277－2792。

11. 周師嗣馬宮：只出現於兩件〈師㵎殷〉04283－2798、04284—2799。

12. 周般宮：只出現於〈七年趞曹鼎〉02783－1277。

13. 成周嗣土虗宮：只出現於〈十三年癲壺〉09723－5791。

14. 周成大室：只出現於〈吳方彝〉04273－4978。

15. 穆大室：只出現於〈伊殷〉04287－2800。

16. 葊：只見於二件〈弭弔師求殷〉04253－2771、04254－2772。

17. 闌：只出現於〈戍嗣子鼎〉02708－1219，而此器為殷器。

18. 奠：只出現於免所作器〈免卣〉05418－5500、〈免尊〉06006－4880。

19. 師戲大室：只見於〈豆閉殷〉04276－2791。

20. 杜宮：只見於〈師虎殷〉04316－2829。

21. ☐：見於〈呂齋〉02754－1263。

可以看出除了周以外的地區仍有大室，而師戲非天子，王至其大室，是可知大室絕非一地有之，是否大型建築之室可稱大室，這也是可以考量的。唐蘭先生將大室解釋成後世的太室，而認為〈剌鼎〉的🔲字非地名〔詳見（一）🔲條〕，這樣的看法是值得研議的。

（四）卲　王

昭王於金文中作「卲王」，文獻中用「昭」字。金文中出現卲王而指周昭王的器有三件，即〈剌鼎〉02776－1272、〈史牆盤〉10175－6792 及〈鮮殷〉

〔註98〕10166－6734，其中〈鮮嗀〉之卲王作瑯，如同玟、珷爲周王之特用字。本器與〈鮮嗀〉皆禘卲王。

### （五）剌

此字學者皆隸定爲「剌」，甚是。於字形則不可不辨，蓋此字依字形可分爲四組：

| 甲 | 甲骨**彰**《甲634》 | **彰**〈剌鼎〉02485－1017；**彰**〈彧方鼎〉02824－1316；**彰**〈史牆盤〉10175－6792 |
|---|---|---|
| 乙 | **彰**、**彰**〈剌卣〉05338－5426；**彰**〈班嗀〉04341－2855；**彰**、**彰**〈大乍大仲嗀〉04298－2812；**彰**〈師奎父鼎〉02813－0130 | |
| 丙 | **彰**〈師訇鼎〉02830－1323；**彰**〈翏生盨〉04460－3081；**彰**〈獸嗀〉04317－2834 | |
| 丁 | **彰**〈厵羌鐘〉00157－7092；**彰**〈姧蚉壺〉09734－5803；**彰**〈中山王䜭鼎〉02840－1331 | |

四組中甲組字和甲骨字形相承，當是較早之字形，由甲骨文字形來看左偏旁似从木；乙組在字中加二點，左偏旁之形其中間所从者或爲**𠃊**或爲**𠃌**形，當以前者爲正；丙組字形當是在乙組字之後產生，其左偏旁中間爲**𠃌**形；第四組字形常見於東周，爲四組中時代最晚之字形，其由丙組演變而來可知。

歷來學者於此字之釋形：孫詒讓以爲从束；林義光先生以爲从刀刈禾**𠃊**束之，與利同字；朱芳圃先生以爲从革从刀；劉節先生以爲从**𤓽**从**𠬞**从刀；張日昇先生以爲兩手扶禾以田器起土重栽。〔註99〕按諸家之說皆應商議，蓋此字四組字形中有不似从禾者，亦不从束，朱說从革於字之頭部不似。此字於後世作剌，左偏旁訛寫成束，然其本形不从束。于省吾先生認爲剌所从爲秉：

> 卜辭**秉**字从禾从**𠃊**，雖似束禾之形，然與束字迥異。……剌字左从秉，或作秉秉秉，其从禾與从木一也。其加點爲飾與不加點一也。

〔註98〕〈鮮嗀〉現藏於英國不列顛博物館，此器歷來有不同的名稱，如〈鮮盤〉、〈三十四祀盤〉等，《集成》10166號按語據不列顛博物館證實是嗀而非盤。又李學勤、艾蘭合編之《歐洲所藏中國青銅器遺珠》（北京：文物出版社，1995年12月）一書中數有該器器形及銘文照片，編號108。

〔註99〕周法高主編，《金文詁林》（香港中文大學，1975年）卷六第803字號。張日昇按語以爲于省吾考釋爲从刀束聲，實張日昇失察，于省吾於《雙劍誃殷契駢枝・釋秉》一文認爲金文「剌」字左旁與「秉」一字，《說文》以爲剌从束聲，非是。于說剌字从秉，甚有見地。

〔註100〕
　　于先生之釋形較好，可從。裘錫圭師又加以補充，將秉釋為棃〔註101〕，
列剌古音相近，故金文多假剌為烈。

　　〈剌鼎〉中剌為作器者，諸家用「剌」字亦無不可。

　　（六）邘

　　邘字基本之形从午从卩，後加彳、止，本器邘字午下有口形，〈麥盉〉03451
－4446 邘作 ⿰午卩 形，〈尹氏弔縣匿〉04527－2899 作⿰午卩，亦於午下增口形。郭沫
若先生指出〈丙午天君鼎〉〔憲仁案：即〈征人乍父丁鼎〉02674－1172〕午字
作⿰午形，為⿰午卩諸形所从〔註102〕，其說可從。或由於邘字於午下增益口形並不
多見，故學者誤為卲字，如吳大澂〔註103〕、羅福頤先生〔註104〕皆隸定為卲，
殊不可通。本器卲字作⿰，所从之匕和口字相連，然和⿰午卩字仍可分別。

　　邘字於甲骨文中已數見，其字形或作⿰《菁》一・一〔一期〕、或作⿰《粹》
二〇〔四期〕、或作⿰《前》二・二四・一〔五期〕；或从彳作⿰《前》二・一
八・六、或作⿰《存》一八五八；或从行作⿰《後》下一二・九。

　　甲骨文中邘字多為祭名，而金文中祭名或作⿰，本文認為⿰和邘已有區
別，所以不將作祭名的例子列入考量，又⿰與此字形不同，在此也不列入考
慮，另外，人名及「抵抗」的意思，與此處要探討〈剌鼎〉的邘字意思相差
太遠，所以也不予以討論。將邘字字形歸納為六種：

1. ⿰，从午、卩
2. ⿰，从舌、卩
3. ⿰，从彳、午、卩
4. ⿰，从辵、午、卩
5. ⿰，从尸、午、卩、止
6. ⿰，从舌、卩、止

〔註100〕于省吾〈釋秉〉，《雙劍誃殷契駢枝》（臺北：藝文印書館，1975 年 11 月），
　　　　葉九。
〔註101〕裘錫圭師〈甲骨文中所見的商代農業〉，《古文字論集》（北京：中華書局，1992
　　　　年 8 月），頁 175～177。原發表於《全國商史學術討論會論文集》，修改後見
　　　　於《農史研究》第八集，1989 年。
〔註102〕郭沫若《西周金文辭大系考釋》（臺灣：大通書局），頁 59。
〔註103〕吳大澂《愙齋集古錄》，頁 21。
〔註104〕羅福頤《三代吉金文存釋文》九百十二號〈剌鼎〉，香港：問學社，1983 年 3
　　　　月。

午和卩是共同的構形（舍从午），第一類字形出現在西周早期的〈大盂鼎〉02837－1328，及西周晚期的〈儐匜〉〔註105〕10285－6877，看不出時代的特徵來，但是西周早期的〈征人乍父君鼎〉午字作舍，似乎西周早期午作舍是較具時代特徵的。第二類字形出現在西周早期的〈麥盉〉09451－4446，及穆王標準器〈剌鼎〉102776－1272、西周中期的〈濂姬乍文辛殷〉〔註106〕03978－2530，目前看來時代在西周早期到中期。第三類字形出現在〈叔㺇父殷〉04068－2629，字形在金文中罕見。第四類是在金文中最常見的午字寫法，甲骨文則未見這樣的寫法，而此字形在金文中是歷史最長的，由西周穆王標準器〈遹殷〉04207－2734 到戰國晚期。第五種字形只出現在〈弔䵼父卣〉05428－5508，可能是書寫習慣，也可能是第四種字形的變體。第六種字形只出現在春秋時代的〈尹氏弔䖒匜〉04527－2899，是特殊的寫法。

## （七）卅　朋

賞賜制度中賜貝是常有的現象，而貝以朋爲單位，〔註107〕金文中常見的賜朋數集中在五朋至卅朋，朋數也多爲五之倍數，如「五朋」、「十朋」、「廿朋」、「卅朋」等，尤以「五朋」及「十朋」最爲習常，其最多者爲二百朋。〔註108〕經由考察金文發現賜朋數和賞賜者與受賜者之身分並無明確關係，王或諸侯賜

〔註105〕〈儐匜〉的卸字字形作∫，午之形與一般常見者有別，可能與甲骨文的ʔ形相似而製範或鑄造過程失誤，以致午字偏斜。

〔註106〕〈濂姬乍文辛殷〉的卸字銘拓不清，但大致可以看出所从爲舍，午下有口形。

〔註107〕一朋有幾貝，說法不一，《漢書・食貨志》以爲二貝爲一朋、王國維先生提出十貝爲一朋的說法，陳夢家先生同意王說，又有兩二百貝爲一朋之說，關於此點可參考業師季旭昇先生〈詩經「百朋」古義新證〉一文，收於《詩經古義新證》中篇（名物制度篇），臺北：文史哲出版社，1994 年 3 月。季師的意見是：
如果把一串貝多半是五的倍數結合起來，我們傾向王國維的解釋，即每「朋」貝應該是十枚，不管它是裝飾用的還是商業用的。〔頁 307〕

〔註108〕二百朋之賞賜僅見於〈嬰方鼎〉02702－1209「朋二百」，學者有以爲金文中賜貝數最高爲一百朋，故推此處爲「一朋又兩百」。業師季旭昇先生在〈詩經「百朋」古義新證〉一文中對於「一朋又兩百」提出疑點：
「金文中錫貝的最高數爲一百朋」，不知是誰的規定？商代婦好墓出土海貝七千枚，合一千四百朋。山東益都蘇埠一號大墓出土貝三千七百九十枚，合七百五十八朋。此商代之情形，周代當可更多，以二百朋賜勞苦功高的大臣，有何不可能？
季師之文收於《詩經古義新證》中篇（名物制度篇），臺北：文史哲出版社，1994 年 3 月。

貝在數量上並無多少的明顯差別，受賜者多因有功，受賜人身分和受賜之數關係亦不明確，或許和當時國力較有關係。

在賜朋數方面，時代的研究是可以有較好的成果，季旭昇師對此有專文探討，並製有「商周彝器賜貝表」〔附表一〕、「商周彝器賜貝數量表」〔附表二〕，得到結論爲：

> 我們從銅器中看到商代賞賜貝的數量都不是很多，最常見的賜貝只說「貝」，不說個數，或許可能是一個或一朋，最多的是廿朋一件、貝二百一件。西周一般也都是賜貝、二朋、三朋、五朋、十朋，最多的是百朋三件、朋二百一件。〔註109〕
>
> 賜貝百朋以上的只有成、康昭之際，和時代不很確定的〈伯姜鼎〉（此器《集成》列在周早，吳鎮烽《陝西金文彙編》第八三八頁列爲西周中期前段。以銘文風格來看，應該是在西周早期昭王左右）。五十朋則有穆王三見、懿王一見。〔註110〕

由銘文看來，賜貝的時代盛行於商至西周中期前段，至於西周中期後段到西周晚期以後就更少見到記載了。

**（八）隮𩰫彝**

銅器自名常用之通名爲「彝」、「隮彝」、「隮」、「𩰫彝」等，而用「隮𩰫彝」者罕見，目前可知者，除了〈剌鼎〉外尚有西周中期的〈㦰方鼎〉02824－1316 及晚期的〈蔡姞𣪘〉04198－2727，另有晚期的〈𪨊中𣪘〉04142－2667 作「𩰫彝尊」。

## 貳、形制風格

〈剌鼎〉是研究穆王時代鼎形的重要依據，在器形及紋飾方面都提供學者們珍貴的範例。

### 一、器形方面

〈剌鼎〉器形上立耳、圓腹、柱足：體寬而器腹較淺，腹徑大於口徑，最大徑近腹底轉折處，而腹底幾乎成平面；三柱足在比例上偏細。和西周早期的鼎如〈堇鼎〉〔附圖三，銘文載匽侯與太傈〕相比較，〈剌鼎〉的腹部顯

〔註109〕同上註，頁 309～310。
〔註110〕同上註，頁 321。

得較寬而扁淺，三足似乎很不起眼。〈剌鼎〉以後的西周中期這段期間，此種鼎非常流行，而口徑比腹徑小，兩者相差更爲明顯，恭王時代的標準器〈五祀衛鼎〉〔附圖四〕、〈十五年趞曹鼎〉〔附圖五〕等，皆是這類器形流行的最佳例證。到了西周後期這種現象才緩和。

### 二、紋飾方面

在西周早期、中期前段是鳳鳥紋大量湧現的時期，而成爲主題裝飾。〈剌鼎〉在口下飾一圈長冠回顧鳳鳥紋，鳥體豐滿，華麗的長冠下垂至足部，鳥尾亦捲曲而甚長。這種紋飾「大約是西周中期處於圖案變形過程中最爲華麗的紋飾」〔註 111〕，是周人重要的代表紋飾，展現出周人的自我藝術特色，改變了商代獸面紋稱霸的局面，也去除了獸面紋的那種震懾人心的氣氛，到了西周晚期鳳鳥紋的主流地位漸失，銅器的紋飾風格又進入另一番景象。

### 三、字體方面

本器銘文線條柔和而圓潤，繼續了康昭以來的風格，這樣的字體風格一直是西周中期發展的趨向。個別字方面：「寶」字之宀已成圓角，「王」字最後一筆尚作肥筆，「于」字不再作弓形，「貝」字下兩筆與第二橫畫相觸，「公」字上二筆仍未分離。和西周早期的銘文風格相較，〈剌鼎〉已無波磔體之特色，在行氣上各字相對位置甚爲工整，這比〈遹毁〉的銘文更纖細而圓潤，是西周中期發展的主流，這一點也正說明西周文字風格在穆王時代已轉變出新的風貌。

## 第四節　長囟組器之綜合研究

銅器銘文中自銘爲穆王時代，而且有明確出土時間及地點，只有長囟組器。1954 年 10 月 8 日陝西長安縣斗門鎮普渡村農民楊忠信在院子打紅薯窖時，挖出一批銅器，由農民李存介紹送交西北歷史博物館保存，後由陝西文物清理隊於同年 11 月 2 日開始負責墓葬清理，至 12 月 19 日清理結束。此墓葬前後一共出土銅器 27 件，陶器 22 件，玉石類 64 件，介殼類 323 件。〔註112〕

---

〔註111〕馬承源《青銅禮器》（臺北：幼獅文化事業公司，1996 年 3 月），頁 127。
〔註112〕李長慶，〈陝西長安斗門鎮發現周代文物簡報〉，《文物參考資料》1955 年第 2期，頁 129。
何漢南，〈長安斗門鎮西周墓清理工作結束〉，《文物參考資料》1995 年第 2

　　其中銅器包含：鼎4、段2、甗1、鬲2、爵2、觚2、卣1、盃1、罍1、壺1、盤1、斗1、鐘3、轄1、杖飾2、節飾2。其中最受人矚目的是盃、段、盤三樣四件銅器，尤其盃的銘文載及穆王，學者乃定爲穆王時代標準器。段、盤因與盃同一作器人──長囟，又由同墓所出，且風格甚爲近同，所以本文定之爲穆世三級器。另外罍的銘文載其作器人爲「濼」，卣載其作器人爲「伯囟父」，這兩件器未提及與「長囟」的關係，亦無周王王號，所以本節不加以討論，由於同墓之器除了上面所說五樣六件外，皆無銘文，本節亦不與討論，留在第五章第三節「考古繫聯」中探討。

　　本文將〈長囟盃〉、〈長囟段〉與〈長囟盤〉等載有長囟名字的銅器稱爲「長囟組器」，而長囟墓同出的諸器稱爲「長囟諸器」。在這一節中只探討「長囟組器」。

## 壹、長囟盃

### 一、銘文考釋

　　〈長囟盃〉爲長囟諸器中最重要的一件，其字數爲同出諸器中最多，且因其明確標明時代，提供墓葬斷代的依據。本器通高29公分，口徑20.2公分，〔註113〕腹圍約63公分，流長15公分，柄長9.7公分〔附圖一〕。

---

期，頁146。

陝西省文物管理委員會，〈長安普渡村西周墓的發掘〉，《考古學報》1957年第1期，頁75〜85。

以上各篇報告對於發現時間有所出入：楊忠信發現銅器的日期，李長慶文以爲10月6日，何漢南文以爲10月8日，由於何漢南先生是參預發掘者，所以本文依何說。清理結束時間也有出入，何漢南文以爲12月24日，而陝西省文物管理委員會的正式報告載12月19日結束，本文依正式報告。又出土各類器物數量皆依陝西省文物管理委員會的正式報告，唯報告稱斗勺，本文依圖片改稱斗。

〔註113〕關於〈長囟盃〉的尺寸，各記錄或有出入：

〈長安普渡村西周墓的發掘〉一文載通高27.6，口徑18.4，腹徑20，流長15釐米。

唐復年《西周青銅器銘文分代史徵器影集》（北京：中華書局，1993年8月），頁103，載通蓋高28.5，流長13，柄高9.7，腹圍63公分。

馬承源主編《中國文物精華大全・青銅卷》（臺北：臺灣商務印書館，1994年1月），頁151，載高28.2釐米，口徑17.5釐米。又李西興主編《陝西青銅器》（西安：陝西人民美術出版社，1994年11月），頁235，同。

《中國青銅器全集・西周1》（北京：文物出版社，1996年7月），圖版說明

## （一）銘　文

其器內底鑄有銘文五十四字，重文二字〔井、白〕。內容三次稱及「穆王」
〔附圖二〕。郭寶鈞先生觀察指出「銘的首末和喙鋬相應」。〔註 114〕茲隸定其
文如下：

　　　佳〔唯〕三月初吉丁亥，穆王

　　　才〔在〕下淢庭。穆王鄉〔饗〕豊〔醴〕，即

　　　井〔邢〕白〔伯〕、大祝射。穆王蔑長

　　　囟，吕 𣜩 即井〔邢〕＝白〔伯〕＝，〔井伯〕氏彊不

　　　姦。長囟蔑曆，敢對𤲃〔揚〕天

　　　子不丕休，用肈〔肇〕乍〔作〕障彝。

## （二）考　釋

### 1. 下淢庭

「下淢」於金文僅此一見，另於〈元年師旋殷〉04280－2793、〈蔡殷〉
〔註 115〕04340－2854 有「淢」這一地名，多數學者以爲二者爲同一地名，
如張筱衡〔註 116〕、盧連成〔註 117〕、王輝〔註 118〕、尚志儒〔註 119〕等幾位先
生皆持下淢與淢無別之說。

張筱衡先生以關中的地形現象來說明，認爲關中有頭層原、二層原的地

---

頁 34，載通高 29，口徑 20.2 釐米。

本文在通高及口徑方面依據最後出版的《中國青銅器全集‧西周 1》的記錄，
而流長則依出土報告，又腹徑出土報告載 20 公分且比口徑大，《全集‧西周 1》
則載口徑 20.2 已大於 20 公分，所以對於腹徑不以登錄，腹圍及柄長依唐先生
《史徵器影集》。

〔註 114〕郭寶鈞《商周銅器群綜合研究》（北京：文物出版社，1981 年 12 月），頁 44。

〔註 115〕關於〈蔡殷〉，今無拓片可驗，所據本乃宋人薛尚功《歷代鐘鼎彝器款識法帖》
　　　　卷十四第一三三所錄，或該器銘石刻殘本。𣜩字宋人釋爲雍，而郭沫若先
　　　　生於《兩周金文辭大系考釋》定爲雖〔雖〕（日本東京：文求堂，1932 年，
　　　　頁 86；臺北‧大通書局，頁 102。），吳闓生先生《金吉文錄》卷三，頁 12、
　　　　于省吾先生《雙劍誃吉金文選》上卷三，頁 8，皆同；陳夢家先生始更釋爲
　　　　淢字（《西周銅器斷代（六）》，《考古學報》1956 年第 4 期）。由石刻殘片視
　　　　之，當隸定爲淢。

〔註 116〕張筱衡〈「井伯盂」考釋〉，《人文雜志》1957 年 1 期，頁 25。

〔註 117〕盧連成〈周都淢鄭考〉，《考古與文物》叢刊第二集《古文字論集》，1983 年，
　　　　頁 8。

〔註 118〕王輝〈西周畿內地名小記〉，《考古與文物》1985 年 3 期，頁 27。

〔註 119〕尚志儒〈鄭、棫林之故地及其源流探討〉，《古文字研究》第十三輯，頁 440。

理特徵，而下淢在州原的下層，又以地多樴，故得名。〔註 120〕尹盛平先生提出淢爲水名的看法，結合文獻《山海經》及《水經注》考證淢水發源於樴山。〔註 121〕盧連成先生主張淢指雍水流域較爲廣闊的地方，並認爲「淢」、「下淢」與〈瑴𣪘〉之「𩍦林」、〈散盤〉之「樴」及《左傳》襄公十四年「樴林」，皆取義於淢，它們的地望均在淢地的範圍內。王輝先生則認爲下淢之名所以稱下乃是取意於低下，以推測該地低下、潮濕。〔註 122〕較特別的是黃盛璋先生的意見，他認爲「淢」即「囿」，下淢即「下囿」和「上囿」對稱。〔註 123〕

　　以上諸家的意見在下淢和淢爲同一地的看法上較爲相近，對於淢的解釋就顯現出分歧來：張筱衡先生對下的看法「以其在州原下層」，其說仍可再研商，事實上，金文中的地名有在一地名上加「上」、「下」者，如「洛」和「上洛」、「蔡」和「下蔡」、「上鄀」和「下鄀」、「漢」和「上漢」等，則地名中的「上」「下」所表示的意思可以有不同的解讀，再者水名之前的上、下很可能是表示上游、下游地區的概念，若淢爲水名，則下淢很可能是淢水的下游。另外尹盛平、盧連成及黃盛璋先生們的說法，目前看來在證據上仍有待補強。劉啓益先生則結合考古資料提出下淢即「西鄭」，地在鳳翔一帶，他說：

> 〈長甶盉〉銘文中的「王才下淢应」，可能與文獻記載中穆王都西鄭有關。《漢書·地理志》京兆尹鄭縣下臣瓚注「周自穆王以下都於西鄭」，臣瓚說穆王在西鄭作過都，是很重要的，但「西鄭」是不是在京兆尹鄭縣（今陝西省華縣），卻值得商榷。《史記·秦本紀》記載「德公元年，居雍城，大鄭宮」……而「鄭宮」之「鄭」就是穆王都於西鄭之「鄭」。秦都雍城遺址在今陝西省鳳翔縣，陝西省文物考古工作者進行過勘探發掘，發現過帶有「樴」字陶文的瓦當，陶文「樴」應即〈長甶盉〉「下淢」的「淢」。〔註 124〕

〔註 120〕張筱衡〈「井伯盉」考釋〉，《人文雜志》1957 年 1 期，頁 25。
〔註 121〕尹盛平〈試論金文中的「周」〉，《考古與文物叢刊》第三號，1983 年，頁 38。
〔註 122〕王輝〈西周畿內地名小記〉，《考古與文物》1985 年 3 期，頁 27。
〔註 123〕黃盛璋〈周都豐鎬與金文中的蒡京〉，《歷史研究》1956 年 10 期，頁 77。又收入黃盛璋《歷史地理論集》，北京：人民出版社，1982 年。
〔註 124〕劉啓益〈西周穆王時期銅器的初步清理〉，《古文字研究》第十八輯（北京：中華書局，1992 年 8 月），頁 331。

－115－

劉先生的說法可能性很大，不過古書中稱爲械的不只一地，加上减和械在此
處是否無別，也還可以再商量。至於「减」和「下减」是否爲同一地，筆者
認爲若謹愼地處理，是該有分別。

应字，從广立，〈晨卣〉05424－5497 從厂作，〈師虎段〉04316－2829、〈揚
段〉04294－02810 從宀作；广、厂及宀於古文字中常互換通用，如安或從宀
作〔〈圜尊〉05407－5484〕，或從厂作〔〈格伯段〉04262－2778〕；又如宕
或從宀作〔〈致方鼎〉02824－1316、〈不𡢽段〉一 04329－2852〕，或從广作
〔〈不𡢽段〉二 04328－2853〕，此爲古文字偏旁通用的常例。關於应字，學者有
不同的說法，首先郭沫若先生在考釋〈中齋〉第二器時對应字做了考釋，以爲
即居字，他根據隸古定《尚書》殘卷〈般庚篇〉、敦煌本及日本所存唐寫本居字
或作屈爲主要證據，論證居本從广立，後世誤广爲尸〔註125〕，馬承源先生主編
的《商周青銅器銘文選》同意郭先生的看法，認爲居有都邑的意思。〔註126〕陳
夢家先生則以爲金文之应即《說文》之「廎，行屋也」〔註127〕，沈寶春〔註128〕、
洪家義〔註129〕先生同之。另一重要說法是唐蘭先生的意見，他以爲应就是「位」，
周王在一地方需要舉行典禮，就得建立臨時的位，「下减应」是下减地方的行朝
（臨時朝廷）。〔註130〕

首先應留意：〈鄂君啓車節〉12110－7899 中有居字作，另外有作人名
的〔〈居段〉▢－2677〕字形上看亦是居字。則应是否是居不能無疑。細察
文例，不難發現「（王）才△」（△爲地名）、「（王）才▽」（▽爲建築物，如
宮室）或「（王）才△▽」、「（王）才△，各▽」的形式爲常例，因此可以推
測应爲一建築物，陳夢家先生以爲是廎，而唐蘭先生以爲是位，在文例上皆
可，不過銘文所載典禮中常有王「即立」的記錄，都作立字，不作应，所以
唐說尙覺牽強。应爲行宮，陳先生以爲廎字，是目前最好的說法，可從。

〔註125〕郭沫若〈中齋〉其二，《兩周金文辭大系考釋》，頁 18。

〔註126〕馬承源主編，陳佩芬、潘建明、陳建敏、濮茅左等編撰《商周青銅器銘文選》
第三冊（北京：文物出版社，1988 年），頁 105。

〔註127〕陳夢家《西周銅器斷代（五）》，《考古學報》1956 年 3 期，頁 123。

〔註128〕沈寶春《商周金文錄遺考釋》（臺灣師範大學國文研究所碩士論文，1983 年），
頁 571。

〔註129〕洪家義《金文選注繹》（南京：江蘇教育出版社，1988 年 5 月），頁 134～135。

〔註130〕唐蘭〈五省出土重要文物展覽圖錄序言〉，《陝西江蘇熱河安徽山西五省出土重
要文物展覽圖錄》，北京：文物出版社，1958 年。亦收在《唐蘭先生金文論集》
（北京：故宮博物院，1995 年 10 月），頁 72～85。此段所引爲後者頁 75。

## 3. 豐

金文中豐字和豐字，學者多以爲一字。林澐先生對此二字做了仔細的探究提出下列的看法：

> 先談豊字。西周金文中，〈長甶盉〉「穆王饗醴」之醴作豊，十分清晰地是从玨。「饗醴」一詞又見于〈師遽方彝〉，醴作豊、豊，亦从玨；又見于〈三年瘌壺〉，醴字之較規整而清晰者作豊，亦从玨。惟〈大鼎〉「饗醴」之醴訛變成豊，辨不出豊之所从了。由此可見，豊字原先確係从壴从玨無疑。進而上溯商代甲骨文，从玨从壴之豊字習見，所从之玨雖有玨、玨、玨、玨、玨等形，然與丰之作丰、丰等形截然有別，這是很容易辨識的。豊字何以从玨从壴？這是因爲古代行禮時常用玉和鼓。……再說豐字。西周鐘銘每言「穀＝彙＝」（或作「彙＝穀＝」，如〈㝬鐘〉）。〈三年瘌鐘〉則作「豐＝彙＝」，豐字作豐、豐，顯係从丰，與豊之从玨不同。此外，〈㝬鐘〉作豐，新出〈妄鐘〉作豐，傳世〈妄鐘〉作豐，均从丰而無疑。至于〈猶鐘〉之作豐、〈士父鐘〉之作豐、〈虢叔旅鐘〉之作豐，可知乃从丰之訛變。……从丰者，謂擊鼓之聲蓬蓬然，乃以丰爲聲符。可能因鼓聲之宏大充盈故引伸有大、滿等義，且因从丰得聲，後遂代丰而爲表示茂盛之義的專用字。因此，豐字之音義均與豊字毫不相干。〔註131〕

林先生將豐和豊做了很清楚地區分，其說甚是。〈長甶盉〉云「穆王鄉豊」，豊即醴，饗醴乃饗禮之一種，在本章第二節〈遹段〉銘文考釋第（四）鄉酉條已對此略有說明，饗禮所用有酒有醴，〈遹段〉04207—2734 用酒，而〈長甶盉〉用醴。關於醴，《說文》云：「醴，酒一宿孰也。」又《釋名·釋飲食》云：「醴齊，釀之一宿而成，體有酒味而已。」是醴乃速釀而成之酒，飲醴用柶，因其有滓糟，《周禮·酒正》鄭玄注說「醴成而汁滓相將，如今恬酒。」是醴所含酒精較少而具甜味。

另外，劉雨先生集西周金文中言饗者得十一器，西周早期者有三：〈天亡段〉04261—2777、〈征人鼎〉02674—1172 及〈宜庆矢段〉04320—2828，得到一看法：

---

〔註131〕林澐〈豊豐辨〉，《古文字研究》第十二輯（北京：中華書局，1985 年 10 月），頁 183～185。

　　這三件西周早期器稱饗禮爲「鄉」、「大鄉」、「鄉襏酒」，不見稱「鄉

醴」者，説明此時之饗禮尚未有醴酒之説。周初禮制多沿用殷禮，殷

人尚酒，饗必飲酒……〔憲仁案：舉〈遌鼎〉、〈宰甫卣〉「王鄉酒」

爲例，茲省略不引。〕上二器爲殷末銅器，所記殷人饗用酒，稱「鄉

酒」，與周初諸器相同，説明周初饗禮因于殷禮。入西周中期後，周

人形成自己有別于殷禮的饗禮，其主要特徵是「用醴」。〔註132〕

劉説甚有見地，然銅器中言饗之器於西周早期僅三件，二件未載所饗用者爲
醴或酒，故於材料上甚少，是否能由西周中期對此禮制做一時代區分，仍待
更多出土資料證明。

　　5. 大祝

　　大祝之官於禮書中有載，《周禮・春官・大祝》：「掌六祝之辭，以事神示，
祈福祥，求永貞」又「掌六祈，以同鬼神示。」、「作六辭」、「辨六號」、「辨
九祭」、「辨九拜」、「凡大禋祀、肆享、祭示，則執明水火而號祝」等，是大
祝主掌祭祀祝告鬼神之贊辭。《逸周書・嘗麥》：「太祝以王命作策，策告太
宗。」、《左傳》成公五年：「祝幣」、昭公十七年：「祝史請所用幣」及「祝用
幣」、定公四年：「且夫祝，社稷之常隸也」等亦載祝之職事爲用幣、策告等。
另外《禮記・曲禮》云：「天子建天官，先六大，曰：大宰、大宗、大史、大
祝、大士、大卜。」是於文獻中大祝或列爲六大〔但在《周禮》中大祝爲下
大夫，位不高〕。大祝爲祝官之長，其下之祝官依《周禮》則有「小祝」、「喪
祝」、「甸祝」、「詛祝」、「司巫」、「男巫」、「女巫」及「師」等，《逸周書・嘗
麥》有「少祝」、「亞祝」，而《儀禮・士喪禮》則有「夏祝」、「商祝」之別。
以上是文獻上的大況。

　　至於金文的記載方面，稱「大祝」之職的除了〈長囟盉〉外，重要的是
〈大祝禽鼎〉01937－0602，多數學者認爲大祝禽即周公子伯禽，而大祝之職
甚高，另外兩處重要的資料是：

　　〈申殷〉04267－2784：王命尹冊命申，更乃且考足大祝，官嗣豐人
　　眔九戲祝。

　　〈鄭殷〉04296－2807：王乎内史冊命鄭，王曰：「鄭！昔先王既命
　　女乍邑，嗣五邑祝，今余隹鑰橐乃命。」

〔註132〕劉雨〈西周金文中的饗與燕〉，《大陸雜誌》，第八十三卷二期，1991 年 8 月，
　　　　　頁 61～62。

由〈申段〉可知大祝之下有「豐人」〔註133〕、「九戲祝」，〈鄖段〉則載有「五邑祝」。〔註134〕關於「大祝」、「祝」可以參考張亞初、劉雨兩位先生合撰之《西周金文官制研究》中「卜祝類官」部分〔註135〕及汪中文先生《西周冊命金文所見官制研究》第二章「祝」條。〔註136〕

〈長囟盉〉此處在解釋上有了歧異，在「即井白大祝射」這句上，多數學者認爲「即井白、大祝射」，井白和大祝爲二人，如陳夢家先生〔註137〕、洪家義先生〔註138〕、及馬承源先生主編的《銘文選》〔註139〕等皆是；有學者認爲井白即大祝，持此說的主要是唐蘭先生，他認爲「邢伯大祝當是邢伯時爲太祝」。〔註140〕本文認爲井白和大祝當爲二人，唐先生之說於文例上罕見，甚可商議。

### 6. 蔑曆

蔑曆一詞於金文中常見，當爲後世哪個詞，學者說法眾多，至今仍未有定論，但其意思由上下文推之，大概是嘉美勉勵、稱其功績之類，屬正面肯定的含義。

蔑曆在金文中出現的構詞有單稱蔑的、有蔑曆中插入字的〔蔑……曆〕、或是蔑曆連同構詞〔……蔑曆……〕等，本文將銅器銘文中出現蔑曆的依其時代、構詞形式、原因、字形做一分析表如下：

句法分成三類：甲→獨用「蔑」；乙→蔑曆連用（……蔑曆……）；

丙→蔑曆中有插入其他字（蔑……曆）

蔑字寫法分爲三種：A→「𦱤」；B→「𦳋」；C→「𦳋」。

曆字寫法分爲四種：a→「曆」；b→「曆」；c→「曆」；d→「曆」

〔註133〕豐人亦可以解釋爲豐京之人，若然則豐人非大祝之下屬。

〔註134〕五邑有兩種可能，一爲五個邑，另一說法爲周之五都：豐、鎬、莽、成周、王城，然能定何者爲是。參張亞初、劉雨《西周金文官制研究》（北京：中華書局），1986年5月，頁22「司五邑守堰」條。

〔註135〕　　張亞初、劉雨《西周金文官制研究》，北京：中華書局，1986年5月。

〔註136〕汪中文《西周冊命金文所見官制研究》（臺灣師範大學國文研究所博士論文，1989年），頁82～84。

〔註137〕陳夢家《西周銅器斷代（五）》，《考古學報》1956年3期，頁124。

〔註138〕洪家義《金文選注繹》（南京：江蘇教育出版社），1988年5月，頁133、136。

〔註139〕馬承源主編，陳佩芬、潘建明、陳建敏、濮茅左等編撰《商周青銅器銘文選》第三冊（北京：文物出版社，1988年），頁105。

〔註140〕唐蘭《西周青銅器銘文分代史徵》卷五中（北京：中華書局，1986年12月），頁378。

　　由於从「甘」和「口」在古文字中本無別，加上拓片若剔之未清，則於「甘」、「口」常不能區別，所以在曆字的分類上不加以分別。

　　凡加？者乃字形不清楚。

　　斷代方面：「1」表示殷商時代；「2・1」表示西周早期；

　　「2・2」表示西周中期；「2・3」表示西周晚期；

　　「3」表示春秋早期；斷代大體上依《殷周金文集成》的意見。

　　補註和全文的注釋別開，在本表後分別以補註一、補註二……說明，凡打△者爲摹本或刻本）

| 集成 | 總集 | 器　名 | 句法 | 蔑 | 曆 | 斷代 | 補　註 |
|---|---|---|---|---|---|---|---|
| 05417 | 5494 | 𡌗鑫乍母辛卣 | 丙 | A | a | 1 | |
| 04261 | 2777 | 天亡𣪘 | 甲 | A | | 2・1 | 武王標準器 |
| 05415 | 5495 | 保卣 | 乙 | A | a | 2・1 | 保組器 |
| 06003 | 4876 | 保尊 | 乙 | A | a | 2・1 | 保組器 |
| 04330 | 2843 | 沈子它𣪘蓋 | 甲 | A | | 2・1 | |
| 02659 | 1127 | 嗣鼎 | 丙 | A | b？ | 2・1 | |
| 02712 | 1162 | 乃子克鼎 | 丙 | B？ | c | 2・1 | 補註一 |
| 04134 | 2661 | 御史競𣪘 | 丙 | A | b | 2・1 | 二件 |
| 04238 | 2760 | 小臣謎𣪘 | 乙 | A | c | 2・1 | 二件 |
| 02748 | 1248 | 庚嬴鼎 | 丙 | A | c？ | 2・1 | △庚嬴組器補註二 |
| 05426 | 5524 | 庚嬴卣 | 丙 | B | c | 2・1 | 庚嬴組器 |
| 02756 | 1139 | 寓鼎 | 丙 | A | b | 2.1-2.2 | |
| 09455 | 4448 | 長囟盉 | 甲乙 | A | c | 2・2 | 穆王標準器補註三 |
| 10166 | 674 | 鮮𣪘 | 乙 | B | b | 2・2 | 穆王標準器 |
| 02830 | 1323 | 師𪉷鼎 | 乙 | B | c | 2・2 | 恭王標準器 |
| 10175 | 6792 | 史牆盤 | 乙 | A | b | 2・2 | 龔王標準器 |
| 05419 | 4879 | 彔卣 | 丙 | A | c | 2・2 | 二件 |
| ☐ | 5597 | 次瓶 | 乙 | C | b | 2・2 | 次組器 |
| 05405 | 5478 | 次卣 | 乙 | C | b | 2・2 | 次組器；補註四 |
| 05994 | 4869 | 次尊 | 乙 | C | b | 2・2 | 次組器 |
| 00753 | 1528 | 公姞鬲 | 丙 | B | b？ | 2・2 | 補註五 |
| 00754 | 1284 | 尹姞鬲 | 丙 | A？ | b | 2・2 | 二件；補註六 |
| 05418 | 5500 | 免卣 | 丙 | A | b | 2・2 | 免組器 |
| 06006 | 4880 | 免尊 | 丙 | A | b | 2・2 | 免組器 |

| | | | | | | | |
|---|---|---|---|---|---|---|---|
| 10161 | 6778 | 免盤 | 甲 | B | | 2・2 | 免組器 |
| 05425 | 5503 | 競卣 | 乙 | A | b | 2・2 | |
| 00948 | 1666 | 遇甗 | 丙 | A | c | 2・2 | |
| 02509 | 1018 | 屯乍父己鼎 | 乙 | A | b | 2・2 | 二件 |
| 02721 | 1222 | 𤼈鼎 | 丙 | A | c | 2・2 | |
| 02812 | 1307 | 師望鼎 | 乙 | A | b | 2・2 | |
| 04122 | 2660 | 彔乍辛公毀 | 丙 | A | b c | 2・2 | 補註七 |
| 04165 | 2688 | 大毀 | 丙 | B | c | 2・2 | |
| 04192 | 2710 | 䋣毀 | 乙 | ? | d | 2・2 | 二件；補註八 |
| 04194 | 2723 | 晉毀 | 丙 | B | b | 2・2 | 補註九 |
| 04208 | 2737 | 段毀 | 丙 | B | b | 2・2 | |
| 05411 | 5490 | 𥢶卣 | 乙 | A | c | 2・2 | △ |
| 05430 | ⧄ | 繁卣 | 丙 | B | b | 2・2 | |
| 06008 | 4884 | 䢅尊 | 乙 | C？ | c | 2・2 | 補註十 |
| 06516 | 4886 | 趩尊 | 乙 | A | b | 2・2 | |
| 09897 | 4977 | 師遽方彝 | 乙 | A | c | 2・2 | 補註十一 |
| 00189 | 7122 | 梁其鐘 | 丙 | A | b | 2・3 | 六件 |
| 04277 | 2792 | 師𩛥毀蓋 | 乙 | A | b？ | 2・3 | |
| 04323 | 2837 | 敔毀 | 丙 | A | b | 2・3 | △ |
| 03912 | 2513 | 再乍季日乙𡚬毀 | 丙 | B | b | 2 | 二件 |
| 04166 | 2687 | 敔毀 | 丙 | B | c | 2 | |

補註一：此器蔑字作，似櫱之形，可能是和戈之形訛，因其从禾，故歸入B類字形。

補註二：〈庚嬴鼎〉爲清人《西清古鑑》刻本，曆字作，所从之甘或因原器殘泐失之，或清人剔鏽未盡所致，當然也不排除原器就作厤。又視刻本曆字，所从之形在林、秝之間，上或微屈，當爲秝字，筆者參考〈庚嬴卣〉的曆字从秝，所以推測鼎銘亦可能从秝，唯卣與鼎記年不同，不一定是同一人所作，以故加「？」以志之。

補註三：〈長囟盉〉是唯一出現連用兩種形式的：「穆王蔑長囟」、「長囟蔑曆」。

補註四：〈次卣〉器蓋銘文對蔑字寫法不同，器銘作，蓋銘作，依〈次甗〉、〈次尊〉之例，形爲「次組器」的寫法，是次組器的特色。

補註五：或誤爲鼎。

補註六：《金文總集》1533 號重收，題名爲〈公姞寶齋〉。此器蔑字作，人

形不清楚，視之，應不从禾。《集成》編號 00753〈公姞鬲〉之葰字
亦不甚清楚，視其字跡當作𪏛，从禾。

補註七：曆字器銘作𪐝，蓋銘作𪐝，此爲曆字二種字形在同一器上出現之例
　　　　子。

補註八：此器銘之葰字作𪏛，字形甚怪，左下似从木，若然則爲次組器之𪐑字
　　　　〔从林〕，亦可能是禾字鏽蝕。不能定，故不歸類。

補註九：此器銘之曆字作𪐝，僅从秝从甘，與一般字不同，因其从秝，故歸
　　　　入 B 類。

補註十：此器銘文葰字作𪏛，从木，字甚奇。由此器與免組器〔〈免尊〉、〈免
　　　　卣〉、〈免盤〉〕的葰字相比較，可知免組器葰字與〈臤尊〉是近似的。
　　　　免組器𪐑之右旁𤓰爲人〔卩〕形𢎜之訛。

補註十一：此器銘文稍有鏽蝕不清，葰字作𪏛，曆字作𪐝，从秝。

　　由以上的研究可以得到下面幾點看法：

　　（1）葰曆的用法於商代已出現，或有學者以爲先有葰才發展出葰曆連
用，最後才是「……葰……曆」的形式，事實上，這只是一種推論，目前最
早一件出現葰曆的器是〈𤰈𤭛乍母辛卣〉，此器時代爲商代晚期，那麼商代晚
期葰曆已經使用了，只是商代銅器銘文字數不多，所以只出現一件。在推測
葰曆一詞起源，本文仍持保留態度，葰獨用例僅四例〔註141〕，武王時代的〈天
亡𣪘〉、西周早期的〈沈子也𣪘蓋〉、穆王時代的〈長囟盉〉及西周中期的〈免
盤〉，其他二件免組器則「……葰……曆」的形式。又單用葰字的例子分布在
西周早、中期，所以在時代上並不能說一定早於其他二例。

　　（2）葰曆的用法在西周中期最盛，西周晚期則明顯減少，目前未見東周
的例子，這和鑄銘內容不無關係。

　　（3）葰字以作 A 形的最多，在時代上並看不出特色來。

　　（4）曆字寫法以作 b 形的爲多，但 b、c 兩種字形均爲常見，甚至是一
件器而器蓋各用其中一種字形，在時代上此二字形是分不出來的。a 字形則
罕見，並且 a 字形只出現在西周早期，這一點是很重要的，可以做爲 a 字形
是曆字早期的寫法這種假設的基礎。

---

〔註141〕或以爲有五器：除了〈天亡𣪘〉、〈沈子也𣪘蓋〉、〈長囟盉〉及〈免盤〉四件
　　　　外，又提出〈王葰鼎〉亦葰曆之例，本文以爲該鼎銘文只有二字，無可判斷，
　　　　故不能列入獨用葰字的例子中。

（5）目前看來，西周晚期出現的都是Ａｂ組的字形。

最後，還得補充一點，伍士謙先生由〈癲鐘〉的「王對癲身枺，易佩」，提出枺和莢〔憲仁案：伍文作莢〕相同：「枺同莢即王對癲勉勵，並賜他佩。」〔註142〕本文認為這樣的看法，是很值得參考的，二字在音韻及文例上皆可通說；又枺字和曆字字形上也有相關之處，曆字或從二木〔林〕其中或加土，在戀字中有其例。這方面還有討論餘地，所以在本文中對「枺」不加以統計。

7. 長囟

長囟為器主之名，長字作𣿇，下半似女形乃止形之訛，這樣的現象在古文字中是存在的，如凱字或作𢼽〔〈剌鼎〉02776－1272〕、或作𨽻〔〈秦公殷〉04315－2833〕、或作𨽻〔〈不𡚋殷〉04329－2852〕，這幾個凱的寫法不同，但是不難看出𢼽乃是在𢼽加上「止」形，而𢼽又為𢼽之止形的訛變，所以𣿇實不從女；又𡚋字或作𣿇〔〈史戰鼎〉02778－1271〕、或作𣿇〔〈守宮鳥尊〉05959－04841〕、或作𣿇〔〈師酉殷〉04288－2803〕，由𢼽加上止作𢼽，又訛為𢼽形，實亦不從女。陳夢家先生以為長字或從女〔註143〕，便是誤將止之訛形視為女字。

至於囟字，陳夢家先生以為《說文》兩見，一為由，一為囟〔註144〕，是其說由、囟兩存；唐蘭先生先是以為由字在卜辭裡和其他銘刻裡都和囟字一樣，讀如人頭頂上顖門的「顖」〔註145〕，後來則去囟之說。〔註146〕多數學者都將 ⊕ 隸定為由。 ⊕ 字於金文僅見於長囟諸器，為人名，故於字義、字音無可論證，甲骨文中有⊕，屈萬里先生釋卜辭「羌方⊕其用，王受又？」時云：

　　⊕，當即《說文》「⊕，鬼頭也」之⊕，此蓋羌方酋長之名也。〔註147〕

就字形來看，⊕和由字相近同，另外甲骨文中尚有⊗字，學者考釋為西，姚孝遂先生對此研究，提出下面的看法：

〔註142〕伍士謙〈微氏家族銅器群年代初探〉，《古文字研究》第五輯（北京：中華書局，1981年1月），頁111。

〔註143〕陳夢家《西周銅器斷代（五）》，《考古學報》1956年3期，頁123。

〔註144〕同上。

〔註145〕唐蘭〈五省出土重要文物展覽圖錄序言〉，《陝西江蘇熱河安徽山西五省出土重要文物展覽圖錄》，北京·文物出版社，1958年。亦收在《唐蘭先生金文論集》（北京：故宮博物院，1995年10月），頁72～85。此段所引為後者頁74。

〔註146〕唐蘭《西周青銅器銘文分代史徵》卷五中（北京：中華書局），1986年12月，頁378。

〔註147〕屈萬里《甲編考釋》，頁77。

> 「⊕」即《說文》訓爲「鬼頭」之「甶」，「⊗」即《說文》訓爲「頭會腦蓋」之「囟」。實際上「⊗」、「⊕」均由「⊕」這一形體所衍生。「⊕」或增刻一劃作「⊕」，或稍變換其形作「⊗」，以達到形體上區分的目的。卜辭「⊕」用作敵方之「首領」義，亦借作「東西南北」之「西」。但是「⊗」和「⊕」只用作「西」，不得用作「甶」。〔註 148〕

又於《甲骨文字詁林》1109 號按語云：

> 訓「鬼頭」之「⊕」，與訓「頭會腦蓋」之「⊗」，本屬同源分化，故均可假作西。〔註 149〕

是姚先生以爲甶和囟爲同源字，⊕釋爲甶。這一點可由甲骨文中鬼方字作畀，做檢驗：甲骨文鬼字的頭部爲田形而非⊕形，因此將⊕字釋爲甶在字形上是有問題的，再者甶和囟是否爲同源字也缺少有力的證據。

李學勤與王宇信兩位先生考釋周原甲骨時提出⊕爲囟、思的看法：

> 「囟」字，周原考古隊同志釋「惠」，或釋「迺」，于文義雖無格牾，在字形上仍恐未合。我們認爲此字即《說文》之「囟」字，在這裡讀爲「思」或「斯」。……「思」、「斯」相通……周原卜辭的「囟」字，也見于宋代金文書中的〈師訇簋〉，簋銘云：「訇其萬囟年，子子孫孫永寶用。」「其萬囟年」與《詩‧下武》「於萬斯年」同例。〔註 150〕

美國學人夏含夷先生於〈試論周原卜辭⊕字兼論周代貞卜之性質〉一文中同意李、王兩位先生的說法，將⊕隸爲囟，釋爲思。〔註 151〕

將周原甲骨中的⊕釋爲囟是較好的意見，在文例和字形上皆較有說服力。

又唐蘭先生以爲長囟的長氏就是後來的張氏〔註 152〕，這樣的意見仍可研議，在證據上尚嫌不足。

---

〔註 148〕姚孝遂〈再論古漢語的性質〉，《古文字研究》第十七輯（北京：中華書局，1989 年 6 月），頁 315。

〔註 149〕于省吾主編《甲骨文字詁林》第二冊（北京：中華書局，1996 年 5 月），頁 1033，按語主編爲姚孝遂先生。

〔註 150〕李學勤、張亞初〈周原卜辭選釋〉，《古文字研究》第四輯（北京：中華書局，1980 年 12 月），頁 250～251。

〔註 151〕夏含夷〈試論周原卜辭⊕字——兼論周代貞卜之性質〉，《古文字研究》第十七輯（北京：中華書局，1989 年 6 月），頁 305。

〔註 152〕唐蘭〈五省出土重要文物展覽圖錄序言〉，頁 74。

8. 𣥐

𣥐字或釋遄、或釋遬、或釋遼、或釋杕、或釋爲遬、或釋遬。吳大澂
將𣥐字釋遬[註153]，之後學者考釋〈長囟盉〉此處亦多釋爲遬，如陳夢家
先生[註154]、唐蘭先生[註155]、張光遠師[註156]、洪家義先生[註157]、
《銘文選》[註158]等。陳、唐及張師皆以爲遬即「來」，洪說更舉《詩・衛
風・氓》：「來即我謀」中「來即」同銘文「遬即」，意爲行就。《銘文選》以
爲遬讀敕，即勞。

孫詒讓將𣥐釋爲遬，即「亦」的古文[註159]，是以朿爲束。郭沫若先生
在〈長囟盉〉此處認爲字从辵木聲，不知何義[註160]，但在較早時考釋〈小
臣謎設〉，隸定𣥐字爲謎，是以𣥐爲遬。[註161]雖然郭先生在較晚的文章中持
關疑的態度，但是仍有學者受其影響，不少書籍就依照郭說將𣥐隸定爲謎。《銘
文選》就作「小臣謎簋」，以爲𣥐字从遬〔可能是遬字之誤〕，這和該書將〈長
囟盉〉𣥐字隸作遬，有所矛盾。

釋爲遼的說法主要是張政烺和孫稚雛幾位先生等，張先生在考釋〈何尊〉
時對「昔才爾考公氏克𣥐玟王」一句中的𣥐字，考定爲遼：

> 「昔在爾考公氏克𣥐先王」和〈乘伯簋〉「乃祖克𣥐先王」語意相
> 同，郭沫若同志說「𣥐假爲弼」，是正確的。這裡𣥐從辵，𣥐聲，
> 亦假爲弼。[註162]

〔註153〕吳大澂〈單伯昊生鐘〉，《愙齋集古錄》第二冊（臺灣：台聯國風出版社，1976
　　　　年9月），頁13。
〔註154〕陳夢家《西周銅器斷代（五）》，《考古學報》1956年3期，頁124。
〔註155〕唐蘭〈五省出土重要文物展覽圖錄序言〉，《陝西江蘇熱河安徽山西五省出土
　　　　重要文物展覽圖錄》，北京：文物出版社，1958年。亦收在《唐蘭先生金文
　　　　論集》（北京：故宮博物院，1995年10月），頁72～85。此段所引爲後者頁
　　　　75。又《西周青銅器銘文分代史徵》卷五中（北京：中華書局，1986年12
　　　　月），頁377。
〔註156〕張光遠師〈周初征伐東夷戰史（下）——小臣謎簋介紹〉，《故宮文物月刊》
　　　　總第十一期，1984年2月，頁71。
〔註157〕洪家義《金文選注繹》（南京：江蘇教育出版社，1988年5月），頁135。
〔註158〕馬承源主編，陳佩芬、潘建明、陳建敏、濮茅左等編撰《商周青銅器銘文選》
　　　　第三冊（北京：文物出版社），1988年，頁105。
〔註159〕孫詒讓〈單伯鐘〉，《古籀餘論》卷二，頁30。
〔註160〕郭沫若〈長囪盉銘釋文〉，《文物參考資料》1955年2期，頁128。
〔註161〕郭沫若〈小臣謎設銘考釋〉，《金文叢考》，1956年，頁332。
〔註162〕張政烺〈何尊銘文解釋補遺〉，《文物》1976年1期，頁66。

孫稚雛先生在此基礎上認爲〈長囟盉〉的𨑒字亦爲達。〔註163〕後來侯志義等先生所著《西周金文選編》更清礎地說：

> 按：徲字從来得聲，金文「拜」字聲符作𣏃，與来有繁簡之別，而實爲一字，故徲在此應讀爲「奔」。「穆王蔑長囟吕奔即邢伯」，這穆王勉勵長囟去奔馳以就邢伯比射也。〔註164〕

金文拜字的偏旁正是𣏃，這一說以来爲𣏃，只是解釋上有「弼」與「𣏃」的差異罷了。另外李亞農先生以爲此字爲「杜」、「棣」，解爲楷。〔註165〕

對這些說法中釋爲「速」字的意見，張師於〈周初征伐東夷戰史（下）──小臣謎簋介紹〉一文中由字形比較駁其非。而李亞農先生的看法在字形上根本不能成立。由𨑒字的偏旁來看，和来字或𣏃字都有小別，来之上筆作ㄩ，而来字作ㄓ、ㄔ，實仍有別；且𣏃字由拜〔搉〕的偏旁來看作ㄓ、ㄔ、𣏃等，無作来之形，故釋爲速和達，皆未能圓滿。但在字義解釋上達即爲弼是較好的說法。

在所有說法中較好的是釋迷與釋逐兩種說法。

李零先生在〈文王稱王、昭王伐楚及其他──關于史墙盤銘中若干西周史實與文字辭例的考證〉中首釋此字爲迷，認爲来和𣏃應當同源，但後世有分別，和茲擇錄其說法如下：

> 来就是《說文》中的米字（非木字），《說文》中從米聲的有迷字（非述字），應當就是銘文中的徲字。因爲第一，米，小篆寫法是𥝯，與水相近〔憲仁案：疑木誤爲水，手民之誤〕；第二，米字，《說文》的解釋是「艸木盛米米然」，很多注解《說文》的學者都指出這個字其實就是「李」字（從米從子）的初文，字亦作淳或勃。長沙子彈庫楚帛書有「李（悖）歲」一語，李字作𥝩，所從即此。這個字的讀音，許慎說是「讀若輩」，上古音也屬并母物部，與来、弼等字的讀音相同或相近。〔註166〕

李說將𨑒釋爲迷，並同意張政烺先生訓讀爲弼的看法，這樣的意見是很有見

〔註163〕孫稚雛〈長囟盉銘文匯釋〉，《古文字研究》第十三輯（北京：中華書局，1986年6月），頁205。

〔註164〕侯志義主編，侯志義、劉士義、張洲、曹雄菊、朱小秋選編《西周金文選編》（西安：西北大學出版社），1990年，頁65。

〔註165〕李亞農〈「長囟盉銘釋文」注解〉，《考古學報》第九冊，1955年9月，頁178。

〔註166〕李零〈文王稱王、昭王伐楚及其他──關于史墙盤銘中若干西周史實與文字辭例的考證〉，《華夏文明》第二輯，田昌五主編（北京：北京大學，1990年2月），頁416～417。

地的，後來黃德寬先生在〈釋金文徑字〉一文中亦考釋此字從辵從朱，並隸定此字爲迷、迷，他由《說文》中的篆文、古文與古文字字形的比較，認爲Ψ就是《說文》的朱字，對於〈長囟盉〉的「迷即」，他隸定爲「迷即」，大意是「輔佐親近」。〔註167〕

　　另外，林澐先生則將此字釋爲迷：

　　　　徑、徑、徑、徑等隸定作逮誤。彎字作夆、夆等形，則此字應隸定爲迷。〔註168〕

根據李零、黃德寬及林澐幾位先生的研究，本文認爲將迷字隸定作迷或迷，是目前最好的意見，由於二說未能斷何者爲是，故本文將此字隸定保留作迷。在訓解上則讀爲「弼」。

### 9. 氏

　　乀字，學者們隸定爲氏，李亞農先生認爲氏應讀爲祇，訓爲「敬」。〔註169〕陳夢家先生同之。〔註170〕

　　憲仁案：金文鼻字，由魏三體石經祇字古文作鼻得到證明。而金文鼻字亦爲祇敬之意，如〈鄅侯載器〉10583—2659「祇敬橋祀」，是鼻爲祇已爲成說，至於氏字，於銘文中無作祇之用者，中山王諸器的氏字或通「是」字，如〈中山王響鼎〉02840—1331：「隹傳母氏從」、「氏以寡人宦（委）賃（任）之邦」、「氏以賜之臣命」、「氏以寡許之謀慮皆從」；〈中山王響方壺〉09735—5805「氏以遊夕歙飮」、「氏以身蒙冑胄」，這六個氏皆當訓爲「是」，雖然在銘文中這現象只見於中山王墓出土之器，但〈長囟盉〉這個氏訓爲祇在銘文中找不到例子，祇或是後起之字，本文認爲〈長囟盉〉的氏字釋爲「是」是目前能在銘文中找到文例的說法。于省吾先生將氏讀爲「寔」，甚有見地，可備一說。〔註171〕

　　又陳直先生以爲氏字下有重文符號「＝」〔註172〕，乃誤將氏字下之蝕痕

---

〔註167〕黃德寬〈釋金文徑字〉，《容庚先生百年誕辰紀念文集》，廣東炎黃文化研究會、紀念容庚先生百年誕辰暨中國古文字學學術研討會合編（廣州：廣東人民出版社，1998 年 4 月），頁 468～478。

〔註168〕林澐〈新版金文編正文部分釋字商榷〉，第十四條。單文影印稿。

〔註169〕李亞農〈「長囟盉銘釋文」注解〉，《考古學報》第九冊，1955 年 9 月，頁 178。

〔註170〕陳夢家《西周銅器斷代（五）》，《考古學報》1956 年 3 期，頁 124。

〔註171〕于省吾〈釋「蔑曆」〉，《東北人民大學人文科學學報》1956 年 2 期。

〔註172〕陳直〈考古論叢——蔡侯長囟矢簋三銅器〉，《西北大學學報（人文社會科學）》1957 年 1 期，頁 66。

視爲重文符號所致。

10. 彌

彌字於金文中僅此一見，或以爲从弓从寅，或以爲从弓从爾，或以爲从イ从寅。以爲从弓从寅者如李亞農先生認爲此字即引之古文〔註173〕，已因于豪亮先生〈說引〉一文考定出金文ㄣ字爲引字〔註174〕，所以將彌認定爲引的古文便不能成立。陳夢家先生也認爲从弓从寅，寅依《說文》可訓爲「居敬」之意〔註175〕，陳說可從。另外唐蘭先生隸定爲「彌」，訓爲縫。〔註176〕關於這一隸定，孫稚雛先生已指出此字所从之寅和〈無叀𣪘〉「壬寅」之寅形同，〔註177〕此字實不从爾。另外沈寶春先生隸定爲从イ从寅，即寅字，訓爲敬，〔註178〕然此字偏旁上當不从イ，而是从弓。在所有說法中，以陳先生的意見最好。

11. 不杯

「不杯」除了〈長囟盉〉外，尚見於西周早期的〈召尊〉06004－4878 與〈召卣〉05416－5496〔同組器〕；西周中期的器最多，如〈班𣪘〉04341－2855、〈師虎𣪘〉04316－2829、〈善夫山鼎〉02820－1315、〈師遽𣪘〉04214－2736、〈師𡐦父鼎〉02813－1305 與〈守宮盤〉10168－6785；西周晚期的有〈番生𣪘〉04326－2840 與〈𣔙白𣪘〉04331－2841。目前的資料看來，「不杯」一詞的使用涵蓋了整個西周時期，但以西周中期出現的比率最高。不杯的意思比單獨用「不〔丕〕」在程度上更深，相當於後世在「美好」等讚美詞之前加上「很……」、「非常……」等形式。

二、形制風格

〈長囟盉〉的重要性除了銘文之外，在器形上，也直接提供研究者關於穆王時代銅盉的範例，不管是器形，乃至裝飾花紋，都值得仔細分析。

---

〔註173〕李亞農〈「長白盉銘釋文」注解〉，《考古學報》第九冊，1955 年 9 月，頁 178。

〔註174〕于豪亮〈說引〉，《考古》1977 年 5 期，頁 339～340；又《于豪亮學術文存》，頁 74～76。

〔註175〕陳夢家《西周銅器斷代（五）》，《考古學報》1956 年 3 期，頁 124。

〔註176〕唐蘭《西周青銅器銘文分代史徵》卷五中（北京：中華書局，1986 年 12 月），頁 377。

〔註177〕孫稚雛〈長白盉銘文匯釋〉，《古文字研究》第十三輯（北京：中華書局，1986 年 6 月），頁 206。

〔註178〕沈寶春《商周金文錄遺考釋》（臺灣師範大學國文研究所碩士論文，1983 年），頁 572。

### （一）器形方面

本器侈口有蓋，與同造形的盉比較，蓋顯得較大而醒目，蓋上有半環鈕；束頸，闊腹分襠，底如鬲形；有管狀長流；三足中空，作柱狀；背有鋬，飾浮雕獸首；蓋與鋬有鍊相連。郭寶鈞先生觀察指出：「壁範三塊，接縫應三足。底範弧三角形。」〔註179〕這樣的鑄造合範是很常見的。

關於盉這類器物，學者們的研究或以為由新石器時期的單鋬陶鬲、陶鬶演變而來，不過可以較為肯定的是在新石器時代，各地已有封頂陶盉出土，1987 年於河南偃師二里頭出土的封頂銅盉〔附圖三〕，是目前所知仿封頂陶盉的最早例子，商代前期這種類型的封頂銅盉在河南鄭州、河南中牟黃店、湖北黃陂盤龍城、北京平谷劉家河等地仍有出土。商晚期河南安陽小屯五號墓〔婦好墓〕也出土了封頂銅盉，〈婦好盉〉在器形上已是束頸，分襠，底如鬲形，只是流仍在盉頂〔附圖四〕，在器形上和〈長囟盉〉大致相似；而同墓出土另一種器，一般學者亦稱為盉〔或稱〈龍紋盉〉、或稱〈雷紋盉〉，附圖五〕，器身為橢圓造形，下有三足，有提梁，並和蓋有鍊相連，管狀流在腹部。綜合這兩種盉的造形，可以發現後來的盉大致承襲了雙方的特色，在腹部較接近〈婦好盉〉，而蓋、提梁及流的位置則沿著〈龍紋盉〉的形式而來。關於盉的兩種類型，根據陳仲玉先生的研究，認為一型來自單鋬陶鬲，一型來自帶流陶罐〔註180〕，並且陳文做了兩種類型的演變圖〔附圖六、七〕，由陳文的演變圖來看〈長囟盉〉相當第一類的後來演變〔第 10 例〕。本文認為在流的位置上，第一類盉也受了第二類盉的影響。

到了西周早期，盉的形態較為固定，流皆在腹上端，腹下常接有柱足，比起〈長囟盉〉來，西周早期盉的柱足在全器高度的比例上較大，這一點由清代中晚期山東省梁山出土的〈白盉〉〔附圖八〕可以看出，〈白盉〉與〈大保設〉、〈大保方鼎〉、〈太史友甗〉（此三器銘文分別提及匽公、大保）一同出土，學者之間對於精細的斷代雖有不同的看法（或以為康王，或以為昭王），但以為西周早期則一致；又北京房山琉璃河 1153 墓出土的〈克盉〉（又稱〈大保盉〉，附圖九，銘文中載及大保和匽侯），亦為西周早期之盉。〈白盉〉及〈克盉〉二器與〈長囟盉〉皆侈口有蓋，蓋上有半環鈕；束頸寬腹，

---

〔註179〕郭寶鈞《商周銅器群綜合研究》（北京：文物出版社，1981 年 12 月），頁 44。
〔註180〕陳仲玉〈青銅盉形器的研究〉，《大陸雜誌》第四十八卷第四期（1974 年 4 月），頁 149～177。

長流在腹前，有浮雕獸首裝飾之鋬，腹下承柱足。相異之處為：〈白寁盉〉與〈克盉〉四柱足從整個器形比例看來顯得較長而醒目，也就是說就全器的比例來看，此二器足部所占比例是較〈長囟盉〉的情況大多了。

　　若以〈長囟盉〉與陝西扶風縣莊白村墓葬出土的〈䪅父盉〉〔附圖十〕來做比較。〈䪅父盉〉與彧諸器（〈彧方鼎〉、〈伯彧飲壺〉）等一同出土，考古報告斷為西周穆王器（此點在第六章將有探討，於此不再贅述。）比較這兩件盉，其相同點方面：器身皆侈口有蓋，束頸闊腹，腹上有流，三柱足承鬲狀腹；不同點方面：〈長囟盉〉蓋上有半環鈕，而〈䪅父盉〉則飾浮雕獸首（已近乎立體雕飾）；在鋬飾方面，〈長囟盉〉鋬飾浮雕獸首，而〈䪅父盉〉的鋬整體為一顧首立體造形龍。像〈䪅父盉〉鋬的這樣造形，目前看來是最早出現在盉上的樣例。就全器曲線來看，這兩件盉是很相似的。

## （二）紋飾方面

　　在紋飾方面〔附圖十一〕，蓋緣和器頸皆飾一道S形複合長鼻夔龍紋，每個紋飾的單位以一較大的圓點〔眼〕為交接，左右皆是由兩條長鼻夔龍紋相交於一眼，並成S形，所以一個單位的紋飾包含了四條夔龍紋。由於此器的出土，對此種紋飾有了斷代的重要依據。

　　長流上則飾三角形的變體動物紋，或稱為三角形雷紋〔註181〕為適宜在長管狀的器面上裝飾，所以做長三角形，三角形內部紋飾甚簡，但和雷紋仍稍有別。

　　〈長囟盉〉的腹部飾有兩道弦紋，有學者稱之為人字紋。〔註182〕西周早中期的盉常為鬲形腹，西周早期的盉在腹部常為素面，或飾獸面紋，而西周中期則常飾弦紋，恭王時代的相關器〈衛盉〉〔附圖十二〕與西周中期的〈䪅父盉〉在鬲狀形腹皆飾有兩條弦紋〔雙線紋〕，這樣的紋飾也正適宜其腹部造形。

## （三）文字風格

　　〈長囟盉〉銘文的整體已是「規整」的書風，波磔的現象已很不明顯，但有幾個字仍可留意：「王」的豎筆和最後一筆相交處仍有微略的肥筆現象，但王字末筆已不再成彎曲狀，這一點和前兩章所討論的〈遹段〉、〈剌鼎〉有很大的不同，可以將此器的王字做為字形轉變的重要範例。应字所從的广，

---

〔註181〕《中國青銅器全集・西周1》（北京：文物出版社，1996年7月），圖版說明頁34。

〔註182〕郭寶鈞《商周銅器群綜合研究》（北京：文物出版社，1981年12月），頁44。

轉折處是直角，這和西周早期的宀字轉處作直角是同樣的。另外，氏字的第二筆中間似有略爲加肥的現象，而對字之豎筆近末筆處亦然。障字的酉上二筆呈斜狀的八字形。在單字較爲特別的寫法上，強字所從的寅形不多見；長字訛止形成女形，而與女形相較，尚不如女形筆順之自然。全銘各字間相對位置十分有秩序，整體看來和西周早期的銘文已有不同的風貌。

## 貳、長囟段

〈長囟段〉一共有兩件〔附圖十三〕，因銘文上有作器人「長囟」，可由〈長囟盉〉繫聯，知其爲穆王時代之標準器。兩件之形式花紋相同，其中一件器腹殘破，唯蓋完好。完好的一件全器含蓋高 28 公分、器身不含蓋高 21 公分，口徑約 20 公分、腹徑 20 公分；圈足高 2.5 公分、足徑 17 公分；珥長 2.5 公分。

此器所鑄銘文不多，器蓋鑄「長囟乍〔作〕寶障段」六字（而器底則僅能見「長囟乍〔作〕」三字），其飾泐損不顯〔附圖十四〕。

在形制風格方面：侈口束頸有蓋，蓋上有圓形捉手；腹稍鼓而下垂有圈足；半環耳，飾浮雕器首，有珥。蓋及頸皆飾一道 S 形複合長鼻夔龍紋〔附圖十五〕，和〈長囟盉〉所飾者相近，外底有方格紋〔附圖十六〕。文字風格與長囟盉亦同，個別字可留意者寶字之「宀」肩仍方角；長字不加「止」形。

## 參、長囟盤

〈長囟盤〉亦由〈長囟盉〉可證爲穆王時代標準器。器高 15.2 公分、深 9.2 公分、口外徑 40 公分、耳高 7.3 公分、足高 4.4 公分、足徑 30 公分〔附圖十七〕。出土時覆於瓺上，底被土壓壞，底內之銘文因殘泐，僅可見「囟」一字〔附圖十八〕。

在器形風格方面：侈口厚唇淺腹，雙附耳上折，有圈足。腹部飾有一道 S 形複合長鼻夔龍紋〔附圖十九〕，與盉、段所飾者似；圈足有一道單目斜身獸形紋〔有學者稱爲斜角雲紋〕；器外底有突起的菱形紋〔附圖二十〕。

以上三件由銘文繫聯知爲穆王時代之相關器，同墓出尚有三鐘，有學者以爲亦長囟所作，然無銘文可爲證實，故在此不予討論，將於後文談及考古繫聯時再加以論述。又〈繄罍〉、〈白禹父卣〉、〈白禹爵〉等器雖有銘文，然亦不足以明其必爲穆王時器，故亦於後文討論，詳見第五章之「考古繫聯」一節。

## 第五節　鮮毁之綜合研究

〈鮮毁〉是穆王時代標準器中最受爭議的一件，因為何時流出中國已不可考，何時何地出土亦不可得知，最早由澳大利亞國立大學巴納先生（Noel Barnard）與香港中文大學的張光裕先生合編的《中日歐美澳紐所見所拓所摹金文匯編》〔註183〕所著錄，因為字體及文例皆很特殊，而且真器未見，所以真偽曾受到質疑。另外，在時代上學者之間也有不同的意見。

此器後收於嚴一萍先生所編之《金文總集》6784號，定名為〈三十四祀盤〉。李學勤與艾蘭兩位先生合編的《歐洲所藏中國青銅器遺珠》一書中，第108號著錄〈鮮毁〉器形及銘文照片、拓片（附圖一、二、三），該書記載尺寸及目前所在處所：

> 高14釐米，連耳寬29.2釐米。
>
> 倫敦埃斯肯納齊行。〔註184〕

由是，此器乃定名為〈鮮毁〉，對於真偽亦據該書所言可斷為真。

### 壹、銘文考釋

#### 一、銘　文

〈鮮毁〉器內底清楚地鑄有銘文五行四十三字〔其中廿朋合文〕，茲隸定其文如下：

> 隹〔唯〕王卅又三〔四〕祀，唯五月
> 既望戊午，王才〔在〕葊京，喬〔禘〕
> 于卲王，鮮蔑曆〔歷〕，𤔲王卹
> 𤔲玉三品、貝廿朋〔合文〕，對王
> 休，用乍〔作〕，子孫其永寶。

#### 二、考　釋

##### （一）卲

銅器銘文中出現周昭王的除此器之外，尚有〈剌鼎〉02776—1272與〈史

---

〔註183〕巴納、張光裕《中日歐美澳紐所見所拓所摹金文匯編》，臺北：藝文印書館，1978年。

〔註184〕李學勤、艾蘭《歐洲所藏中國青銅器遺珠》（北京：文物出版社 1995 年 12月），頁346。

牆盤〉10175—6792（〈𤸫鐘〉的「來逆卲王」之卲王非指周昭王，故不列入）
二器，皆作「卲王」，唯〈鮮毀〉該字从王。𤕷字爲昭王專用字，如玟爲文王
專用字、珷爲武王專用字一樣，目前銘文中出現周王專用之字唯此三者。

學者們對於這類字是一字或二字合文（合書），有不同的看法，甚至由此
現象引出「形聲字」與「簡稱」、「漢字當時越來越走向一字一音」等意見，
本文簡要地加以說明：

對此課題所產生的爭議，最明顯的是學者們針對〈利毀〉「珷克商」中珷
字有不同的解說，在各種說法中以唐蘭、張政烺、于省吾三位先生的意見可
爲代表。唐先生視珷爲一形聲字，他說：

> 珷字从王武聲，是爲周武王所造的專用字。這類字有三個，除此外，
> 還有爲文王而造的玟字，以及爲文王所建豐邑而造的瓏字，這些常
> 見于西周銅器，證明武王時已出現這種新的形聲字了。〔註185〕

張政烺先生則是提出合文的看法：

> 珷，武王二字合文。周代銅器銘文中數見，當讀武王二音。甲骨文
> 對於常見之商王名號多合書，此亦其類，不能看作一形聲字。較晚
> 銘文如〈盂鼎〉、〈矢毀〉皆于珷下又加一王字，說明當時漢字越來
> 越走上一字一音了。〔註186〕

對於張先生的看法，不少學者表示贊同，如勞榦〔註187〕、劉淵臨〔註188〕等幾
位先生，此類說法皆主張「合文（合書）」。于省吾先生對於合文的說法並不
同意，他認爲這是「簡稱」的現象：

---

〔註185〕 唐蘭〈西周時代最早的一件銅器利簋銘文解釋〉，《文物》1977年第8期，頁9。
〔註186〕 張政烺〈利簋釋文〉，《考古》1978年1月，頁58。
〔註187〕 劉淵臨〈有關武王伐紂的新資料〉，《國立編譯館館刊》第八卷第二期，1979
年12月，頁225所引勞榦的看法。
〔註188〕 同上註，頁215～216。劉淵臨先生並舉甲骨文祖乙、祖辛、祖丁、武乙、武
丁合文爲例證，論證武王伐紂時尚在商代，仍保有甲骨文帝王名字合書的現
象；此外，劉文亦對文字演進提出說法：
稍後這種合書字就變成了新字，如〈何尊〉中的武王、文王，由此留下了一
個文字演進的痕跡。所以「珷」「玟」之變爲「珷王」「玟王」是早晚時期演
進的關係。
劉先生的這個意見，仍有可再補充處，他說珷字是伐商之時期所以保有商遺
風，但〈鮮毀〉已是西周穆王時了，〈疐白毀〉更是西周晚期之器，仍有這類
的寫法，是這些字在西周是一直存在的，𤕷字造字時至早爲昭王時，和伐商
當距離一段時間，所以這樣的現象至少在昭王時仍存在。

珷爲武王的簡稱。西周金文中文王武王的文武，往往从王作玟珷，
見於〈盂鼎〉、〈柯尊〉、〈宜侯矢簋〉和〈菲伯簋〉。……或以珷爲武
王的合文，非是。〔註189〕

以上三種說法（形聲字、合文、簡稱），分別爲學者們所採納，如唐復年先生
便認爲「珷是武的繁文，从王武聲」、「珷字又作武王簡稱」〔註190〕就採用「形
聲」及「簡稱」的意見。對於西周合文及「當時漢字越來越走上一字一音了」
的說法，季旭昇師提出下面的意見：

成王五年的〈何尊〉有「復禀珷王豐福自天」、「肆玟王受茲大令」、
「隹珷王既克大邑商」等句，似乎不以玟珷合文；而康王廿三年的
〈大盂鼎〉則有「不顯玟王受天有大令，在珷王嗣玟作邦」，似乎「玟
王」和「玟」沒有太大的不同。從銅器文字上看，西周銅器銘文除
了「上下」、「□月」、「□朋」、「□匹」、「□十」、「□百」、「□千」、
「小子」、「小臣」、「小牛」、「小大」、「無疆」、「障殷」、「彤弓」、「彤
矢」、「入門」、「鼻（鄧）白」、「寶用」、「寶尊」等十九種合文外，
未見其它合文問題，可見周代文字原本就是一字一音，並沒有較晚
時期才走上一字一音的演化過程。〔註191〕

根據季師的研究西周金文中合文的現象有十九種。如果進一步歸類，大致上
可分爲三類：1．有數字形式的合文：如在「月」、「朋」、「匹」或「十、百、
千」等前加上數字，則可以形成合文的方式；2．與「小」字形成合文：如小
子、小臣等；3．常用詞或極少數個別情況，如常用詞「無疆」、「障殷」、「上
下」等，極少數個別情況如「鼻白」。可以說，西周的合文形式是相當固定的，
所以張政烺先生提出西周初期漸漸走向一字一音的看法，和金文的現象並不
相合，西周一開始文字便是一字一音。

那麼「玟」、「珷」、「珝」這類字是合文或是簡稱呢？由金文中是可以找
到答案的。查尋與這問題相關的銅器共得八件：

※銘文中出現「玟」字的器名與文例：

△〈何尊〉06014－4891：克𫊣玟王，肆玟王受丝（大令）……

〔註189〕于省吾〈利簋銘文考釋〉，《文物》1977 年第 8 期。

〔註190〕唐復年《金文鑒賞》（北京：北京燕山出版社，1991 年 1 月），頁 23。

〔註191〕季旭昇師〈利簋銘文彙釋〉（銅器銘文釋讀之七），國立臺灣師範大學國文學
系鐘鼎文課堂講義，1993 年 4 月，頁 33。

　　△〈大盂鼎〉02837－1328：不顯玟王受天有大令，在珷王嗣玟乍邦，
　　　今我隹即井龠于玟王正德，若玟王令二三正……

　　△〈𣄰白毀〉04331－2841：不顯且玟珷應天受大命……

※銘文中出現「珷」字的器名與文例：

　　△〈利毀〉04131－2671：珷征商，隹甲子朝……

　　△〈何尊〉06014－4891：復禀珷王豐福自天……隹珷王既克大邑商……

　　△〈大盂鼎〉02837－1328：在珷王嗣玟乍邦……

　　△〈宜庆矢毀〉04320－2828：（王）省珷王成王伐商圖……

　　△〈德方鼎〉02661－1184：征珷福……

　　△〈中方鼎〉02785－1279：易于珷王乍臣……

　　△〈𣄰白毀〉04331－2841：不顯且玟珷應天受大命……

※銘文中出現「瑝」字的只有〈鮮毀〉一件：

　　〈鮮毀〉：王才莽京，啻于瑝王……

　　這八件銅器中，以〈大盂鼎〉最可留意，其銘文中出現「玟王」三次，「玟」一次，說明了玟和玟王的用法無別，也就是說在同一個時代，這兩種用法是並存靈活使用而不相悖的。另外〈𣄰白毀〉為西周中晚期器，因此玟珷二字在西周中晚期仍繼續使用著。由這八件器所反映出的現象，肯定了「玟」、「珷」、「瑝」可以直接表示「文王」、「武王」、「昭王」，並且也同於繁式的「玟王」、「珷王」、「瑝王」。可以由此推知將這三字看成是合文的說法是不能成立的，玟、珷、瑝三字皆是一字一音，否則其後再加上王字便說不通了。唐蘭先生說這類字是形聲字，是很正確的，于省吾先生以為是簡稱，亦可成立，二者之說切入角度不同，而並不相悖。更而言之，或許周人對此類字的使用是很靈活的，也就是說玟、珷、瑝是專用於王稱之字，亦可以文、武、卲稱之而不用此三者。在此三字後加上王字成為繁式，使用上並無一定要如何才可。甚者，這三字在造字過程中可能也揉合了「合文」的概念，但這三字不是合文，而是形聲字，在甲骨文中殷王的名稱常有合文的形式，那是二個字不是一個字，周人在使用玟、珷、瑝這類字時應已視為一個字了，這是與甲骨文不同之處。

　　（二）𤰈

　　𤰈字从𤰈从卩，象人以手捧一似壺形者而跪祭之形。此字於金文除此器外，尚有下列幾例：

△〈不𣪘方鼎〉02736－1236：王在庆庭，華𩰫，不𣪘易貝十朋……

△〈噩侯鼎駿方〉02810－1299：乃𩰫之……

△〈毛公鼎〉02841－1332：易女𩰫𦥑一卣、𩰫圭𤪌寶……

△〈小盂鼎〉02839－1329：☑王𩰫𤺄述☑……

這些字形雖有小異，〈毛公鼎〉和〈噩侯鼎駿方〉很明顯是一字之繁簡寫法，而〈不𣪘方鼎〉則加流形，各例所从之似壺形者或窳足或圈足，此種不同乃一字之異形。應留意者為〈小盂鼎〉，𩰫𤺄二字連文，其差別在於卩旁之有無，由此處可以推測二字有別，但因該器銘文多所殘泐，以故很難對文例做推測，不過同銘前一段文例「☑邦賓，不𩰫」，大致可知𩰫為動詞，因而推𤺄為名詞。

學者對於此字目前有兩種意見最為重要：第一說以為此字是𩰫、僊字，讀為獻，以張之綱及李孝定兩位先生的說法較為仔細。從清代學者吳大澂〔註 192〕、劉心源〔註 193〕等皆由字形比對，認為𩰫字即𩰫、䢅、𩰫，張之綱先生則反對吳、劉的釋形，而提出此字从膚从卩，即𤺄字，以助於通讀文例。〔註 194〕李孝定先生則取吳、劉之釋形，取張之釋義為說：

> 以字形言，諸家釋𩰫者是也，張之綱讀〈毛公鼎〉「𩰫圭」為獻圭，
> 亦是。〈噩侯鼎〉「王乃𩰫之」，疑當讀為「獻之」，𩰫獻古音同部。
> 郭氏據王國維氏說逕釋為祼似覺未安。〔註 195〕

第二說以𩰫字為祼，持這一說主要的學者如王國維、郭沫若、吳寶煒等幾位先生。此說由王國維先生首次較完整地提出來〔註 196〕，郭沫若先生贊同王說，又加以補充，由於郭說較為詳細，茲引其說如下：

> 「乃𩰫之」者，王國維云：「𤺄字雖不可識，然〈毛公鼎〉有𩰫圭與

---

〔註 192〕吳大澂《愙齋集古錄》（臺北：臺聯國風出版社，1976 年 9 月），第四冊〈毛公鼎〉，頁 8：《古籀補》（國學基本叢書四百種，臺北：臺灣商務印書館，1968年）附錄，頁 2。

〔註 193〕劉心源《奇觚室吉金文述》（臺北：藝文印書館，1971 年），卷二〈噩矦鼎〉，頁 9。

〔註 194〕李孝定、周法高、張日昇合編之《金文詁林附錄》第 3355 號，頁 2091～2092引張之綱《斠釋》頁 11 之說法。

〔註 195〕李孝定、周法高、張日昇合編之《金文詁林附錄》第 3355 號，頁 2093～2094，李孝定案語。

〔註 196〕王國維《觀堂別集・釋宥》，收錄於《王國維先生全集初編》（臺北：臺灣大通書局・1976 年）第四冊，頁 1247～1249。

秬鬯相將，蓋即鬯圭矣。然則鼎所云王乃㝬之者，謂王祼馭方也。馭方畣王者，謂馭方酢王也。《周禮・大行人》・侯伯之禮『王禮一祼而酢』即此事。」今案王說至確。蓋僤即尋之緐文（見〈庚嬴鼎〉）亦即古祼字，从人从収以奉圭瓚也。舊或釋為僊、㝬字有算、㝬、㝬諸形，形音雖相近，而實有不同，不可混也。〔註197〕

郭說將無卩的㝬字釋為瓚〔註198〕，與其所釋之祼字來看，這樣的說法較釋為㝬的說法要來得完備。又从示从㝬之字，郭先生亦釋為祼，則是以二者為同一字〔註199〕，將僤與㝬視為一字的看法是很正確。不過在後來在〈德方鼎〉的考釋上，郭先生又釋為福〔註200〕，是存有矛盾之處。

黃盛璋先生對此字之研究指出其用法可歸為四類：1・表示祭祀，「而且這種祭祀多用于王室禘祀先王」；2・祭祀後將祼器賞賜來賓或助祭之臣工，作形容詞用，「加于圭、璋、玉之前，與禮經稱祼器用圭與璋，稱為『祼圭』、『祼璋』完全符合。」；3・器物專名，「單用名詞為『賞』、『遣』、『歸』動詞的賓語，表示可以賞賜、餽遣之物」；4・作動詞使用，「單用為動詞，用于享宴，灌飲賓客」。並推得「只有釋祼方合」。〔註201〕

由以上的論證，釋祼之說於字義甚佳，然於字形上則不免無決定性的證據，後世之祼字為形聲字，而僤或㝬則於在字形上無可做對應。另外，甲骨文有㝬字，羅振玉先生考釋為福〔註202〕；郭沫若先生釋為祼〔註203〕，目前學者大多數从郭說。《甲骨文字詁林》姚孝遂先生案語云：

此字異體甚多，釋「福」不可據。郭沫若釋「祼」，其義近是，於字形則難徵，只能存疑。〔註204〕

〔註197〕郭沫若《兩周金文辭大系考釋》（臺北：大通書局，出版年月不詳），〈霝侯鼎〉，頁 108～109。

〔註198〕郭沫若《兩周金文辭大系考釋》（臺北：大通書局，出版年月不詳），〈庚嬴鼎〉，頁 44～45。

〔註199〕郭沫若考釋甲骨文時之意見，《粹釋》一九九・三二三等。

〔註200〕郭沫若曾在〈由周初四德器的考釋談到殷代已在進行文字簡化〉，《文物》1959年第 7 期，頁 1 中提到將此字釋為福之初文。

〔註201〕黃盛璋〈穆世標準器——鮮盤的發現及其相關問題〉，《徐中舒先生九十壽辰紀念文集》，四川大學歷史系編（成都：巴蜀書社，1990 年 6 月），頁 45～46。

〔註202〕羅振玉《殷墟書契考釋》（臺北：藝文印書館，1958 年）中卷，頁十七。

〔註203〕郭沫若《粹釋》一九九・三二三等。郭沫若曾在〈由周初四德器的考釋談到殷代已在進行文字簡化〉，《文物》1959 年第 7 期，頁 1 中提到將此字釋為福之初文。

〔註204〕于省吾主編《甲骨文字詁林》（北京：中華書局，1996 年 5 月）第二冊，第

《甲骨文字詁林》並把此類字隸定爲禕、裪等，這樣的意見是可從的。在字形上以姚說爲佳，字義則解爲祼甚是，當然也很有可能𥛀爲祼字之古字，後來因爲和福字字形相近，乃改作形聲字祼代之，古書或用灌稱之。

（三）鄣

鄣字从章从丮，此字只出現在本器及〈伯鄣父鼎〉02465－1038、〈庚嬴鼎〉02748－1248，由於〈伯鄣父鼎〉鄣字作人名，所以在討論上受到局限〔註205〕，〈庚嬴鼎〉爲清乾隆年間傳世刻本，雖原器不知去向，然刻本之誤大致可以判斷。

〈鮮殷〉此字之文例爲「𥛀王鄣𥛀玉三品、貝廿朋」，在斷句和解釋上主要有二說：

李學勤先生最早的說法以爲當斷句作「祼王璋，祼玉三品、貝廿朋」〔註206〕，是將鄣視爲名詞，即璋字之異體。後來他更改了這樣的看法，將鄣字讀爲賞，作動詞用：

> 賞字从「章」，同于〈庚嬴鼎〉，和常見的「商（賣）」同理，因爲「章」、「商」音通。〔註207〕

在斷句上便改爲「祼王鄣（賞）祼玉三品、貝廿朋」。但李先生並未對其改動多做解釋，另外「祼王鄣祼玉……」則祼是否作動詞，整句如何解釋，皆未有詳細的交待。如果將祼視爲行禮的儀節或動作，那麼行祼禮後王賞鮮祼玉，這樣的說法除了鄣作賞未有文例的缺點之外，在內容上是很通暢的。

黃盛璋先生則讀鄣爲「璋」，斷句作「祼王鄣，祼玉三品」，其意見如下所引：

> 「鄣」字即「璋」字，見于〈庚嬴鼎〉外，還見于〈伯鄣父殷〉等。依〈庚嬴鼎〉銘例，「王客□宮衣（殷）事，丁子，王蔑庚嬴曆，錫祼鄣，貝十朋」，本器也在蔑曆之後賞錫有鄣有貝，則王鄣與祼玉三

---

1123 號，頁 1078。

〔註205〕事實上，銘文中人名或用「璋」字，或可作爲璋和鄣可能無別的旁證，雖然論據上不足，但這樣的可能性是很大的。

〔註206〕李學勤〈中日歐美澳紐所見所拓所摹金文匯編〉，《新出土青銅器研究》（北京：文物出版社，1990 年 6 月），頁 301。

〔註207〕李學勤、艾蘭〈鮮殷的初步研究〉，《走出疑古時代》（瀋陽：遼寧大學出版社，1994 年 3 月），頁 282。又收於其與艾蘭合編之《歐洲所藏中國青銅器遺珠》（北京：文物出版社，1995 年 12 月），頁 420 商字作賣。

品皆當鮮在衣祀即啻祀昭王後，王所賞賜之祼器。〔註 208〕

評斷這兩種看法的關鍵在於〈庚嬴鼎〉的䡅字，該器不知去向，亦未有拓片傳世，目前著錄多依《西清古鑑》中之刻本爲主，茲隸定其文如下〔參附圖三〕：

隹〔唯〕廿又二年亖〔四〕

月既望己酉，王

客[illegible]宮，衣〔卒〕事。丁

子〔巳〕，王蔑庚嬴厤〔曆〕，

易〔錫〕[illegible]䡅〔瑋〕、貝十朋〔合文〕。

對王休用乍〔作〕寶鼑〔鼎〕。

李學勤先生的斷句爲「易祼，䡅（賞）貝十朋」，〔註 209〕若依黃盛璋先生的意見，則爲「易[illegible]䡅、貝十朋」，這牽涉到賞易句法的問題。銘文中載及賞賜，以用「易」字最爲常見，其次用「商」字，若賞易之物不只一類時，則句法以「易・甲、乙」及「賞・甲、乙」最爲常見（甲、乙表示賞易之物品或人），少數是「易甲、易乙」，如〈鼂毀〉04159—2693「易鼂宗彝一䢦……易鼎二、易貝五朋」、〈折觥〉09303—4928「易金、易臣」等。至於將易與賞合用的查到以下二器：〔註 210〕

△〈龏姛乍父乙鼎〉02434—0984：公始商易貝于司……

△〈戊寅毀〉▨—▨：王商易天子休……

䡅字作賞用於銘文中無例子可尋，而金文賞字寫法或作商（假借），或作賫（从貝商省聲），由此推測〈庚嬴鼎〉當斷句爲「易[illegible]䡅、貝十朋」或「易[illegible]、䡅、貝十朋」，䡅作器名用，而不作動詞。

由以上討論來看，〈鮮毀〉的䡅或亦作名詞用，若斷句从黃盛璋先生的意見作「饙王䡅、饙玉三品」，那麼就少了動詞，這是黃先生說法的缺點。

既然李、黃二位先生的說法都有一定的理由，也都存有缺點，本文便不

〔註 208〕黃盛璋〈穆世標準器——鮮盤的發現及其相關問題〉，《徐中舒先生九十壽辰紀念文集》，四川大學歷史系編（成都：巴蜀書社，1990 年 6 月），頁 31。

〔註 209〕李學勤、艾蘭〈鮮毀的初步研究〉，《歐洲所藏中國青銅器遺珠》（北京：文物出版社 1995 年 12 月），頁 421。

〔註 210〕〈宜矦夨毀〉04320—2828 亦於銘文乍看似有以易與商爲賞易動詞，然細看其銘文：「易𩰫鬯一卣、商瓚一□、彤弓一、彤矢百、旅弓十、旅矢千；易土：氒川三百□、氒□百又廿、氒宅邑卅又五▨氒□百又卌。易才宜，王人□又七生。易奠七白，氒盧□又五十夫。易宜庶人六百又□六夫。」全文皆用易，此商瓚一□當是承上易，乃易商人之瓚。

對此下定論，姑將二說並存，以待日後探究。

### （四）用乍，子孫其永寶

〈鮮殷〉銘文曾爲疑僞的一個原因是文例中「用乍」之後不加賓語，與常例不合，在銅器銘文中，這也是僅見的例子。在其他銘文中，不同形式省略的例子是存在的，例如「乍後加旅而不加器類」：〈䀒寮白甗〉00899－1624「䀒寮白采乍旅」、〈孟爵〉08820－4037「孟乍旅」；「用乍寶」：〈不壽殷〉01344－0261；「乍加人名，而未加器名」：〈乍父乙殷〉☒－1858、〈乍己姜殷〉03230－1926 等，這些例子至少在「用乍」後加「旅」、「寶」或人名，而〈鮮殷〉卻連這些都省略了，本文不排除此處在鑄造時有漏字的可能。另，若視「用乍子孫其永寶」爲一句，亦可通。

## 貳、形制風格

〈鮮殷〉的原器直到李學勤與艾蘭兩位先生合著《歐洲所藏中國青銅器遺珠》一書中刊出彩色照片，才爲學者認識。其器通體鏽呈青綠色，間有紅褐色斑，器身略扁，看起來穩重高雅。

### 一、器形方面

本器無蓋、唇厚外翻、頸微束飾，並有立雕獸首、腹部下垂鼓出、前後有突出的稜脊。雙耳飾有浮雕獸首，獸耳甚尖而未翹起，下有珥。圈足平分飾以四小稜脊。李學勤先生等對此器做以下的觀察：

> 再看〈鮮簋〉的形制，它的腹壁斜而且直，下部膨出，最大徑在腹底。
> 這用陳夢家先生創造的詞來說，是『傾垂』，也是年代較晚的標誌。
> 像這種樣子的簋，可以舉出〈靜簋〉、〈郭伯簋〉、〈伯威簋〉、〈長思簋〉
> 等（後兩件有蓋）。這幾件簋，多數學者認爲是周穆王時期的。〔註211〕

他們舉學者們認定的西周穆王器（參附圖五、六）做了比較，由於其文有考定眞僞之意，故以諸器證之（在正常情形下，是以標準器證諸器）。他們的意見是很重要的，由這樣的互相參證，對於穆王時代標準器器形的時代特徵有更明確的範例。

---

〔註211〕李學勤、艾蘭〈鮮殷的初步研究〉，《走出疑古時代》（瀋陽：遼寧大學出版社，1994 年 3 月），頁 284。又《歐洲所藏中國青銅器遺珠》，頁 418～419，然奪〈伯威簋〉之威字。

## 二、紋飾方面

〈鮮簋〉的花紋很具特色，其器腹飾垂冠顧首龍紋，冠向前垂下而形成吐舌的小龍，並以雷紋爲地紋，這在銅器中例子很少，可以做爲斷代的重要依據。圈足則飾變體獸形紋（李學勤先生文稱目雷紋），亦以雷紋爲地紋。雙耳則浮雕獸首外，皆飾以雲紋。〈鮮簋的初步研究〉一文指出：

> 簋腹上面的龍紋，非常美觀，是不多見的。這種紋飾是一對相向的大龍，龍頭向後回顧，頭頂有下垂的花冠。細看，花冠本身又成爲頭朝下的吐舌龍紋。與此近似的龍紋，曾見于著名的青銅器〈麥尊〉和〈燕侯盂〉。大家知道，〈麥尊〉是周成王時器，〈燕侯盂〉大約是康王時的，所以〈鮮簋〉的花紋粗看起來給人以年代很早的感覺，似乎是周初的古典形式。可是進一步考察，〈鮮簋〉的龍紋和〈麥尊〉等有所不同，就是龍紋的幾部分分解了，尤其明顯的是花冠已與頭部斷開。這和鳥紋的尾羽和軀體斷開一樣，是較晚時期出現的新變化。因此，簋的年代不能早到成康，一定要晚上一個階段。〔註212〕

其所舉之〈麥尊〉今原器未見，而《西清古鑑》卷八，頁三三有摹繪圖形（參附圖七），與〈燕侯盂〉（參附圖八）腹部文飾之垂冠皆與〈鮮簋〉相似，而龍紋整體結構較無解體的情形。李學勤先生等的研究對於這類龍紋的時代特徵及演變很值得參考。

　　除了腹部的紋飾給人時代很早的感覺之外，其圈足的紋飾也有這樣的情形，如殷墟中期的〈子父丁卣〉圈足的紋飾（附圖九）和〈鮮簋〉圈足紋飾幾乎相同，雖然前者少了地紋（雷紋爲地紋在殷代也是常見的），但由其曲線圖樣來看，二者是近同的，而這類紋飾在殷代是很流行的。〈鮮簋〉正說明此紋飾在西周中期亦出現，在紋飾斷代的研究上，不可不留意。

## 三、字體方面

　　〈鮮簋〉銘文字體很細，曾有學者疑其爲刻成，李學勤先生等仔細觀察，澄清了這樣的懷疑：「以放大鏡審視字口，確係鑄成。」又「銘文第五行第三字的左上角，豎筆向內彎斷，是鑄範凸起處受損移動所致。」〔註213〕這也爲本器的不僞提供了重要的證據。

---

〔註212〕同上註，《走出疑古時代》，頁284。
〔註213〕同上註。

字體風格上，本器與〈長囟盉〉最爲相近，王字末筆已不上曲，字體筆劃除了少數字，如卅、廿、才必須肥筆外，幾乎各筆劃皆粗細一致。整體而言，規整而清秀。

## 參、斷代上的歧見

李學勤及黃盛璋兩位先生皆斷定〈鮮設〉爲穆王時代之標準器，而學者亦多持相同意見，因其「啻珝王」爲重要證據。李文中對於時代之討論曾舉〈呂方鼎〉、〈長由盉〉、〈遹設〉等爲比對。

目前持不同意見者爲張聞玉先生，他認爲此器作於周厲王三十四年，其意見如下：

> 我們斷定〈鮮簋〉爲厲王三十四年器，自然就否定了「四分一月」
> 說，也不再涉及穆王或其他什麼王。與此相關，就在于對「禘于昭
> 王」一語的認識。……〈鮮簋〉所記，乃厲王禘祀五世祖昭王，已
> 沒有共王之弟孝王的位次。……這種禘祀，維護的乃是五世一組的
> 昭穆制。〔註214〕

張文以五世禘祭爲說，其所舉者爲〈小盂鼎〉，在本文前一章節「剌鼎綜合研究」中，對於禘祭已有很清楚地說明，禘祭一人時，應爲其父輩，張文以〈小盂鼎〉「周王、武王、成王☐」之後殘泐爲「康王、昭王」，在證據上是不足的，殘泐之處已不能視其筆劃，更何況該器已失，無可論證。至於「五祀一禘」的說法與「五世一組昭穆制」，在此不多予討論，以免陷入無止境的紛爭中。

本文認爲不管就銘文內容、器形、花紋來看，本器皆不可能晚到厲王世，同樣有「啻昭王」記載的〈剌鼎〉也不可能爲厲王世之器，這兩件器皆穆王時代器。

# 第六節 小結——標準器組之特徵

上文討論了穆王時代的標準器組，包含了食器、酒器與水器，分別是一件鼎、四件設、一件盉、一件盤。雖然數量不多，但由於這些器是穆世銅器的重要範例，所以對其所呈現訊息不得不多方留意與探究。

〔註214〕張聞玉〈鮮簋王年與西周昭穆制〉，《西周王年論稿》（貴陽：貴州人民出社，1996 年 9 月），頁 210～212。

## 一、銘文內容

　　首先就銘文內容來看：〈遹段〉和〈長囟盉〉都記錄了饗射之禮，雖然只有兩件的例子，但是或多或少意味著穆王時代饗射之禮可能是較常舉行的典禮之一。

　　〈剌鼎〉和〈鮮段〉都提到了禘祭昭王，這是此二器被認定爲穆王時代標準器的主因，此二器的記事日期分別是「五月丁卯」和「三十四祀五月既望戊午」，就干支來看可以是同一個五月，李學勤先生就認爲二器可能是同時的東西：

　　　　字體最接近〈鮮段〉的可推〈呂方鼎〉和〈剌鼎〉，有好多字彼此酷
　　　　肖。它們都記祭祀之事，又都作於五月。〈鮮段〉是五月戊午，〈呂
　　　　方鼎〉是五月壬戌，相距五天；〈剌鼎〉是五月丁卯，距壬戌六天。
　　　　這三件青銅器頗有可能是同時的東西。〔註215〕

在此先不討論〈呂方鼎〉。李先生的意見是就字體風格和銘文內容來推論，但是由於目前對於西周的禘祭了解很有限，所以使得判斷上留了些不確定的因素，〈剌鼎〉和〈鮮段〉固然同在五月禘祭昭王，但是禘祭的舉行日數是就目前的資料來說很難得到一個數據，就算禘祭舉行的日子可以長達一旬，這兩件器所載地點是不得不考慮的，〈剌鼎〉在𤔲大室，而〈鮮段〉在莽京，是否西周的禘祭不限於在京都舉行，這是一個值得研議的地方。

　　這幾件標準器提到了幾個人的名號，分別爲：遹、剌、黃公、長囟、井白、鮮，這些人名提供了銅器繫聯的資訊。

## 二、器　形

　　1. 鼎僅〈剌鼎〉一例。可留意的是腹部和三足，鼎腹寬而較淺，腹底幾爲平面，這一個和西周早期的鼎是可以區別的。鼎足則在比例上偏細。

　　2. 段有四例，〈遹段〉、〈長囟段〉二件與〈鮮段〉。

　　這些段在器耳上呈現了兩類，〈遹段〉爲獸首銜環耳，其他三件爲飾有浮雕獸首的半環形耳，並有珥。段有獸首銜環耳目前所知以穆王

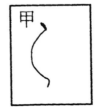

〔註215〕李學勤〈鮮簋的初步研究〉，《走出疑古時代》（瀋陽：遼寧大學出版社，1994
　　　　年3月），頁285。此文爲其與艾蘭合寫。

時代為最早。

在器腹方面，則有兩類，〈遹設〉是扁圓形的器身，最大徑在中間，器身的曲線如圖甲，而其他三件如圖乙，皆是下垂鼓出的。

在足部方面，除了〈遹設〉是圈足下加上三足外，其他的三件皆僅有圈足，而無加柱足的現象。

〈鮮設〉腹及圈足皆有稜脊。

3. 盉僅〈長囟盉〉一例。蓋佔的比例甚大，上有半環鈕；束頸、闊腹而分襠，底如鬲形；管狀長流是筆直的，沒有彎曲；三柱足；背有飾浮雕獸首的鋬，以鍊和蓋相連。

4. 盤僅〈長囟盤〉一例。侈口厚唇、淺腹、雙附耳上折、有圈足。

# 三、紋　飾

紋飾是具有時代特色的，即使是同一種紋飾在不同時期也能區分出不同的類型，如獸面紋（舊稱饕餮紋）主要流行的時代上起自二里崗而延及西周早期，這幾百年間獸面紋一直在演變，商早期多單層帶狀的細浮雕式，至商晚期則為多層裝飾的華麗布局，在西周早期以後則是簡樸無華的風格，而且西周的獸面紋傾向於抽象的解體式。另外，紋飾也和器類及裝飾部位有關，如蕉葉狀的獸面紋多出現在觚、尊的喇叭形口。穆世標準器的紋飾便是研究紋飾時代的重要依據，下面筆者將這七件器所出現的紋飾做整理：

瓦紋：〈遹設〉器身布滿平行溝狀的瓦紋，這樣的裝飾用於設形器的現象始於西周中期。另外，瓦紋在粢盛器的紋飾比例上有很重要的地位。

長冠回顧鳳鳥紋：〈剌鼎〉在口下頸部所飾的一圈長冠回顧鳳鳥紋是西周中期很重要的代表紋飾，鳥體豐滿、華麗的長冠下垂至足部、鳥尾甚長且作捲曲狀，這是周人風格紋飾。

S形複合長鼻夔龍紋：長囟組器皆飾以此種紋飾，每一單位紋飾是以一較大的點〔眼〕為中心，左右各為兩條長鼻龍紋相交於一眼，也就是說每一單位紋飾有四條長鼻龍紋組成。

三角形變體獸面紋：〈長囟盉〉的長流上飾以此種紋飾，這類紋飾受器形影響，多出現在管狀物上。

雙弦紋：〈長囟盉〉的腹部有弦紋兩道，在西周中期的盉腹常見此種紋飾。

單目斜身獸形紋：〈長囟盤〉的圈足飾有此種紋飾。

　　垂冠顧首龍紋：〈鮮段〉在器腹飾有此種紋飾，冠向前垂下而形吐舌的小龍，以雷紋爲地紋，由於這種紋飾不常見，所以在斷代上可以提供重要的例證。

　　變體獸形紋：〈鮮段〉在圈足飾有這種紋飾，並以雷紋爲地紋。這樣的紋飾仍由獸形紋變形而來，有學者稱爲目雷紋，這樣的紋飾流行於殷代。

## 四、字體風格

　　〈遹段〉、〈剌鼎〉、長囟組器及〈鮮段〉這七件標準器的字體風格呈現出規整清秀、柔和圓潤的書風，尤其〈鮮段〉字體筆畫流露出和諧端莊的秀氣。

　　一些常爲學者們留意的字體構件如「宀」、「卩」、「酉」或字形如「隹」、「王」、「寶」、「障」、「其」、「于」等皆提供了重要的比對範例，以「宀」字頭而言，〈遹段〉及〈鮮段〉寶字及窺字宀的兩肩角仍是方角，〈剌鼎〉則是圓角，這一點可以說是顯現出穆王時代宀字頭寫法正由西周早期的方肩角轉向西周中期的圓肩角。

　　字形上如「王」字，西周早期的王字末筆多爲上曲肥筆，〈遹段〉仍是這樣，〈剌鼎〉五個王字，第一行第三字亦如此，然另幾個王字末筆就近乎直筆了，〈長囟盉〉與〈鮮段〉的王字也沒有曲筆的現象，這也可以看成是字體風格由西周早期過渡到西周中期的一個現象。

　　另一個例子如「障」字，馬承源先生主編的《中國青銅器》一書中對障字做的時代觀察爲：西周早期「障字所從的雙手奉酉形，酉字上兩豎劃不出頭」，西周中期「障字所從的酉字上部的兩豎筆多出頭」。〔註216〕〈剌鼎〉的障字沒有出頭，而〈遹段〉和〈長囟盉〉皆有出頭，這一點也可以留意。

　　下面將這七件器的各字列爲一表以易於比對，爲便於「宀」、「卩」形的比較，本文將有此類字形爲構件或相近構件的字先列出來：

　　1. 有構件「宀」與「广」的字：窺、寶、応等。

| | 遹段 | 剌鼎 | 長囟盉 | 長囟段<br>二件 | 長囟盤 | 鮮段 |
|---|---|---|---|---|---|---|
| 窺 | | | | | | |

〔註216〕馬承源主編，陳佩芬、吳鎮烽、熊傳薪編撰《中國青銅器》（臺北：南天書局，1991年10月），頁378～379。

| | 遹簋 | 刺鼎 | 長囟盉 | 長囟簋二件 | 長囟盤 | 鮮簋 |
|---|---|---|---|---|---|---|
| 寶 | 〔拓〕 | 〔拓〕 | | 〔拓〕 | | 〔拓〕 |
| 応 | | | 〔拓〕 | | | |

2. 字形上有與「卩」形相近的字：既、鄉、御、飘〔𩲆〕、卲、瑘、即、𩔖、𩠅、儇等。

| | 遹簋 | 刺鼎 | 長囟盉 | 長囟簋二件 | 長囟盤 | 鮮簋 |
|---|---|---|---|---|---|---|
| 既 | 〔拓〕 | | | | | 〔拓〕 |
| 即 | | | 〔拓〕 | | | |
| 鄉 | 〔拓〕 | | 〔拓〕 | | | |
| 御 | 〔拓〕 | 〔拓〕 | | | | |
| 卲、瑘 | | 〔拓〕 | | | | 〔拓〕 |
| 儇 | | | | | | 〔拓〕〔拓〕 |
| 𩲆、飘 | 〔拓〕 | 〔拓〕 | 〔拓〕 | | | |
| 𩔖 | | | 〔拓〕 | | | |
| 𩠅 | | | | | | 〔拓〕 |

3. 其他字形：凡出現不僅於一器者，本文亦列表以便於比對，字形殘泐過甚者不列入，又字之順序依筆劃爲次：

| | 遹段 | 剌鼎 | 長囟盉 | 長囟段二件 | 長囟盤 | 鮮段 |
|---|---|---|---|---|---|---|
| 丁 | | | | | | |
| 才 | | | | | | |
| 于 | | | | | | |
| 大 | | | | | | |
| 子 | | | | | | |
| 三 | | | | | | |
| 月 | | | | | | |
| 王 | | | | | | |
| 天 | | | | | | |
| 井井 | | | | | | |

| | 遹殷 | 剌鼎 | 長囟盉 | 長囟殷二件 | 長囟盤 | 鮮殷 |
|---|---|---|---|---|---|---|
| 不环 | | | | | | |
| 用 | | | | | | |
| 乍 | | | | | | |
| 休 | | | | | | |
| 永 | | | | | | |
| 囟 | | | | | | |
| 貝 | | | | | | |
| 隹唯 | | | | | | |
| 京 | | | | | | |
| 易 | | | | | | |
| 其 | | | | | | |

| | 遹設 | 剌鼎 | 長囟盉 | 長囟設二件 | 長囟盤 | 鮮設 |
|---|---|---|---|---|---|---|
| 長 | | | | | | |
| 孫 | | | | | | |
| 敢 | | | | | | |
| 啻 | | | | | | |
| 曆曆曆 | | | | | | |
| 對 | | | | | | |
| 蔡 | | | | | | |
| 隣 | | | | | | |
| 葳穮 | | | | | | |
| 穆 | | | | | | |
| 彝 | | | | | | |

# 第四章　穆世標準器以外的文獻所載穆王之探索

　　文獻包含古籍及有字的出土文物：歷代古籍是學者認識周穆王時代的主要材料，重要的有《左傳》、《國語》、《竹書紀年》、《穆天子傳》、《史記·周本紀》等；出土文物則以銅器為主，除了上一個章節所提到的六件標準器外，尚有其他王世的銅器銘文載及穆王，亦為研究穆王時代的重要材料。

## 第一節　先秦古籍的記載

### 壹、《尚書》

　　《尚書》經文中並未明載何者為穆王時代的文獻，歷來學者由漢人注疏及篇章內容推論，認為〈呂刑〉乃穆王時代所作。

　　〈呂刑〉或作〈甫刑〉，如《孝經·開宗明義》、《史記·周本紀》等，此為古音相近之故，後人不知，乃衍宣王世改稱甫侯之說，如《新唐書·宰相世系》：「至周穆王，呂侯入為司寇，宣王世改『呂』為『甫』。」這樣的說法是不正確的，當然《新唐書》也有所據，《尚書孔氏傳》就認為呂侯後改稱甫侯，《新唐書》進而肯定地說在宣王時改稱，於是錯誤就更大了。關於這一點，孔穎達在《詩經正義》中已有說明：

> 《尚書》作〈呂刑〉，此作甫侯者，孔安國云：「呂侯，後為甫侯。」
> 《詩》及《禮記》作甫，《尚書》與《外傳》作呂，蓋因燔詩書，字遂改易，後人各從其學，不敢定之故也。

〈呂刑〉全篇文句中以「惟呂命，王享國百年，耄荒，度作刑以詰四方。」透露出該文時代依據的一鱗半爪。〈書序〉記載「穆王訓夏贖刑，作〈呂刑〉。」現存早於〈書序〉的文獻資料，皆未有明確指出穆王訓呂侯作〈呂刑〉。清人王謨《增訂漢魏叢書》中收錄今本《竹書紀年》載「五十一年作〈呂刑〉，命甫侯于豐。」〔註1〕其將〈呂刑〉繫於穆王五十一年，是由漢人說法加以推定的，王國維就指出：

> 案：《史記‧周本紀》言穆王即位春秋已五十矣。〈呂刑〉云王享國百年，故繫之于五十一年。〔註2〕

前人在輯佚《竹書紀年》時由〈周本紀〉與〈呂刑〉相推，定為穆王五十一年作。由於文獻散佚，司馬遷所見的材料今或不可得見，但在〈周本紀〉中清楚地指出：

> 諸侯有不睦者，甫侯言於王，作脩刑辟，王曰：「吁，來！有國有土，告汝祥刑……」命曰〈甫刑〉。

若《史記》所言不誤，則周穆王時有呂侯，並且作刑辟。至於「即位春秋已五十矣」、與《竹書紀年》所載穆王在位共五十五年、〈呂刑〉所言「王享國百年，耄荒」仍有可商之處。如果穆王五十歲即位，又在位五十五年，則死時為一百零四歲，雖與呂刑「享國百年」相合，但歲數如此極為罕見。另有一說以為自武王至穆王享國百年，《晉書‧束晳傳》云「自周受命，自穆王百年，非穆王壽百歲也。」如果以此解釋〈呂刑〉，似較為合理。至於〈周本紀〉以為穆王五十歲即位，而不書在位年數，是司馬遷恐不知穆王在位年數；然《竹書紀年》又僅載在位年數，而未言及年齡，兩者是否可以牽合，亦未能遽定。是故，本文認為穆王訓呂侯為刑辟之說可從，至於為何年則不能定，大致而言，則在穆王晚年。

〈呂刑〉在西周史上是一篇很重要的文獻，對於後世刑法的精神也有一定的影響。在提供斷代上，〈呂刑〉所能呈現的只是「呂侯」與當時諸侯間不睦及穆王時代作刑辟這三點，呂侯之名未載，在與銅器銘文的對應上俾益有限，不過在現存古書記載貧少的西周時代，這樣的材料仍是彌足珍貴的。

另外，《偽古文尚書》中有〈冏命〉、〈君牙〉〔或作〈君雅〉〕兩篇，〈書

---

〔註1〕 清‧王謨輯《增訂漢魏叢書》，《竹書紀年》卷下，頁10，景清乾隆五十六年金谿王氏刻八十六種本，大化書局。

〔註2〕 王國維《今本竹書紀年疏證》卷下，頁7，臺北：藝文印書館。

序〉亦以爲穆王時代所作：「穆王命伯冏爲周太僕正」、「穆王命君牙爲周大司徒」，《繹史》引呂氏及金仁山之說：

> 呂氏曰：「〈君牙〉、〈冏命〉，穆王初年之書也。」大紀係之三年，若《史記》則〈冏命〉是其初即位之年矣。金仁山曰：「〈君牙〉，初年方新之書也；〈冏命〉，中年自克之書也；〈呂刑〉，晚年之書也。」
>
> 〔註3〕

這些說法中有幾處應再說明：〈冏命〉，據〈周本紀〉載：

> 王道衰微，穆王閔文武之道缺，乃命伯臩申誡太僕國之政，作〈臩命〉。復寧。

《說文解字》云：「臩，古文冏字。」是伯臩即伯冏。由其內容實不能看出是穆王時代所作，只能以〈周本紀〉、〈書序〉爲據。〈君牙〉之作〈君雅〉，亦同音相假，關於此篇，於其他書籍皆未提及。

## 貳、《左傳》

《左傳》記載祭公謀父諫周穆王周行天下與大會諸侯之事：

### 一、祭公謀父諫周穆王周行天下之事：

楚靈王與子革對話，左史倚相趨過，於是子革將其曾問左史倚相有關周穆王之事做了陳述，下面將這段傳文擇錄：

> 《左氏》昭十二年傳：左史倚相趨過，王曰：「是良史也，子善視之！是能讀三墳、五典、八索、九丘。」（子革）對曰：「臣嘗問焉，昔（周）穆王欲肆其心，周行天下，將皆必有車轍馬跡焉。祭公謀父作〈祈招〉之詩以止王心，王是以獲沒於祇宮（一作支宮）。〔註4〕臣問其詩而不知也。若問遠焉，其焉能知之？」王曰：「子能乎？」對曰：「能。其詩曰：『祈招之愔愔，式昭德音。思我王度，式如玉，式如金。形民之力，而無醉飽之心。』」

這段對話提及穆王欲肆心，周行天下，祭公謀父作詩以止之，這次應爲第二次將遠遊，因祭公之諫而止。祭公謀父亦見於《逸周書·祭公》篇（後詳），就該文視之，祭公謀父似爲穆王祖輩，又今本《竹書紀年》載「十一年，王

---

〔註3〕 清·馬驌《繹史》，卷二十六〈穆王命官訓刑〉，頁3，四庫全書本，臺北：臺灣商務印書館。
〔註4〕 參阮元撰〈春秋左傳注疏卷四十五校勘記〉，頁15「王是以獲沒於祇宮」條。

－153－

命卿士祭公謀父。」及「二十一年，祭文公卒。」；《國語》與《史記》也載
祭公曾諫穆王伐犬戎之事，是確有祭公謀父此人。然其為穆王之祖輩，何以
在十一年才由穆王命為卿士，是否〈祭公〉或《竹書紀年》有一為誤，則仍
當商榷，〈祭公〉內容為記其病重之時與王之對話，和《竹書紀年》的二十一
年祭文公卒有關，那麼「十一年，王命卿士祭公謀父」一條可能是前人輯佚
之誤，雷學淇《竹書紀年義證》以為命祭公為大司馬兼三公〔註5〕，不知是何
根據，但也有可能。

　　〈祈招〉之詩未收於《詩經》中，幸於此保留，關於〈祈招〉詩之命名
及名稱之解釋亦有異說，《詩經·小雅》有〈祈父〉一篇，毛傳、鄭箋皆釋為
官名，鄭玄之前的賈逵、馬融亦有說法（參下面引文），此三說各殊，杜預從
毛鄭之說〔註6〕，孔穎達則以《尚書·酒誥》證祈父為官名：

　　△《尚書·酒誥》云：「若疇圻父」，是祈父為官名也。《詩·小雅》有
　　〈祈父〉之篇……毛傳云：「祈父，司馬也，職掌封圻之甲兵。」鄭
　　箋云：「此司馬也，時人以其職號之，故曰祈父。」杜用彼說，故云
　　「祈父，司馬，世掌甲兵之職也。」祈既是官，故招為其名，謂穆
　　王之時有司馬之官，其名曰招也。祭公方諫遊行，故指司馬官而為
　　言也。賈逵云：「祈，求也；昭，明也。言求明德也。」馬融以圻為
　　王圻千里，王者遊戲不過圻內；昭，明也；言千里之內足明德。

　　△穆王之時有祈父官名招，即是司馬官也，職掌兵甲，常從王行，祭
　　公諫王遊行，設言以戒司馬也，言祈招之愔愔，美其志性安和愔愔
　　然也，女當用此職掌以明我王之德音也，思使我王之德度，用如玉
　　然，用如金然，使之堅而且重，可寶愛也，若用民力當隨其所能，
　　而制其形模……以王之遊行必勞損民力，故令依法用之。

依毛傳、馬融之說，圻為本字，祈為假借字。杜注、孔疏認為祈父為司馬之
官屬，而穆王時祈父名招，故祭公作〈祈招〉之詩，以戒告祈父。

## 二、穆王大會諸侯於塗山：

　　穆王會諸侯於塗山今可考者，首見於《左氏》昭四年傳：

　　六月，丙午，楚子合諸侯于申，椒舉言於楚子曰：「臣聞諸侯無歸禮

---

〔註5〕雷學淇《竹書紀年義證》（臺北：藝文印書館），卷二十一，頁156。
〔註6〕杜預注云：「祈父，周司馬，世掌甲兵之職，招其名，祭公方諫遊行，故指司
　　　　馬官而言，此詩逸。」

以爲歸，今君始得諸侯，其慎禮矣！霸之濟否在此會也。夏啓有鈞
臺之享，商湯有景亳之命，周武有孟津之誓，成有岐陽之蒐，康有
酆宮之朝，穆有塗山之會，齊桓有召陵之師，晉文有踐土之盟，君
其何用？宋向戌、鄭公孫僑在諸侯之良也，君其選焉。」

《左傳》未載此事爲穆王何年，而今本《竹書紀年》以爲三十九年，又塗山
所在地，依杜注「塗山在壽春東北。」今本及古本《竹書紀年》皆記載三十
七年伐越，很可能穆王該役後大會諸侯，厲王時代的標準器〈䜌鐘〉00260－
7176 就記載厲王伐南國及孳，大勝後，南夷、東夷具見，一共廿又六邦，這
便是一次會南方諸侯的例子。穆王可能在伐越大勝之後，會南方諸侯於塗山，
如果文獻的記載無誤，這是穆世中期以後仍向南方用兵的一個佐證。

　　由以上的討論，《左傳》提供了穆王時代有「祭公謀父」、「祈招」等人，
也提及「會諸侯於塗山」的訊息。

## 參、《國語》

　　《國語》記載穆王之事約有三處，包含穆王征犬戎、穆王出生之傳說，
以及管仲對穆王施政的敘述：

### 一、穆王征犬戎，祭公謀父諫之

　　《國語·周語》記載祭公謀父曾諫穆王征犬戎之事，穆王不聽，於是荒
服者不至：

穆王將征犬戎，祭公謀父諫曰：「不可。先王耀德不觀兵。……今自
大畢、伯士之終也，犬戎氏以其職來王，天子曰：『予必以不享征之，
且觀之兵。』其無乃廢先王之訓而王幾頓乎！吾聞夫犬戎樹惇，帥
舊德而守終純固，其有以禦我矣！」王不聽，遂征之，得四白狼、
四白鹿以歸。自是荒服者不至。

此事亦見於今本《竹書紀年》「十二年，毛公班、共公利、逢公固帥師從王伐
犬戎。多十月，王北巡狩，遂征犬戎。」《史記》亦載此事。今本《竹書紀年》
又載穆王十七年秋八月，遷戎于太原。這是目前所知穆王第一次對外用兵。
爲此祭公作詩以諫，然王終伐犬戎。

### 二、穆王出生傳說

　　《國語·周語》記了一件怪事，在周惠王十五年時，有神降於莘這個地

方，內史過提及了穆王出生的事：

> （惠王）十五年，有神降於莘，王問於內史過……王曰：「今是何神
> 也？」對曰：「昔昭王娶於房，曰房后，實有爽德，協於丹朱，丹朱
> 憑身以儀之，生穆王焉。是臨照周之子孫而禍福之。夫神壹不遠徙
> 遷，若由是觀之，其丹朱之神乎？」

這件事不但神奇而且還出自周史官之口，實在令人費解，故本文以傳說視之。
《左傳》也記載了這件奇異之事：

> 《左氏》莊三十二年傳：秋七月有神降于莘。惠王問諸內史過曰：「是
> 何故也？」對曰： 「國之將興，明神降之，監其德也；將亡，神又
> 降之，觀其惡也。故有得神以興，亦有得神以亡。虞夏商周皆有之。」

值得留意的是《左傳》無丹朱憑房后之身以生穆王之事。這事甚為奇異，或
許另有含義。

## 三、管仲言穆王施政

〈齊語〉記述齊桓公和管仲之問答，管仲言及周昭王、穆王時的施政：

> 管子對曰：「昔吾先王昭王、穆王，世法文、武遠績以成名，合群叟，
> 比校民之有道者，設象以為民紀，式權以相應，比綴以度，竱本肇
> 末，勸之以賞賜，糾之以刑罰，班序顛毛，以為民紀統。」

今《管子・小匡》中亦有這段對話，文字稍有差異，「合群叟」作「合群國」、
「式權」作「式美」、「比綴以度」作「比綴以書」、「竱本肇末」作「原本窮
末」、「勸之以賞賜」作「觀之以慶賞」、「班序顛毛」作「糞除其顛旄」、多
出「賜予以鎮撫之」一句、「以為民紀統」作「以為民終始」。〈小匡〉的「合
群國」較優；〈小匡〉的「式美」，郭沫若先生指出是〈齊語〉的「式權」之
誤〔註7〕，其他大致上文義相近。

昭王與穆王時期是否如管仲所言有如此之政治格局與制度，今無可驗，
但至少這裡表現出後人對昭、穆二王時代的概念，就文化上來看，西周從昭
王開始周人自己的文化風格更為明顯，與殷文化有了較大的差別，穆王時代
周人風格更為鮮明，再結合〈呂刑〉等說法，穆王時代在政治的制度各方面
應有一番建樹，其時代是西周政治制度發展很重要的一個階段。

---

〔註7〕郭沫若《管子集釋》（收錄於《郭沫若全集・歷史編》，第五卷，北京：人民
　　　　出版社，1984年10月）頁508曰：「美」，〈齊語〉作「權」，則「美」殆「券」
　　　　字之誤。

## 肆、《竹書紀年》

在所有古籍中,《竹書紀年》提供最多有關穆王時代的資訊,此書晉朝出土,《晉史‧束晳傳》有清楚的記錄:

> 初,太康二年,汲郡人不準盜發魏襄王墓,或言安釐王冢,得竹書數十車。其《紀年》十三篇,記夏以來至周幽王爲犬戎所滅,以事接之,三家分,仍述魏事至安釐王之二十年。蓋魏國之史書,大略與《春秋》皆多相應。其中經傳大異,則云夏年多殷;益干啓位,啓殺之;太甲殺伊尹;文丁殺季歷;自周受命,至穆王百年,非穆王壽百歲也;幽王既亡,有共伯和者攝行天子事,非二相共和也。……《穆天子傳》五篇,言周穆王游行四海,見帝臺、西王母。《圖詩》一篇,畫贊之屬也。又雜書十九篇:《周食田法》、《周書》、《論楚事》、《周穆王美人盛姬死事》。大凡七十五篇,七篇簡書折壞,不識名題。冢中又得銅劍一枚,長二尺五寸。漆書皆科斗字。初發冢者燒策照取寶物,及官收之,多燼簡斷札,文既殘缺,不復詮次。武帝以其書付祕書校綴次第,尋考指歸,而以今文寫之。

這是一件古代文獻上的大事,這批出土的文獻爲戰國時代之物,既未經秦火,亦未歷漢儒之手,其存眞性遠高於當時可見歷經前代流傳之古籍。惜《竹書紀年》亡佚,清人輯佚後才得見其貌。

對於汲冢書出土的正確年代,史書記載或有出入,《晉書‧武帝紀》以爲「咸寧五年十月」即西元279年,〈衛恒傳〉中載《四體書勢》以爲「太康元年」即西元280年,又汲縣西北齊太公廟內有「齊太公呂望表」,其文云:「太康二年,縣之西偏有盜發冢,而得竹策。書藏之年,當秦坑儒之前八十六歲。」此說法與〈束晳傳〉同,皆爲太康二年,西元281年。綜上所言,知汲冢書出土年代有三說,各差一年,對於這樣的出入,朱希祖〔註8〕、日人神田喜一郎〔註9〕、衛挺生〔註10〕等先生皆認爲:汲冢書出土在咸寧五年十月,藏於祕書監在太康元年,至太康二年才由束晳、衛桓等校讀。這樣的說法是很合理的。不過,此三種異說皆記爲發現年代,仍不排除誤傳所致。

---

〔註8〕 朱希祖《汲冢書考》(北京:中華書局,1960年),頁3。

〔註9〕 日人神田喜一郎著有《汲冢書出土始末攷》,見衛挺生《穆天子傳今考》(一)(臺北:中華學術院,中華大典,1970年12月),頁92所引。

〔註10〕 衛挺生《穆天子傳》(一)(臺北:中華學術院,中華大典,1970年12月),頁47～49。

　　《竹書紀年》對於研究穆王時代有很重要的價值，因爲書中不但記錄了
穆王時代發生的事件，更珍貴的是提供了年代的訊息。今本《竹書紀年》學
者疑爲僞書；清人由前人注疏、類書等輯佚出，雖非原貌，但仍有可觀者，
後人稱爲古本《竹書紀年》。關於被疑僞的今本《竹書紀年》，實有參考價值，
不少學者對今本多以僞書而摒棄不用，本文對今本《竹書紀年》則多所取裁，
理由如下：

　　今日對僞書的看法當有別於民國初年以前，本文認爲對僞書的正確態度
不在於強調其僞造與否，而在於其所載史料該如何利用，畢竟古人無中生有
的少，通常這類被視爲僞書的史料，有其一定的來源，使用上可以儘可能小
心，但全然否定則失之太過。王國維先生在《今本竹書紀年疏證》中談到：「夫
事實既具他書，則此書爲無用；年月又多杜撰，則其說爲無徵。無用、無徵，
則廢此書可。」事實上，說今本《竹書紀年》無用，則恐失當，王先生及歷
來做古本《竹書紀年》輯錄的學者，多參考今本，以其爲線索，而求得出處，
從而輯錄古本《竹書紀年》，如此而言，無用之評實譏之太過，無徵之評亦失
當。今本《竹書紀年》一千零二十六條而不知其出處者甚多，本文認爲這些
資料的原始出處可能亡佚，今本《竹書紀年》正好保存下來，再者由銅器銘
文可以證明今本《竹書紀年》的記載有些地方是十分可信的，〈兮甲盤〉載：
「佳五年三月既死霸庚寅，王初各伐玁狁……」，而今本《竹書紀年》宣王五
年記錄著「夏六月，尹吉甫帥師伐玁狁，至于太原」。由長曆推之，宣王五年
三月是有庚寅（共和之後可推長曆，又王國維先生〈鬼方昆夷玁狁考〉一文
推得此日在二十六日），另外〈班殷〉載毛公班，亦見於今本《竹書紀年》。

　　《竹書紀年》亡佚的時代可能在兩宋之交，朱右曾《汲冢紀年存眞》以
爲「亡於北宋」，王國維先生《古本竹書紀年輯校》以爲「佚於兩宋之際」，
不管何說爲是，今本《竹書紀年》所見必然比後人輯錄古本所見的資料爲多，
而今本《竹書紀年》也是後人輯錄，同是後人輯錄，實在不可持雙重標準，
認爲清代學者所輯的古本《竹書紀年》可信，而宋人所輯的今本《竹書紀年》
就不可信。

　　下文參考王謨《增訂漢魏叢書》所收之沈約注《竹書紀年》、雷學淇《竹
書記年義證》〔註11〕、朱右曾《汲冢紀年存眞》〔註12〕、朱右曾輯錄及王國

〔註11〕清・雷學淇《竹書紀年義證》，臺北：藝文印書館。
〔註12〕清・朱右曾《汲冢紀年存眞》，景印歸硯齋藏本，臺北：新興書局，1959 年

維先生校補之《古本竹書紀年輯校》〔註13〕、王國維先生《今本竹書紀年疏證》〔註14〕等書，將穆王諸事詳錄之，其正文以△為標幟，需說明者以※別之：

　　△元年己未春正月，王即位，作昭宮，命辛伯餘靡。冬十月，築祇宮于南鄭。

　　　　※沈約附註云：自武王至穆王享國百年，穆王以下都于西鄭。〔註15〕

　　　　※南鄭，雷學淇作「西鄭」，認為荀勗等誤以古文西字寫作南，故引此紀者皆誤作南鄭。雷學淇認為穆王以下亦未嘗居鄭地。〔註16〕

　　△六年春，徐子誕來朝錫命為伯。

　　　　※雷學淇義證云：徐子即徐戎之後，蠻夷之君雖大曰子。誕，其君之名也，嘉其來朝受命，故書爵，十三年侵洛則仍曰徐戎矣。《史記》、《漢書》、《淮南子》、《博物志》竝謂穆王時徐偃王作亂，即下侵洛事也。……蓋誕偽行仁義，號召諸侯，邀王寵命，及穆王西征，乃僭王作亂也。……《漢書‧東夷列傳》曰：「穆王分東方諸侯命徐偃王主之」，即此錫命為伯事矣。〔註17〕

　　　　※關於徐偃王之事，文末將會專節探討。

　　△八年春，北唐來賓，獻一驪馬，是生騄耳。

　　　　※雷學淇義證：北唐者，戎國名。獻一驪馬二句，傳文也。〔註18〕

　　△九年，築春宮。

　　△十一年，王命卿士祭公謀父。

　　△十二年，毛公班、共公利、逄公固帥師從王伐犬戎。冬十月，王北巡狩，遂征犬戎。

　　　　※《穆天子傳》作井公利。二者不知孰是，姑並存之。

　　　　※《國語》韋注云：犬戎，西戎之別名。

　　　　※《漢書‧西羌傳》曰：穆王西征犬戎，獲其五王，又得四白鹿四白

---

　　12月。

〔註13〕清‧朱右曾輯錄、王國維校補《古本竹書紀年輯校》，臺北：藝文印書館。

〔註14〕王國維《今本竹書紀年疏證》，臺北：藝文印書館。

〔註15〕清‧王謨輯《增訂漢魏叢書》，沈約附註《竹書紀年》卷下，頁8，景清乾隆五十六年金谿王氏刻八十六種本，大化書局。

〔註16〕清‧雷學淇《竹書紀年義證》（臺北：藝文印書館），頁312。

〔註17〕同上註。

〔註18〕同上註，頁313。

狼，王遂遷戎于太原。

※雷學淇義證作「⋯⋯從王伐犬戎，取其五王以東，八月，遷戎於太原。冬十月，王北巡狩，遂征犬戎。」〔註19〕這裡似乎王兩次伐犬戎，第一次至八月結束，第二次在十月，是既取五王遷太原，後又北征之。其他本子遷戎在十七年八月，較爲合理。本文認爲第一次征犬戎即毛公班等從王於冬十月伐犬戎，取其五王，至十七年八月乃遷犬戎於太原。

△十三年春，祭公帥師從王西征，次于陽紆。秋七月，西戎來賓，徐戎侵洛。冬十月造父御王入于宗周。

※北征後有西征，亦見於《穆天子傳》。

※《禮記・檀弓》徐容曰：「昔我先君駒王西討濟于河。」

△十四年，王帥楚子伐徐戎，克之。夏四月，王畋于軍丘。五月作范宮。秋九月，翟人侵畢。冬蒐于萍澤，作虎牢。

※《穆天子傳》卷五曰：季秋□乃宿于房，畢人告戎，曰：「陵翟來侵，天子使孟忩如畢討戎。」

※《穆天子傳》卷五曰：有虎在乎葭中。天子將至，七萃之士高奔戎請生捕虎，必全之。乃生捕虎而獻之。天子命之爲柙而畜之，東虢是爲虎牢。

△十五年春正月，留昆氏來賓。作重壁臺。多，王觀于鹽澤。

※一作「王幸安邑，觀鹽池」王賢喈以爲非是。〔註20〕

△十六年，霍侯舊薨。王命造父封于趙。

△十七年，王西征昆侖丘，見西王母。其年西王母來朝，賓于昭宮。秋八月，遷戎于太原。

※《山海經》注引作「五十七年」衍「五」字。

※沈約附註：王北征，行流沙千里，積羽千里，征犬戎取其五王，以東西征于青鳥所解（三危山），西征還履天下億有九萬里。〔註21〕

※關於太原的位置，韓小忙先生總括前說爲三：（1）東周以降晉之太

---

〔註19〕同上註，頁 314～315。

〔註20〕清・王謨輯《增訂漢魏叢書》，沈約附註《竹書紀年》卷下，頁 9 引王賢喈校語，景清乾隆五十六年金谿王氏刻八十六種本，大化書局。

〔註21〕同上，頁 9。

原（今山西太原）；（2）漢時五原，即六國時秦、趙之九原（今內蒙古包頭西北）；（3）後魏原州（今寧夏固原）。他同意太原在周之西北即今之固原〔註22〕；「按：參證考古發現之涇陽故城及新出『多友鼎』言多友進軍路線爲西追，則玁狁之侵周乃自西（北）方向來，極爲明確，玁狁經常出入、聚合之地不應在北，故太原在西北比較符合史實。」〔註23〕韓說結合考古與銘文爲證，其說可從，又《竹書紀年》穆王十二年載：「冬十月，王北巡狩，遂征犬戎。」則此北巡狩實爲西北之意。而此犬戎在古本《竹書紀年》夷王時命虢公伐之、宣王三十六年伐之，則稱爲「太原之戎」，蓋因穆王遷於太原，本欲消弱其力量，但至中期偏晚，太原之戎成爲西周的重要外患，後來或稱爲玁狁。

△十八年春正月，王居祇宮，諸侯來朝。

△二十一年，祭文公薨。

　　※雷學淇：祭文公即祭公謀父，諡曰文也。〔註24〕

△二十四年，王命左史戎夫作記。

　　※《逸周書》有〈史記〉篇，可能即此事。

△三十五年，荊人入徐，毛伯遷帥師敗荊人于泲。

　　※雷學淇云：毛伯遷，毛公班之嗣也，名遷，一作邥，邥古鄶字，又通作遷。〔註25〕

　　※邥字從弁爲聲符，弁音與班音近。弁，皮變切，古音在並紐元部；班，布環切，古音在幫紐元部，是二者同爲唇音。遷亦在元部。是邥與遷、班古音可通。毛伯遷很有可能就是毛公班，毛伯爲毛公，正如召公或稱召伯，《詩經·大雅·崧嵩》毛傳云：「召伯，召公也。」，〈甘棠〉鄭箋云：「此美其爲伯之功，故言伯云。」是伯可指方伯而言，召伯乃就其伯之功以稱，召公則爲其爵，又就出土銘文舉證，則梁山七器〈太史友甗〉稱召公，〈白寏盉〉、〈寏鼎〉稱召白。〈班毀〉一銘中稱毛班之父或稱毛公、毛白，是可證毛公與毛伯同稱一

---

〔註22〕韓小忙〈玁狁與戎考論〉，《漢學研究》第 14 卷第 2 期（1996 年 12 月），頁96。

〔註23〕同上註，頁 93。

〔註24〕清·雷學淇《竹書紀年義證》（臺北：藝文印書館），頁 331。

〔註25〕同上，頁 334。

人是有堅強的例證。

△三十七年，大起九師東至于九江，架〔叱〕黿鼉以爲梁，遂伐越至于紆，荊人來貢。

※此段文字出入甚大，在紀年上，或作七年、十七年、四十七年，且部分字亦有出入。朱右曾輯錄云：「《文選・恨賦》注。三十七年：《文選・江賦》注、《藝文類聚》九、《初學記》七、《太平御覽》九百三十二、《通鑑外紀》三，引同；《御覽》三百五、《路史・國名紀》己均引作四十七年；《廣韻》二十二元引作十七年；《御覽》七十三引作七年。伐越：《北堂書鈔》一百十四引作伐大越；《類聚》九、《外紀》三引作伐楚；《御覽》三百五引作伐紂；《路史・國名紀》己作伐紂；紂乃紆之譌。叱：《類聚》、《初學記》均引作比；《書鈔》引作駕；《御覽》七十三及三百五均引作架；《文選・江賦》注引作叱，與此同。」〔註26〕

※雷學淇義證：「三十七年伐楚，大起九師……遂伐越」在三十七年後有「伐楚」二字。〔註27〕本文認爲三十五年大敗楚師，則三十七年遂伐越〔也可能是紆〕，可能楚人與該族連結，故周師伐之，楚乃入貢。至於三十七年伐楚也很有可能，「遂」字可以視爲承三十五年伐楚而言，也可能指三十七年伐楚至九江，如此則有二次伐楚。

※朱右曾《汲冢紀年存眞》認爲「紆當作紓，形近而譌，紓舒通用，今安徽盧州府古群舒地；九江，〈漢志〉在盧江尋陽縣南，今湖北黃州府黃梅、廣濟二縣地。」〔註28〕此說較伐越爲佳，古籍常「荊舒」連言，朱說之可能性很大。

△三十九年，王會諸侯于塗山。

※《左氏》昭十二年傳記楚大夫子革與楚靈王語，子革述左史倚相之言，亦提及此事。

※穆王幾年對南方用兵，戰事結束，乃大會諸侯以昭天子權威。

△四十五年，魯侯濬薨。

〔註26〕清・朱右曾輯錄、王國維校補《古本竹書紀年輯校》（臺北：藝文印書館），頁7。

〔註27〕清・雷學淇《竹書紀年義證》（臺北：藝文印書館），頁334。

〔註28〕清，朱右曾《汲冢紀年存眞》，景印歸硯齋藏本（臺北：新興書局，1959年12月），卷七，頁33。

※據《史記·魯世家》：「幽公弟濞弒幽公而自立，是爲魏公，魏公五十年卒，子厲公擢即位。」由此推之，則魯侯濞歷昭、穆二朝，而魯侯擢初年在穆王世。

※又據《史記·三代世表》所載，穆王時魯君爲煬公，而魏公濞屬之懿王，中間隔幽公。但依〈魯周公世家〉：「魯公伯禽卒，子考公酋立，考公四年卒，立弟熙，是謂煬公……六年卒，子幽公立。幽公十四年，幽公弟濞殺幽公而自立，是爲魏公。魏公五十年卒，子厲公擢立。厲公三十七年卒。魯人立其弟具，是爲獻公。獻公三十二年卒，子眞公濞立。眞公十四年，周厲王無道，出奔彘，共和行政。」由此推之，魏公卒年至厲王奔彘（眞公十四年）共相差了八十三年，而依今本《竹書紀年》則恭王到厲王奔彘共差八十年，故魯魏公當在穆王世薨。雖然年數有差，但大致推來，魯侯濞活動時代爲穆王世，也可能跨了昭王世。

△五十一年，〈呂刑〉，命甫侯于豐。

　※《尙書》有〈呂刑〉，或稱〈甫刑〉。

△五十五年，王陟于祗宮。

　※《左氏》昭十二年子革與楚靈王語左史倚相之言亦載之。

《竹書紀年》爲戰國墓中所出，據《晉書》載由科斗文（或載爲古文、篆文）寫成，是戰國時期的作品，當然能對古史依年紀錄，必有其依據，雖亡佚後由清人輯出古本《竹書紀年》，然內容大致皆可信。在研究古史上，今本及古本《竹書紀年》提供了各王在位年數及大事，有些與《史記》不同，在研究上很重大的意義。

由上面的討論，可以對穆王世提出下面幾點：

1. 穆王元年己未春正月即位，在位五十五年。
2. 穆王元年作昭宮、築祗宮于西鄭（或云南鄭）、九年築春宮、十四年作范宮、十五年作重璧臺。
3. 與徐戎之事：徐戎在六年受錫爲伯，十三年侵洛，十四年穆王與楚師克之，三十五年楚人侵之，毛伯遷救之。
4. 與犬戎之事：十二年伐犬戎、十七年（一說十二年）遷戎至太原。
5. 與楚荊之事：十四年與王合伐徐戎、三十五年侵徐，爲毛伯遷所敗、三十七年王伐楚至九江、三十七年入貢。

6. 征伐之事：西征（北征）犬戎→西征次於陽紆→東南征徐戎→西征
   昆侖丘→毛伯遷伐楚→伐楚及越（一作紆，可能是舒）

7. 重要人物：辛伯餘靡、徐子誕、祭公謀父（祭文公）、毛公班、共
   公利（亦可能是井公利）、逢公固、霍侯舊、造父（趙）、西王母、
   左史戎夫、毛伯遷、魯侯濆、魯侯擢、呂侯（甫侯）

8. 征伐對象及外患：犬戎、徐戎、楚、越（一作紆，可能是舒）、陸
   翟（侵畢）

9. 會諸侯或外賓：八年北唐來獻、十三年西戎來賓、十五年留昆氏來
   賓、十七年西王母來朝，賓于昭宮、十八年諸侯至祇宮朝王、三十
   七年荊人來貢、三十九年會諸侯於塗山。

## 伍、《穆天子傳》（含《周穆王美人盛姬死事》）

《穆天子傳》亦出自汲冢，此書甚受學者注意，為汲冢所出諸書中能保
存自今者，但書名、篇卷數或有不同，且目錄學者對此分類亦甚分歧。

關於書名方面，據顧實先生所云本稱《周王遊行記》，荀勗所校寫本子改
稱《穆天子傳》。另外，孔穎達為《左傳》杜預後序做正義時引王隱《晉書》
乃稱《周王遊行》。其他稱呼，如《文選》之陶淵明〈讀山海經〉詩中「汎覽
《周王傳》」，蓋受詩句字數之故；《太平御覽》引用書目中稱《周穆王傳》，
以上皆為異名，今人衛挺生先生擬改名為「周穆王西征實錄」。〔註29〕本文仍
從前人習稱之名，稱《穆天子傳》。

關於篇卷，《晉書·束皙傳》云：

> 《穆天子傳》五篇，言周穆王游行四海，見帝臺、西王母。……雜
> 書十九篇：《周食田法》、《周書》、《論楚事》、《周穆王美人盛姬死事》。

是出土時《穆天子傳》五篇，今所見本皆為六卷，將《周穆王美人盛姬死事》
合入，又無「帝臺」之事。何時由五篇而成今之六卷，朱希祖先生以為荀勗
本已為六卷〔註30〕，但無實據，且《晉書》明載五卷，而荀勗為參與整理汲
冢書學者之一，當時將《周穆王美人盛姬死事》列入雜書，則不太可能將其

---

〔註29〕這方面可參考顧實《穆天子傳西征講疏·知見目錄提要》，收於《國民叢書》，
　　　　1931年。衛挺生的改名意見，參其《穆天子傳》（二）（臺北：中華學術院，
　　　　中華大典，1970年12月），頁1～3。

〔註30〕朱希祖之說參見衛挺生《穆天子傳》（一）（臺北：中華學術院，中華大典，
　　　　1970年12月），頁99所引。

與《穆天子傳》合併。顧實先生有一推測：

> 《左傳》杜預後序孔疏引王隱《晉書》曰：「《穆天子傳》，民間偏多。」
> 疑今本《穆天子傳》六卷，皆郭璞注，原出民間本。故亦無穆王見
> 帝臺之事，而與束晳、顏延之所見《穆傳》，有帝臺事者不同也。晉
> 世風尚淫柔，故《穆傳》必附以美人盛姬死事；而郭氏嗜酒好色，
> 見《晉書》本傳，更非不樂爲此者。〔註31〕

顧說爲一擬測，實無明確證據，今人鄭杰文先生〈穆天子傳知見版本述要〉
〔註32〕則以爲合入盛姬死事在郭璞後，實此一問題今無可詳考。

　　另外，「帝臺」一事，顧實先生以爲郭璞已未見，然《文選》顏延之〈赭
白馬賦〉云：「覲王母於崑墟，要帝臺於宣嶽。」是仍見之，顏爲東晉末之人，
晚於郭璞，則郭璞也可能見之，何況其注《穆天子傳》亦見荀勗之序，是顧
說可議也。

　　《穆天子傳》的性質也是爭論的一項重點，歷代目錄對此亦有不同的分類，
最早是《隋書·經籍志》認爲「《穆天子傳》體製與今起居注正同。」這樣的看
法後代多有依從者，如《唐書·經籍志》、《新唐書·藝文志》、宋·陳振孫《直
齋書錄解題》、鄭樵《通志·藝文略》、明·焦竑《國史經籍志》、清·徐學乾《傳
是樓藏書目》等，既然認爲是起居注，便是承認其內容是實有的，也就是將此
書所載之事皆視爲能合於現實。宋人的意見尚有「傳記類」及「雜傳類」兩說，
王堯臣與歐陽修編之《崇文總目》、晁公武《郡齋讀書志》以及清人錢謙益《絳
雲樓書目》、孫星衍《祠堂書目》等皆以爲傳記類，主張歸爲雜傳類的如尤袤《遂
初堂書目》，以上的說法大致上同意是「傳」、「記」性質。元代所編《宋史·藝
文志》則認爲是「別史類」。此外，明·祁承爜《澹生堂藏書目錄》及清·姚際
恒《好古堂書目》則以爲是「雜史類」；至清乾隆修《四庫全書》乃定爲「小說
家類」，《四庫全書簡明目錄》、莫友知《邵亭知見傳本書目》、周中孚《鄭堂讀
書記》、丁丙《八千卷樓書目》等皆是；清·張之洞《書目答問》則以爲「古史
類」。以上這些分類，最後出現而流行的是「小說家類」。

　　《四庫全書總目》云：

> 案《穆天子傳》舊皆入起居注類，徒以編年紀月敘述西遊之事，體

---

〔註31〕顧實《穆天子傳西征講疏·知見目錄提要》（收於《國民叢書》，1931 年），頁
　　　　2～3。
〔註32〕鄭杰文〈穆天子傳知見版本述要〉，《文獻》1994 年第 2 期，頁 170。

近乎起居注耳，實則恍惚無徵，又非《逸周書》之比，以爲古書而
存可也，以爲信史而錄之，則史體雜史例破矣。今退置於小說家義
求其當，無庸以變古爲嫌也。〔註33〕

對於這樣的意見，顧實先生批評：「清中葉文人，如紀昀，好行小慧，突翻前
朝舊案，列入《穆傳》於小說類中」。〔註34〕反對之意是很明顯的。「小說」
之名目前所知最早出現於《莊子・外物》「飾小說以干縣令，其於大道亦遠矣。」
一語，這裏小說的意思是指卑微瑣屑之言，也就是《荀子・正名》所說「故
智者論道而已矣，小家珍說之所願皆衰矣。」亦即是和「大道」相對的。最
早將「小說家」分爲一類而命名的爲《漢書・藝文志・諸子略》，這是以劉向、
劉歆父子的《別錄》、《七略》爲藍本，對於「小說家」下的定義是：

小說家者流，蓋出於稗官。街談巷語，道聽塗說者之所造也。孔子
曰：「雖小道，必有可觀者焉，致遠恐泥，是以君子弗爲也。」然亦
弗滅也。閭里小知者之所及，亦使綴而不忘。如或一言可采，此亦
芻堯狂夫之議也。

〈漢志〉所列小說十五家，依魯迅先生的研究，梁時僅存《青史子》一卷，
在隋時皆佚，內容大致上爲託古人、記古事、或淺薄、或悠謬之類。〔註35〕
〈漢志〉之後史書系統對於小說的見解大致相近，如《隋書・經籍志》「小說
者，街談巷語之所說也。」皆是。下面就《四庫總目》所自陳對小說的看法
來探求顧先生的意見是否正確：

《四庫總目》在卷一百四十「小說家類」中說到：

迹其流別，凡有三派：其一敘雜事、其一記錄異聞、其一綴輯瑣語
也。

這樣看來，和〈漢志〉對小說的定義並無多大的差別，顧先生對《四庫總目》
的批評實也太過。關於《四庫總目》將《山海經》及《穆天子傳》歸入小說，
魯迅先生說「于是小說之志怪類中又雜入本非依託之史，而史部遂不容多含
傳說之書。」〔註36〕將《穆天子傳》歸入小說的是非，亦爲見仁見智的問題。

---

〔註33〕清・紀昀等《欽定四庫全書總目》卷一百四十二，子部・小說家類三，頁4。
〔註34〕顧實《穆天子傳西征講疏・知見目錄提要》（收於《國民叢書》，1931年），頁
8。
〔註35〕魯迅《中國小說史》，收錄於《魯迅小說史論文集》（臺北：里仁書局，1992
年9月），頁9。
〔註36〕同上註，頁12。

　　就《穆天子傳》視之，其內確有似神話者，如卷四言黑羊白血、卷五言「乃奏廣樂，天子遺其靈鼓，乃化爲黃蛇。」等，又卷二言昆侖之丘有鐵山，西周中期未見鐵器，此種皆可商議，是其性質近於小說。有不少學者認爲其內容相當可信，並爲之排列年表曆譜、製作路線圖，其正確與否猶待研議。

　　然而亦有與史實相關者，如其提及之人名：祭父、造父等，事件：西征昆侖丘、陵翟侵畢之事，與《竹書紀年》可以相合，因此其中亦雜有史實，《穆天子傳》可能便由這些史實，加上當時所見一些神話傳說及時人的地理知識等，綜合寫成。王貽樑先生由「七萃之士」結合戰國兵器銘文「禾萃」論證二者之關係：

　　燕國兵器中有自名爲「禾（下文以△替代）鋸萃（憲仁案：當作萃鋸）」的戈，銘文有：

　　　　「郾侯脮作△萃鋸」、

　　　　「郾侯載作△萃鋸」、

　　　　「郾侯（王）職作△萃鋸」

　　「△萃」，目前只見對「萃」字有考⋯⋯但由於△字沒有釋出，「△萃」之義仍未明瞭。△字，或有隸定爲「力」的（無考釋），但一直未爲學界所接受。余近因整理《穆天子傳》一書，涉及這一問題，經反覆思索，始悟燕戈的「△萃」實即《穆傳》「七萃之士」的「七萃」，△即七字⋯⋯△字有禾、禾、禾諸形，與戰國貨幣文「七」字作十、朩、七、朼、朼等諸形正合，與信陽楚簡「七」字作七亦近，是知釋其爲「七」字在形體結構上完全可以成立。⋯⋯推測起來當爲周王的禁軍衛隊⋯⋯「七萃之士」多勇武有力者，正與金文及文獻習見的「虎臣（虎賁）」相同，尤可證其爲周王的禁軍侍衛。⋯⋯燕戈中的「七萃」由《穆傳》而得到了唯一的證明，而同時《穆傳》也由燕戈「七萃」得到了一件足資判斷其眞僞與年的證據。⋯⋯《穆傳》絕不是戰國以後人所能僞造的⋯⋯《穆傳》一書也決不是西周時人的作品，更不是什麼周王史官作品。〔註37〕

王貽樑先生的說法雖僅由「七萃」一詞作爲論證，在取證上尙有不足，但在《穆天子傳》寫作時代的推測上是值得參考的，王先生認爲「決不是西周時

---

〔註37〕王貽樑〈燕戈「七萃」及穆天子傳成書年代〉，《考古與文物》1990 年第 2 期，頁 32～34。

人的作品」，本文認爲西周時應留下一些記載，由後人編輯成書，先秦流傳的古籍，今日伴隨地下簡帛的出土，相關的越來越多，而當時有不同的傳抄本流傳，其或有共同而更早的來源，《穆天子傳》亦然，在戰國汲冢之前應有更早的本子，而源頭或許是西周中期的史官記錄，所以王先生的「決不是」似乎口氣過重。在之後的文章中，他對《穆天子傳》的時代又有補充：

> 卷一至卷四所載穆王西征，雖然未可就定爲穆王其人之事，但其中
> 必有先秦（主要是西周）時的史料則是無疑的。卷五、卷六的成書
> 可能要早於前四卷。〔註38〕

本文認爲今日所見的《穆天子傳》本子，實採用了不少西周留傳下來的史料，也多少加入了當時的神話，及與西域民族、北方民族交往的見聞，因此在內容上有很多重要的史事及人物皆保留其中，當然一些奇異怪事，在研究上不得不小心處理，這類故事與《列子》中所記的穆王事、《國語》所載穆王出生傳說一樣，可信度實在不高。

此書中提及不少人名，可留者如：井利〔即井公〕、梁固、毛班、盛姬、正公郊父、造父、孟悆、孔牙（或以爲即君牙）、伊扈、王女叔娅、許男、邢侯、曹侯、霍侯、祭〔鄭〕父、逢公、西王母。

## 陸、《逸周書》

《逸周書》於歷來著錄中又稱爲《周書》、《汲冢周書》、《周志》，這些名稱中以《周書》爲最早，目前可考者：《說文解字》首稱《逸周書》之名，而至宋代《太平御覽》才在書名前加上「汲冢」字樣，由於《逸周書》一名爲多數學者所使用，且易與《尙書・周書》名稱區別，本文仍沿用此名。關於《逸周書》的流傳經過，黃懷信先生攷證此書經劉向校過，後爲李充以汲冢所出者整理編定，其主要意見如下：

> 是《逸周書》自劉向校書，篇目雖具七十有一，而文存者實四十五
> 篇，亦不分篇。〈漢志〉所著，即爲此本。西晉孔晁爲注，據用即此
> 傳世之本。汲冢本雖自太康間出土，但直至校定之後，基本上未傳
> 民間。東晉初李充校書，以「繁重」之嫌，將二本刪除重複及殘缺
> 過剩之篇，得五十九篇。并〈序〉六十篇爲一書……至於今本，即

---

〔註38〕 王貽樑〈穆天子傳的史料價值〉，《華東師範大學學報》1994 年第 6 期，頁 51。

李充編定之傳世本，已無疑問。〔註39〕

此書中記載與穆王相關的為〈祭公〉、〈史記〉及〈職方〉三篇，這三篇都提及王，而未明言為穆王。下面對此三篇作一說明：

關於〈祭公〉，〈序〉載：「周公云歿，王制將衰，穆王因祭祖不豫，詢謀守位，作〈祭公〉。」再查之正文：

> 王若曰：「祖祭公，予小子虔虔在位，昊天疾威，予多時溥愆，我聞祖不豫有加，予惟敬省不弔，天降疾病，予畏天威，公其告予懿德。」
> 祭公拜手稽首曰：「天子！謀父疾維不瘳，朕身尚在茲，朕魂在于天，昭王之所。勖宅天命！」……王曰：「公稱丕顯之德，以予小子揚文、武大勳，弘成、康、昭考之烈。」

此篇於《禮記‧緇衣》篇稱為「葉公之顧命」，是本篇之作甚早。〈祭公〉篇之所以被認定為穆世之作，乃因「祭公謀父」見於《左傳》、《國語》、《竹書紀年》、《穆天子傳》、《史記》等，但更有力的證據是本篇文句與金文近似，這方面，李學勤先生提出了重要的例據：

> 與西周金文對比，不難證明該篇是真正的西周文字，如下舉各例：
> （一）「昊天疾威」，〈毛公鼎〉：「敃天疾畏」。
> （二）「用克龕紹成康之業」，〈史墻盤〉：「龕事厥辟」，《書‧文侯之命》「用會（龕）紹乃辟」。
> （三）「我亦維有若祖祭公之執和周國」，《史墻盤》：「初敷和于政」，〈師詢簋〉：「繾和寧政」。
> （四）「尚皆以時中乂萬國」，〈何尊〉：「余其宅茲中國，自之乂民」，《書‧召誥》：「其自時中乂」。
> （五）「我亦維丕以我辟險于難」，〈師詢簋〉、〈毛公鼎〉：「欲汝弗以乃辟圅于艱」。
> 其詞語的時代特色是明顯的。〔註40〕

李先生將〈祭公〉之原文與銅器銘文及《尚書》相印證，足以說明本篇的時代特色，其說可從。今本《竹書紀年》載祭公謀父卒於穆王二十一年，謚為「文」，故又稱祭文公。在眾書覈證下，知此篇為穆王二十一年左右所作（當

---

〔註39〕黃懷信《逸周書源流考辨》（西安：西北大學出版社，1992 年 1 月），頁 69。
〔註40〕李學勤〈祭公謀父及其德論〉，《齊魯學刊》1988 年第 3 期，頁 10。

然不排除後人改動過）。

〈史記〉一篇，〈序〉亦以爲穆王世之文：「穆王思保位，惟難恐貽世羞，欲自警悟，作〈史記〉。」觀其正文，則有「左史戎夫」，《竹書紀年》載：「二十四年，王命左史戎夫作記。」是以本文亦爲穆王世之作。

另一篇〈職方〉，正文及〈序〉皆未言及穆王，然後世學者有以爲穆王世者，最早注《逸周書》的孔晁便認爲：

> 此在《周官·大司馬》下篇，穆王使有司抄出之，欲時省焉。〔註41〕

這可能是孔注的猜測，〈序〉說：「王化雖弛，天命方永，四夷八蠻攸尊王政，作〈職方〉。」由於「王化雖弛」一句，容易讓人和祭公諫穆王征戎犬而不聽，乃至荒服不至之事相聯想，或就將之視爲穆王時代的作品，事實上，這是缺乏證據的。黃懷信先生認爲此篇之作當在周王室東遷之後的一段時期，即春秋早期，至遲不會晚于中期。〔註42〕

另外，朱右曾輯訓〈周書逸文〉，由《文選》第十四卷注文中擇出一條：

> 穆王田，有黑鳥若鳩，翩飛而跱於衡，御者斃之以策，馬佚不克止之，躓於乘，傷帝左股。〔註43〕

這段內容或許受穆王好周遊之影響而來，周人文獻稱周王皆用王，不用帝。又其內容實未能提供對穆王世的有力研究資料，故置而不論。

## 柒、《管子》

〈小匡〉記管仲對桓公問曰：

> 昔吾先王周昭王、穆王，世法文武之遠迹，以成其名。合群國，比校民之有道者，設象以爲民紀，式美以相應，比綴以書，原本窮末，觀之以慶賞，糾之以刑罰，冀除其顛旄，賜予以鎮撫之，以爲民終始。

這段話也見於《國語·齊語》，詳上文所述。文句出入處，大致上不影響其意思，「式美」甚不可解，郭沫若先生曰：「『美』，〈齊語〉作『權』，則『美』殆『券』字之誤。」〔註44〕

〔註41〕清·朱右曾《逸周書集訓校釋》（臺北：藝文印書館），卷八，頁6。
〔註42〕黃懷信《逸周書源流考辨》（西安：西北大學出版社，1992年1月），頁123。
〔註43〕清·朱右曾《逸周書集訓校釋》（臺北：藝文印書館），卷十一，頁8。
〔註44〕郭沫若《管子集釋》（收錄於《郭沫若全集：歷史編》，第五卷，北京：人民出版社，1984年10月），頁508。

關於〈小匡〉與〈齊語〉相同之事，學者們有過探討，近來胡家聰先生
提出以下的意見：

> 〈小匡〉和〈齊語〉都出于同一個古時的底本，兩者是分別輾轉傳
> 抄的傳抄本，當時書寫于簡冊，傳抄過程中難免有改字錯寫、或刪
> 或增之處。……這個底本的整理成篇應在古齊國，約在春秋戰國之
> 際。它的一種傳抄本被《國語》編者得到了，便算作〈齊語〉……
> 另一種古抄本經長期輾轉傳抄，文字多有更易，到西漢劉向改編《管
> 子》時，加上篇名謂之〈小匡〉。〔註45〕

這樣的意見是可從的，事實上，古書中經常有彼此文句相近同的現象，這些
現象大多可能抄自某一相同來源。

## 捌、《楚辭》

〈天問〉篇對研究上古史也提供重要的線索，對於穆王，此篇有四句話：

> 穆王巧梅，夫何爲周流。環理天下，夫何索求。

巧梅是形容穆王的詞彙，王逸注認爲是「梅，貪也……梅，一作痗。」〔註46〕
這和《方言》「痗，貪也。」是一致的，宋洪興祖補注更言：「後世如秦皇、漢
武託巡狩以求神僊，皆穆王啓之也。志足氣滿，貪求無厭，適以召亂。」〔註47〕
是依前人之注，〈天問〉此處在質疑穆王何爲貪求，周流天下，又爲何求？不過
由〈史牆盤〉「井帥宇誨」一句來看，似乎梅作誨解釋是較好的，梅、誨訓爲謀。
巧謀，善於謀略。由前人記錄多少可以看出穆王時周流在戰國是文士所知的，
而且戰國時的文人對穆王的周流或採負面的看法。

# 第二節　兩漢以下古籍的記載

## 壹、《史記》

兩漢以下的古籍，對於西周史的記錄多承自先秦古籍，偶有亡佚今不可
見而漢人載之者，或先秦所載古奧，經漢人更載而較易理解者；《史記》在保

---

〔註45〕胡家聰〈小匡考辨〉，《中國歷史文獻研究》（二）（張舜徽主編，武漢：華中
　　　　師範大學出版社，1998年8月），頁62～65。
〔註46〕宋‧洪興祖《楚辭補注》（臺北：藝文印書館，1965年11月），卷三，頁21。
〔註47〕同上註。

存史料上，有重要的貢獻，關於穆王時代的記錄以〈周本紀〉最多：

> 昭王南巡狩不返，卒於江上。其卒不走告，諱之也。立昭王子滿，
> 是爲穆王。穆王即位，春秋已五十矣。王道衰微，穆王閔文武之道
> 缺，乃命伯臩申誡太僕國之政，作〈臩命〉。復寧。穆王將征犬戎，
> 祭公謀父諫曰：「不可。先王燿德不觀兵。夫兵戢而時動，動則威，
> 觀則玩，玩則無震。……」王遂征之，得四白狼、四白鹿以歸。自
> 是荒服者不至。諸侯有不睦者，甫侯言於王，作脩刑辟，王曰：「吁，
> 來！有國有土，告汝祥刑。在今爾安百姓，何擇非其人，何敬非其
> 刑，何居非其宜與？兩造具備，師聽五辭。不辭簡信，正於五刑。
> 五刑不簡，正於五罰。五罰不服，正於五過。五過之疵，官獄內獄，
> 閱實其罪，惟鈞其過。……」命曰〈甫刑〉。穆王在位五十五年，崩，
> 子共王緊扈立。

〈周本紀〉記錄了下面幾項：

1. 穆王五十多歲即位。
2. 因王道衰，命伯臩申誡太僕國之政，作〈臩命〉。
3. 將征犬戎，祭公諫，不聽，荒服不至。
4. 諸侯有不睦者，甫侯言於王，作脩刑辟，命曰〈甫刑〉。
5. 在位五十五年，子緊扈立爲共王。

關於伐犬戎與作〈甫刑〉之事，亦見於〈匈奴列傳〉：

> 武王伐紂而營雒邑，復居于酆鄗，放逐戎夷涇、洛之北，以時入貢，
> 命曰「荒服」。其後二百有餘年，周道衰，而穆王伐犬戎，得四白狼
> 四白鹿以歸。自是之後，荒服不至。於是周遂作〈甫刑〉之辟。

這裡看來，作〈甫刑〉和伐犬戎似有因果關係，因伐犬戎而致外族不服，或
諸侯有不合，於是乃作〈甫刑〉。

另外，〈秦本紀〉則載穆王由造父御而遠遊，其中亦適逢徐偃王作亂：

> 造父善御幸於周繆王，得驥、溫驪、驊騮、騄耳之駟，西巡狩，樂
> 而忘歸。徐偃王作亂，造父爲繆王御，長驅歸周，一日千里以救亂。
> 繆王以趙城封造父，造父族由此爲趙氏。

又〈趙世家〉載：

> 造父幸於周繆王。造父取驥之乘四，與桃林盜驪、驊騮、綠耳、獻
> 之繆王。繆王使造父御，西巡狩，見西王母，樂之忘歸。而徐偃王

反，繆王日馳千里馬，攻徐偃王，大破之。乃賜造父以趙城，由此
為趙氏。

此二段引文皆記載造父為穆王御而西狩，因徐偃王作亂而急馳救亂，有功而封於趙城。這和今本《竹書紀年》、《穆天子傳》可以相聯繫，今本《竹書紀年》載十三年西征，此時造父亦應為御，該年七月西戎來賓，後徐戎入侵，十月造父御王救亂，則徐戎入侵在七月至十月之間，十四年穆王帥楚師伐徐。十六年封造父于趙城，十七年穆王又西征昆侖之丘。

至於徐偃王之事，存在著不小的問題，在後文將另作考證。

〈楚世家〉則記載了穆王大會諸侯於塗山之事，事亦見《左傳》楚靈王會諸侯于申，伍舉對靈王之言，故在此不再贅述。

## 貳、《列子》

《列子》是一本頗受爭議的書，在真偽問題上，一直是辨偽學的課題。在時代和內容方面，不可不加以說明。

西漢劉向時曾見《列子》諸本，並校定為八章，《列子書錄》云：

所校中書列子五篇、臣向謹與長社尉臣參校讎太常書三篇、太史書四篇、臣向書六篇、臣參書二篇、內外書凡二十篇，以校除復重十二篇，定著八篇。中書多，外書少，章亂布在諸篇中……列子者，鄭人也，與鄭穆公同時，蓋有道者也。其學本於黃帝、老子，號曰道家。……而〈穆王〉、〈湯問〉二篇，迂誕恢詭，非君子之言也……

〔註48〕

劉向所校《列子》雖有虛誕者，但大致上是戰國秦漢之作，然今本《列子》則為魏晉人偽託，歷來學者如柳宗元、高似孫等皆提出懷疑，至嚴捷與嚴北溟二位先生在《列子譯注·前言》綜合前人之成果交待的非常清楚：

便有人對這部經典的真偽發生了懷疑。柳宗元率先，高似孫繼起，于是考辨《列子》真偽者不絕于史，至今可說是真相大白了……其出于魏晉間人的偽託是無疑的。……今本《列子》中有部分章節正是先秦《列子》的佚卷，在偽造時作為線索被補綴進去，因此它並非全盤偽造，而是偽中雜真。這一點，宋人黃震、明人宋濂至清人

---

〔註48〕漢·劉向《列子敘錄》，收錄於《中國目錄學資料選輯》（昌彼得師編，臺北：文史哲出版社，1972年10月）。

姚際恆、姚鼐都有覺察，是比較客觀的。〔註49〕

該書八篇中第三篇題名為〈周穆王〉、第五篇為〈湯問〉，這兩篇皆載錄有關周穆王之故事：〈周穆王〉云「周穆王時，西極之國有化人來……」故事寫穆王西遊事。〈湯問〉則分別記錄三則有關穆王之事，一為周穆王西巡狩，未及中國，遇一巧工偃師之事；另一為造父向泰豆氏學御之事；第三為周穆王大征西戎，西戎獻錕鋙之劍、火浣之布。

　　這三則故事擬構的可能性很高，或是由《穆天子傳》、古史中汲取靈感而加以擬構寫成。

## 參、《後漢書》

　　《後漢書》有兩處載及穆王之事可為參考，其中〈東夷列傳〉對徐夷先受穆王命為伯，後僭號入侵之事，有以下之記錄：

> 後徐夷僭號，乃率九夷以伐宗周，西至河上。穆王畏其方熾，乃分東方諸侯，命徐偃王主之。偃王處潢池東，地方五百里，行仁義，陸地而朝者三十有六國。穆王後得驥騄之乘，乃使造父御以告楚，令伐徐，一日而至。於是楚文王大舉兵而滅之。偃王仁而無權，不忍鬭其人，故致於敗。乃北走彭城武原縣東山下，百姓隨之者以萬數，因名其山為徐山。

《後漢書》乃劉宋范曄所作，此之前汲冢書已出，加上先秦兩漢留傳之史料，理當有所匯整，〈東夷列傳〉這段話中「九夷」、「穆王畏其方熾，乃分東方諸侯，命徐偃王主之」、「乃使造父御以告楚」、「偃王仁而無權……因名其山為徐山」，與《史記》相較內容多了不少，首先九夷可以理解成很多夷族；穆王畏其熾而分東方諸侯，前有所承，今本《竹書紀年》「六年春，徐子誕來朝錫命為伯。」、《漢書‧東夷列傳》「穆王分東方諸侯命徐偃王主之」，皆為其前導，這點很值得討論，首先是徐偃王時代有異說（下一節將探討），其次是當時東方諸侯有齊、魯、宋、衛等，是否真由徐國主東方之事，皆不能無疑，本文認為穆王命徐為伯，是使其主東南諸侯，至於東方，則恐怕有周人封國在，當不至於由徐國主之。另外，「乃使造父御以告楚」這一點與前面各書記載稍有出入，造父御王回宗周，而穆王聯合楚師伐徐，當時造父為一御者，

---

〔註49〕嚴捷、嚴北溟《列子譯注》（臺北：文津出版社，1987 年 10 月），〈前言〉，頁 1、4。

若欲聯合楚軍，應派一位職等較高的卿或大夫才是。至於徐偃王仁而敗之事，延在下一節探究。

〈西羌傳〉則記載穆王征犬戎之事，唯一不同者爲：「戎狄不貢，王乃西征犬戎」，《國語》、《史記》皆載王征犬戎，罪不在犬戎，乃征犬戎之後，戎狄才不貢，《後漢書》則歸其因爲「不貢」，是與《國語》、《史記》所載事之因果有別。

## 肆、《晉書》

《晉書》除了提到汲冢書出土之外，〈張軌傳〉對崑崙山的位置有所記錄：

> 酒泉太守馬岌上言：「酒泉南山，即崑崙之體也。周穆王見西王母，樂而忘歸，即謂此山。此山有石室玉堂，珠璣鏤飾，煥若神宮。宜立西王母祠，以禪朝廷無疆之福。」

這一點，對於穆王西征的地點提供很好的依據，民國以來將西王母之地說爲阿拉伯或阿富汗、中亞細亞（裏海）等，皆失之過遠，馬岌以酒泉南山爲崑崙之體，較爲合理。

## 伍、其　他

《漢書，地理志》載：「鄭，周宣王弟鄭桓公邑。」臣瓚注以爲：「周自穆王以下都於西鄭，不得以封桓公也……」而顏師古認爲：「穆王以下無都西鄭之事，瓚說非也。」穆王以下是否都西鄭成了爭論的焦點。

查諸彝器銘文，西周中期諸器如〈師遽𣪘蓋〉04214—2736 記「王才周，客新宮」、〈師遽方彝〉09897—4977 記「王才周康寢，卿醴」、恭王時代的〈七年趞曹鼎〉02783—1277 載「王才周般宮」、同是恭王時代的〈九年衛鼎〉02831—01322 載「王才周駒宮」，此類銘文甚多；西周晚期的器如〈師𩛥𣪘〉04324—2838 記「王才周各于大室」、〈大師虘𣪘〉04252—2767 記「王才周師量宮」、〈敔𣪘〉04166.1—2687.2 載「王才周，各于大室」、〈此𣪘〉04303.2—2818 載「王才周康宮徲宮」等皆是。由此來看，都鄭之說是可商的，誠然穆王時營鄭，西周中晚期銘文中亦有「王才奠〔鄭〕」的例子，但是鄭只是離宮，實未可遽言穆王以下都鄭」。中晚期銘文記對東南用兵，或可見王在成周的例子，那麼或可說周王只是某一時侯在鄭，但西周首都仍在鎬京。

由《竹書紀年》及《穆天子傳》中可信的史實來看，穆王可能長期居鄭，

至於是否穆王以鄭爲都，皆不能遽定，然穆王以下諸王是否居鄭，則更無可定。

又劉啓益先生由〈長囟盉〉的銘文及考古成果推論：

〈長囟盉〉銘文中的「王才下减应」，可能與文獻記載中穆王居西鄭有關。……臣瓚説穆王在西鄭作過都，是很重要的，但「西鄭」是不是在京兆尹鄭縣（今陝西省華縣），卻值得商榷。《史記·秦本紀》記載「德公元年，居雍城，大鄭宮」，一般人把「大鄭宮」，當作宮室的名稱，釋這句話爲「秦德公居於雍城的大鄭宮」，我們則以爲此處的「大」是動詞，此句應讀爲「秦德公居於雍城後，把原來的『鄭宮』擴大了」，而「鄭宮」之「鄭」就是穆王都於西鄭之「鄭」。秦都雍城遺址在今陝西省鳳翔縣，陝西省文物考古工作者進行勘探發掘，發現過帶有「棫」字陶文瓦當，陶文「棫」應當即〈長囟盉〉「下减」的「减」，這樣西周銅器銘文、文獻記錄和出土實物三者結合起來説明：穆王確曾居過西鄭，這個西鄭在今陝西省鳳翔縣，而不在今華縣。〔註50〕

劉先生的意見值得參考，如果其説不誤，那麼穆王所居的鄭，就在今陝西省鳳翔縣。至於下减是否即是鄭，在證據上是不足的，銘文中常有關「奠」地的記載，奠和减或下减沒有必然爲同一地的足夠證據。

## 第三節　徐偃王的問題

關於徐偃王的事，在不少古籍中有記載，但是如同古籍常有的情況，各書之間多少存在分歧現象。上文提過《史記》〈秦本紀〉、〈趙世家〉皆載穆〔繆〕王時徐偃王作亂之事，其後史籍如《後漢書》等多因其説。今本《竹書紀年》則僅載穆王六年「徐子誕」及十三年徐戎侵洛之事，並未提及「徐偃王」，那麼《史記》何以兩處皆記錄徐偃王作亂呢？

在先秦古籍中《荀子》及《韓非子》都提及徐偃王之事，《荀子·非相》是對偃王的相貌做略述，於此可以不論，而《韓非子》則兩處論及徐偃王，茲引其文如下：

△〈喻老〉：翟人有獻豐狐、玄豹之皮於晉文公，文公受客皮而歎曰：

---

〔註50〕劉啓益〈西周穆王時期銅器的初步清理〉，《古文字研究》第十八輯，北京：中華書局，1992年6月，頁331。

「此以皮之美自爲罪。」夫治國者以名號爲罪，徐偃王是也。以城
與地爲罪，虞、虢是也。故曰：「罪莫大於可欲。」

△〈五蠹〉：古者文王處豐、鎬之間，地方百里，行仁義而懷西戎，
遂王天下。徐偃王處漢東，地方五百里，行仁義，割地而朝者三十
有六國，荊文王恐其害己也，舉兵伐徐，遂滅之。故文王行仁義而
王天下，偃王行仁義而喪其國，是仁義用於古不用於今也。

這裡韓非批評徐偃王以仁義而亡其國，第二條更提到荊文王〔楚文王〕舉兵
伐徐而滅之，字裡行間透露出部分史實來，徐國在當時東方夷人中有相當的
政治實力，以致楚文王懼而滅之。關於這方面的記載，早於《史記》的《淮
南子》有更清楚的敘述。《淮南子》文中批評徐偃王的文句見於〈氾論〉「徐
偃王知仁而不知時」、〈說山〉「徐偃王以仁義亡國」，在〈人間〉一篇中更對
整個事件描敘：

昔徐偃王好行仁義，陸地之朝者三十二國，王孫厲謂楚莊王曰：「王
不伐徐，必反朝徐。」王曰：「偃王，有道之君也，好行仁義，不可
伐。」王孫厲曰：「臣聞之，大之與小，強之與弱也，猶石之投卵，
虎之啗豚，又何疑焉！且夫爲文而不能達其德，爲武而不能任其力，
亂莫大焉！」楚莊王曰：「善！」乃舉兵而伐徐，遂滅之。

《韓非子》記錄此事與楚文王同時，時代上爲春秋周莊王至惠王初年之事，
與穆王時代相去已遠；《淮南子》則記載爲楚莊王，乃在周匡王、定王時。不
管是楚文王或楚莊王，皆在春秋時，此二說皆認爲徐偃王非穆王時代的人物。

《史記》將此事置於穆王世，由於司馬遷當時是否前有所承已不可考，
先秦史料未有將徐偃王與周穆王並提者，《史記》首有此說。

劉向是曾見過西漢政府所藏大量文獻的學者，他所著的《說苑》對楚文
王伐徐有以下的記載：

王孫厲謂楚文王曰：「徐偃王好行仁義之道，漢東諸侯三十二國盡服
矣。王若不伐，楚必事徐。」王曰：「若信有道，不可伐也。」對曰：
「大之伐小，強之伐弱，猶大魚之吞小魚也，若虎之食豚也，惡有
其不得理。」文王遂興師伐徐，殘之，徐偃王將死，曰：「吾賴於文
德而不明武備，好行仁義之道而不知詐人之心，以至於此，夫古之
王者其有備乎！」

劉向所見的文獻記錄與《韓非子》、《淮南子》所載可以互相參看，在時代上

指認為是春秋，與《史記》明顯出入。今本《竹書紀年》與《史記》同以為事在穆王時期，而穆王結合楚伐徐，提及楚國，《韓非子》等記載此事亦涉及楚國，不同者在於楚伐徐之因乃恐徐國強大。

後來的著作不加以考辨，以訛傳訛，如《博物志》所載違乎事理：

> △徐君宮人有娠而生卵，以為不祥，弃於水濱洲。孤獨母有犬鵠蒼，銜所弃卵以歸，覆煖之，乃成小兒。生時正偃，故以為名。宮人聞之，更取養之。及長，襲為徐君。後鵠蒼臨死，生角而九尾，化為黃龍也。鵠蒼或名后蒼。

> △徐王妖異不常。武原縣東十里，見有徐山石室祠處。偃王溝通陳蔡之間，得朱弓朱矢，以己得天瑞，自稱偃王。穆王聞之，遣使乘駟，一日至楚，伐之。偃王仁，不忍鬥，為楚所敗，北走此山。

可信度就更小了。

另外，《禮記・檀弓下》載一段話，可能是一條重要的材料：

> 邾婁考公之喪，徐君使容居來弔含，曰：「寡君使容居坐含，進侯玉，其使容居以含。」有司曰：「諸侯之來辱敝邑者，易則易，于則于，易于雜者未之有也。」容居對曰：「容居聞之：事君不敢忘其君，亦不敢遺其祖。昔我先君駒王西討濟於河，無所不用斯言也。容居，魯人也，不敢忘其祖。」

這段記錄中，徐國之使容居言其先君「駒王」曾西討濟於河，此和今本《竹書紀年》所載徐子誕之事近似，春秋以後徐為小國，當無可西討濟於河，況且若真有徐戎犯洛，則《春秋》最重華夷之別，如此大事豈能不予記載，以故此事應在西周時代，西周流傳史料失佚過多，以致未見記載。本文推測徐子誕即徐駒王，周穆王時國勢強大，曾犯洛，後為穆王聯合楚軍攻伐之。

唐蘭提出徐偃王即徐駒王，並由〈班殷〉的班與今本《竹書紀年》、《穆天子傳》中的毛公班、毛伯遷相聯繫，認為是同一人，並由伐痭戎證明痭即偃，即伐徐偃王。〔註51〕關於唐說提出的意見，本文同意毛公班與毛伯遷及〈班殷〉之班是同一人（關於毛公班即毛伯遷，已見上文於討論《竹書紀年》一節論述），但後一個意見仍有可商，因為穆王時期見於古籍之戰爭只是一部分，銘文中的

〔註51〕唐蘭〈西周銅器斷代中的康宮問題〉，《考古學報》1962 年第 1 期；亦收入故宮博物院編《唐蘭先生金文論集》，北京：紫禁城出版社，1995 年 10 月；此處引自前者頁 38～43。

其他戰爭或於古籍中未載，故對於唐蘭的後一意見，本文仍持謹愼態度。

# 第四節　出土文物對穆王之記載——其他王世器

　　第三章在探討穆王世的標準器時，已將其中提及穆王的活動做了說明，〈遹設〉記穆王乎漁于大池並行饗酒禮；〈剌鼎〉與〈鮮設〉則記穆王禘祭昭王之事；〈長囟盉〉記錄了穆王舉行饗醴及射禮，四器在內容上主要皆爲禮制之事：饗禮、射禮、禘祭，題材有限。銅器銘文中，提及穆王者尚有四件，此四件皆非穆王時代之器，其中兩件爲恭王時代之標準器，一件爲西周中期器，一件爲西周晚期器，試說之如下：

## 壹、〈史牆盤〉

　　〈史牆盤〉10175－6792 乃 1976 年出土於陝西省扶風縣法門公社莊白一號窖藏，同出器有 103 件。本器爲銘文最長者，凡十八行二百八十四字，其中合文三字，重文五字。器高 16.2 公分，口徑 47.3 公分，底徑 35.7 公分，現藏於陝西省周原博物館。

　　本器銘文一開始就歷述文、武、成、康、昭、穆、天子〔恭王〕等諸王之事，對於穆王則說道：

　　𩫖〔祗〕覲〔顯〕穆王，井〔型〕帥宇誨〔謀〕。

　　一共八字，皆爲抽象之形容詞。首先對形容穆王的六個字加以說明：

　　𩫖字，學者由三體石經〈君奭〉殘字古文𩫖字知爲後世之祗字，訓爲敬。覲字从日从尹从見〔𠄌字體上是視，[註52]然於偏旁中或與見通〕，此字於銅器銘文中數見：與〈史牆盤〉同出的〈癙設〉04170－2713 有「癙曰：覲皇且考嗣威義」、〈癙鐘〉00247－7159「無彊覲福」，其他銅器文例爲「天子覲令」（〈史頌鼎〉02787－1281）、「敢對天子覲揚」（〈追設〉04219－2746）、「孔覲又光」（〈虢季子白盤〉10173－6790）、「覲盘文且皇考」（〈井人鐘〉00111－7047）等，由文例來看，疑與顯字近同，徐中舒提出尹爲聲符 [註53]，不無可能。

<hr>

〔註52〕裘錫圭師〈甲骨文中的見與視〉，《甲骨文發現一百周年學術研討會論文集》（臺北：臺灣師範大學國文系、中研院歷史語言研究所，1998 年 5 月 10 日），頁 1～6。

〔註53〕徐中舒〈西周牆盤銘文箋釋〉，《考古學報》1978 年第 2 期；又載於陝西周原考古隊、尹盛平主編《西周微氏家族青銅器群研究》（北京：文物出版社，1992

祗覲即敬顯，指穆王莊敬而顯達。

井帥於金文中或作「帥井」，如〈師望鼎〉02812—1307「望肇帥井皇考」、〈彔白威設蓋〉04302—2816「子子孫孫其帥井受茲休」、〈毛公鼎〉02841—1332「女毋〔毋〕弗帥用先王乍明井〔型〕」等，應指遵循、效法之意，由〈毛公鼎〉的文例更能明白井帥、帥井的構詞及詞義，《管子・小匡》云：「昔吾先王周昭王、穆王，世法文武之遠迹」，便是說昭王與穆王能效法文武之型的意思。宇誨即《詩經・大雅・抑》之「訏謨」，李學勤引吳大澂《說文古籀補》及朱起鳳《辭通》以說誨與謀、謀與謨通。〔註54〕「宇誨」指遠大的謀略，應指穆王西征、南征及對制度之改革。

在「井帥宇誨」之下有「纈〔龥；申〕寍天子」四字，有學者認爲此四字當承穆王，是稱美穆王的句子；也有學者指出此四句乃屬下面稱美恭王的一部分。于省吾認爲：

> 銘文除文王外，在武王、成王、康王、卲王、穆王之上，均冠以簡要的二字詞例，作爲總的贊頌。然後再用一、二句或三、四句語，以闡揚他們的業績……這是說，穆王時已經安寧，而龥王時更加安寧，故曰「重寧」。這是史牆積極頌揚的本意。如果訓「龥寧」爲「繼續安定」，在語意輕重上迥然不同。〔註55〕

于省吾的看法在諸說中最能兼顧該銘文的章法，其說可從。龥寧當是更爲安寧的意思，龥有繼續、更加的意思，這裡便是指穆王晚年朝政安定，恭王即位後持續這樣安定的局面，甚而更加安定。

雖然〈史牆盤〉對穆王的描寫只有簡短地二句八個字〔去穆王二字則僅六字〕，而且是慣常頌美之詞，對於探索穆王時代的史實幫助不大，但因爲此器對周王世系及其微氏家世系有所交待，成了考訂銅器風格的一項重要指標，史牆是恭王時代的人物，該器雖無紀年，他活動的時代也應跨了穆王世，他的父親「文考乙公」活動時代可能在穆王世〔也可能跨昭王世或恭王世〕，

---

年 6 月）；此處引文出自後者，頁 253。

〔註54〕李學勤〈論史墻盤及其意義〉，《考古學報》1978 年第 2 期；又載於陝西周原考古隊、尹盛平主編《西周微氏家族青銅器群研究》（北京：文物出版社，1992年 6 月）；此處引文出自後者，頁 238。

〔註55〕于省吾〈牆盤銘文十二解〉，《古文字研究》第五輯，1981 年 1 月；又載於陝西周原考古隊、尹盛平主編《西周微氏家族青銅器群研究》（北京：文物出版社，1992 年 6 月）；此處引文出自前者，頁 4～5。

這些人物及其所鑄器成了考訂銅器時代風格的重要題材。

## 貳、〈師𩵋鼎〉

〈師𩵋鼎〉02830－1323 為恭王八年之標準器，1974 年 12 月 5 日於陝西扶風強家村出土，通高 85 公分、口徑 64.5 公分、腹深 37.5 公分、重 105 公斤。形體龐大，垂腹，三足已向蹄足發展，腹內壁鑄有銘文十九行一百九十七字，現藏陝西省博物館。

〈師𩵋鼎〉記錄（恭）王八月正月丁卯那天，王對師𩵋賞賜勉勵，師𩵋作了這個鼎，其中銘文提及穆王，而時王稱「皇考穆王」是王為恭王，下面擇銘文中相關文句如下：

> 唯王八祀正月辰才〔在〕丁卯。王曰：師𩵋！母〔女、汝〕克盡〔盡〕
>
> 乃身，臣服皇考穆王，用乃孔德璑〔遜〕屯〔純〕，乃用息引正乃辟
>
> 安德……

師𩵋的時代跨穆恭二世，為王室重臣，本器在研究提及了師𩵋為穆王世之要臣，雖然資訊不多，但在穆王世史料稀少的情況來看，這也是值得留意的，再者此器器形屬之恭王世，但在鼎形器的時代研究上也提供與穆王時代風格比對的重要樣本。

## 參、〈曶鼎〉

〈曶鼎〉02838－1330 原器已毀於戰火，今僅存拓片傳世，銘文提及穆王之處如下：

> 隹王元年六月既望乙亥，王才〔在〕周穆王大□，□〔王〕若曰：「曶！
>
> 令女〔汝〕更乃且〔祖〕考嗣卜事……

大下缺字，依銘文慣例常是「室」字。由於此器所提及者為穆王之廟，故知此器時代必在穆王之後，但因和穆王時代無關，所以未能提出有關的訊息。

## 肆、〈無叀鼎〉

〈無叀鼎〉02814－1306 又名〈無專鼎〉、〈郰專鼎〉、〈焦山鼎〉，為鎮江焦山定慧寺舊藏，現藏於鎮江市博物館，其銘文九十四字，而字體甚怪，如既作𣍲、望作𦣞、戌作戉、徒作徃、史作𠁁、對作𡭫、𩵋作𥄕等皆與常見金

文字體形態筆法有別。

本器於銘文中亦提及穆王，茲擇其文如下：

　　王乎〔呼〕史𤔲冊令〔命〕無𢆉曰：官嗣穆王𤔲側虎臣，易〔錫〕女
　　　〔汝〕玄衣⋯⋯

𤔲字即穆字，此器銘文字形甚怪，以見上述，𤔲字《商周青銅器銘文選》認為是「穆字的殘鑄字」〔註 56〕，其說甚是。這裡對於穆王時代研究並不能提供什麼資訊，而且此為西周晚期之器，所以本文就不加以探究了。

# 第五節　整　理

在這個章節中，探討了穆王標準器以外諸文獻中關於穆王的材料，分成古書與彝器兩項為探究的對象，在文獻中去除不可信的神怪小說，對於穆王時代的史料就大者而言可以歸納以下幾方面：

　　（較不能確定的則打？於其後，以別之；又有異說或補充則於其後加〔　〕說明）

## 壹、對外方面

### 一、戰　爭

除了《竹書紀年》外，其他古籍記載的戰爭主要有二：一為征犬戎，一為徐戎入侵。

由文獻歸納的結果，最早對外的戰爭是十二年的伐犬戎，其次為十四年與楚師征徐戎，第三次是三十五年由毛伯遷敗楚，三十七年王親伐楚至九江，也可能攻打了越或紆〔舒？〕。

另外，今本《竹書紀年》載十三年翟人侵畢，事亦見《穆天子傳》，則穆王時代亦有翟人之事，應有征討，事未載耳。

### 二、盟　會

六年命徐子為伯、八年北唐來獻、十三年西戎來賓、十五年留昆氏來賓、十七年西王母來朝、十八年諸侯至祗宮朝王、三十七年荊人來貢、三十九年會諸侯於塗山。

---

〔註 56〕馬承源主編，陳佩芬、潘建明、陳建敏、濮茅左編撰《商周青銅器銘文選》（北京：文物出版社，1988 年），卷三〈商、西周青銅器銘文釋文及注釋〉，頁 313。

## 貳、對內方面

### 一、施 政

西周自建國歷周公、成王時代的武力擴展，到了成王、康王時史稱盛世，大量分封諸侯，屏衛中央，安定國政。昭王時因先王國力的累積，於是征伐之事又爲頻繁，至南征不返。穆王承昭王之業，先伐犬戎，遷於太原，以保持西土之安定，又征伐東南徐國之侵洛，並南伐楚荊，三十七年荊人來貢，南方事平，三十九年大會諸侯，國政安定，故〈史牆盤〉云「𤉲𤲩天子」，指恭王時承續穆王而更加安定。

史家言西周國政至穆王而衰，事實上，穆王征伐犬戎之事，確使邊族不服，但對西土的安定有其意義。因西遊而使徐戎有機侵洛，但終能討平，後來的大會諸侯，使國政有所提振。又史家言穆王之時，諸侯不合，乃修刑辟，這一點在儒家傳統的思考角度，是德化之衰，但就政治社會發展，當有其必要，這也是穆王晚年國政安定的因素之一。

### 二、營 建

依《竹書紀年》元年作昭宮，又築祇宮于鄭。九年築春宮、十四年作范宮、十五年作重璧臺（亦見於《穆天子傳》）。

## 參、人 物

有些人物可能是一人，如今本《竹書紀年》霍侯舊與《穆天子傳》之霍侯，可能是一人，但也不能排除爲前後二位霍侯，故加？表示有別。關於人物則參見下表：

| 出處<br>人物 | 尚書 | 左傳 | 國語 | 逸周書 | 竹書紀年 | 穆天子傳 | 史記 | 禮記 | 史牆盤 | 𧼱鼎 |
|---|---|---|---|---|---|---|---|---|---|---|
| 呂侯<br>〔甫侯〕 | ✓<br>呂侯 | | | | ✓<br>甫侯 | | ✓<br>甫侯 | | | |
| 伯冏<br>〔伯臩〕 | ✓<br>伯冏 | | | | | | ✓<br>伯臩 | | | |
| 君牙<br>〔君雅〕 | ✓ | | | | | ✓？<br>孔牙 | | | | |
| 祭公謀父〔祭文公〕 | | ✓ | ✓ | ✓ | ✓ | ✓ | ✓ | | | |
| 祈招<br>〔祈父招〕 | | ✓ | | | | | | | | |

| 出處<br>人物 | 尚書 | 左傳 | 國語 | 逸周書 | 竹書紀年 | 穆天子傳 | 史記 | 禮記 | 史牆盤 | 師望鼎 |
|---|---|---|---|---|---|---|---|---|---|---|
| 左史戎夫 | | | | ✓ | ✓ | | | | | |
| 辛伯餘靡 | | | | | ✓ | | | | | |
| 徐子誕 | | | | | ✓ | | | ✓ ？<br>駒王 | | |
| 毛公班 | | | | | ✓ | ✓ | | | | |
| 共公利<br>〔井公利〕 | | | | | ✓<br>共 公利 | ✓<br>井利 | | | | |
| 逢公固 | | | | | ✓ | ✓？<br>逢公 | | | | |
| 造父 | | | | | ✓ | ✓ | ✓ | | | |
| 霍侯舊 | | | | | ✓ | ✓？<br>霍侯 | | | | |
| 西王母 | | | | | ✓ | ✓ | | | | |
| 毛伯遷<br>〔邦〕？ | | | | | ✓ | | | | | |
| 魯侯潰 | | | | | ✓ | | | | | |
| 魯侯擢 | | | | | ✓ | | | | | |
| 許男 | | | | | | ✓ | | | | |
| 邢侯 | | | | | | ✓ | | | | |
| 曹侯 | | | | | | ✓ | | | | |
| 正公郊父 | | | | | | ✓ | | | | |
| 梁固 | | | | | | ✓ | | | | |
| 孟悆 | | | | | | ✓ | | | | |
| 伊扈 | | | | | | ✓ | | | | |
| 王女叔姓 | | | | | | ✓ | | | | |
| 史牆 | | | | | | | | | ✓？ | |
| 師望 | | | | | | | | | | ✓ |

# 肆、年　數

《竹書紀年》載穆王在位五十五年，《史記》亦然。自此至於民國以前古書系統對於穆王在位年數無異說。

# 第五章　穆王時代相關銅器的初步繫聯

　　在第三章，本文探討了穆王時代的標準器組；在第四章，則探討了標準器以外文獻中有關周穆王的記載，本章就在前兩章的基礎上，對銅器做繫聯的功夫，爲了避免附會，本文先由標準器出發，再考察文獻中的記載，就人名及事件繫聯各種可能的銅器。考古方面，由標準器做繫聯的以長囟諸器爲主；劉啓益先生在〈西周穆王時期銅器的初步清理〉一文中附有「穆王時期銅器墓葬」，共列了六個墓葬，本文由其中擇出可能爲穆王時代的部分來討論，也列入其他可能的墓葬。第四節則對學者們所舉穆王器及本章第一、二、三節繫聯的銅器做分組，以便在第六章一一探討。

## 第一節　人名繫聯

　　在人名的繫聯方面，最應留意的是「不同人可以有同一個名稱來稱呼」的現象，凡是「某伯」、「某公」、「日名」都有可爲不同人而同稱一名，這例子不僅於如此，私名也有可能是相同的，如利，武王時代的〈利𣪘〉和西周中期的〈利𣪘〉、〈利鼎〉作器者都以利爲名，但實爲二人；又如𤔲，在〈𤔲壺〉、〈𤔲鼎〉、〈蔡𣪘〉有「宰𤔲」、〈克鐘〉有「士𤔲」，也都不是同一人。像這樣的例子很容易使學者將不相干的人物做不應該的繫聯，本文對於人名繫聯儘可能採取謹愼的態度處理，庶幾減少誤合的情況。盛冬鈴先生提出幾點意見：

　　一般來說，如果符合下列各項之一，也就可以作肯定的結論了：

　　1. 官爵和私名都相吻合。如〈禹鼎〉和〈噩侯鼎〉的「噩侯馭方」，

〈大師虘設〉和〈蔡設〉的「宰智」。

2. 不僅私名相同，而且出自同一氏族，或有相同的父名、祖名、其他親屬名。……〈鬲从盨〉稱「皇祖丁公、皇考惠公」，〈鬲攸从鼎〉也稱「皇祖丁公、皇考惠公」，鼎銘中的「鬲攸从」正又省「攸」而稱「鬲从」。祖孫三代的名稱都是一致的，兩器為同人所作絕無疑義……

3. 不僅官爵或私名相同，而且參與同一事件或與同樣的當事人發生聯繫。如〈彔卣〉有「伯雍父」，另〈遹簋〉、〈稛卣〉、〈臤觶〉等有「師雍父」，雖然或稱行第或稱官職，從這四器都記載「戌于 𡎆 自」一事可以肯定伯雍父就是師雍父……

4. 同坑同穴所出之器中有相同的人名，也可無條件地斷為同一個人。……

此外，還可根據其他旁證來判斷。如「𤔲𢇉宮」這個很特殊的宮名在全部銘文中只出現了兩次，而有此宮名的〈大鼎〉和〈大設〉正好都是名「大」者所作。兩器的「大」不大可能會是不同的兩個人。

〔註1〕

確實在人名的聯繫上，不可以將人名孤立處理，應當將人、事、地配合著來看。

## 一、銅器銘文中所提及的人物

就銅器銘文中所提及穆王世的人物，可以分穆世標準器和穆世標準器以外諸器來說明：

### （一）穆世標準器部分

〈遹設〉銘文中載「遹」一人。

〈剌鼎〉銘文中載「剌」及其父「黃公」，黃公可能跨了昭穆二世。〈剌乍父庚鼎〉02127－0763 有學者稱為〈剌作父庚鼎〉〔參附圖一〕，吳鎮烽《金文人名匯編》認為此器與〈剌鼎〉乃同一人所作。〔註2〕由於此器非科學考古發掘，且形制上較近於西周早期器，《殷周金文集成》就定其時代為殷或西周早

〔註 1〕 盛冬玲〈西周銅器銘文中的人名及其對斷代的意義〉，《文史》第 17 輯（北京：中華書局，1983 年 6 月），頁 51～52。

〔註 2〕 吳鎮烽《金文人名匯編》（北京：中華書局，1987 年），頁 167。

期。況且銘文內容不足以判斷其作器人即〈剌鼎〉之作器者,而剌字與〈剌鼎〉的剌字寫法差異甚大,也是不可不懷疑的。在銘文上得不到憑據,而就器形紋飾方面來看,此器應比穆王時代爲早,所以本文不將此器列入。

〈長囟盉〉銘文載「長囟」、「井白」二人。井白爲井國之君,伯爲爵稱,井國的國君皆可稱井白,所以在時代的細部研究上能提供的實在有限。下面將出現井白、井弔〔叔〕、井公及人名井的西周中期器羅列如下(斷代依據《殷周金文集成》):

| 器　名 | 集成編號 | 總集編號 | 出土地域 | 人物 | 井字寫法 | 時代 |
|---|---|---|---|---|---|---|
| 麥方鼎 | 02706 | 1215 | | 井侯 | 井、共 | 早期 |
| 焂乍周公𣪘 | 04241 | 2764 | | 井侯 | 共 | 早期 |
| 麥方尊 | 06015 | 4892 | | 井侯 | 井 | 早期 |
| 麥盉 | 09451 | 4446 | | 井侯 | 井、共 | 早期 |
| 井方鼎 | 09893 | 4975 | | 井侯 | 共 | 早期 |
| 㝬白乍井姬甗 | 00908 | 1639 | 陝西寶雞市茹家莊 | 井姬 | 口 | 早期 |
| 井弔方彝 | 09875 | ☒ | 陝西長安縣張家坡 | 井弔 | 井 | 早期 |
| 井鼎 | 02720 | 1221 | | 井 | 井 | 早中期 |
| 長囟盉 | 09455 | 4448 | 陝西長安縣普渡村 | 井白 | 井 | 穆王 |
| 七年趞曹鼎 | 02783 | 1277 | | 井白 | 井 | 恭王 |
| 五祀衛鼎 | 02832 | 1325 | 陝西岐山縣董家村 | 井白 | 井 | 恭王 |
| 井白甗 | 00873 | 1610 | | 井白 | 井(不清楚) | 中期 |
| 㝈甗 | 00919 | 1647 | 陝西扶風縣齊家村 | 豐井 | 井 | 中期 |
| 利鼎 | 02804 | 1290 | | 井白 | 井 | 中期 |
| 師𡘇父鼎 | 02813 | 1305 | 傳聞關中 | 井白 | 井 | 中期 |
| 曶鼎 | 02838 | 1330 | 傳聞陝西 | 井弔 | 井 | 中期 |
| 豐井弔乍白姬𣪘 | 03923 | 2529 | 陝西扶風縣齊家村 | 豐井弔 | 井 | 中期 |
| 季𩣈乍井弔𣪘 | 03949 | 2545 | | 井弔 | 井 | 中期 |
| 井南伯𣪘 | 04113 | ☒ | | 井南伯 | 井 | 中期 |
| 師毛父𣪘 | 04193 | 2725 | | 井白 | 井 | 中期 |
| 臣諫𣪘 | 04237 | 2774 | 河北元氏縣西張村 | 共侯 | 共 | 中期 |
| 免𣪘 | 04240 | 2762 | | 井弔 | 井 | 中期 |

| 器　名 | 集成<br>編號 | 總集<br>編號 | 出土地域 | 人物 | 丼字寫法 | 時代 |
|---|---|---|---|---|---|---|
| 救𣪘（救𣪘）<br>蓋 | 04243 | 2765 | | 丼白 | 丼 | 中期 |
| 豆閉𣪘 | 04276 | 2791 | 傳聞西安 | 丼白 | 丼 | 中期 |
| 師𩛥𣪘 | 04283<br>04284 | 2798<br>2799 | 陝西武功北坡村 | 丼白 | 丼 | 中期 |
| 師虎𣪘 | 04316 | 2829 | | 丼白 | 丼 | 中期 |
| 奠丼弔康旅<br>盨 | 04400<br>04401 | 3036.1<br>3036.2 | | 鄭丼弔<br>奠丼弔 | 丼<br>丼 | 中期 |
| 免卣 | 05418 | 5500 | | 丼弔 | 丼 | 中期 |
| 趞尊 | 06516 | 4886 | | 丼弔 | 丼 | 中期 |
| 匔壺蓋 | 09728 | 5798 | | 丼公 | 丼 | 中期 |
| 永盂 | 10322 | 6910 | 陝西藍田湖濱鎮 | 丼白 | 丼 | 中期 |
| 丼季𧪒乍旅<br>鼎 | 02199 | 0804 | | 丼季𧪒 | 丼 | 中期 |
| 丼季𧪒旅卣 | 05239 | 5340 | | 丼季𧪒 | 丼 | 中期 |
| 𤝐乍丼姬鼎 | 02192 | 0825 | 陝西寶雞市茹家莊 | 丼姬 | 丼 | 中期 |
| 𤝐白乍丼姬<br>𡗜鼎 | 02278 | 0885 | 陝西寶雞市茹家莊 | 丼姬 | 丼 | 中期 |
| 𤝐白乍丼姬<br>方鼎 | 02277 | | 陝西寶雞市茹家莊 | 丼姬 | 不清楚 | 中期 |
| 𤝐白乍丼姬<br>鼎 | 02676<br>02677 | 1186<br>1185 | 陝西寶雞市茹家莊 | 丼姬 | 丼 | 中期 |
| 𤝐白乍丼姬<br>羊形尊 | 05913 | 4809 | 陝西寶雞市茹家莊 | 丼姬 | 丼 | 中期 |
| 白𤝐父乍丼<br>姬甗 | 00873 | 1610 | | 丼姬 | 丼 | 中期 |
| 丼弔采鐘 | ☐ | ☐ | 陝西長安縣張家坡 | 丼弔弔采 | 丼；不清楚 | 中期 |
| 丼弔鼎 | ☐ | ☐ | 陝西長安縣張家坡 | 丼弔 | 未見 | 中期 |
| 丼弔杯 | ☐ | ☐ | 陝西長安縣張家坡 | 丼弔 | 未見 | 中期 |
| 康鼎 | 02786 | 1280 | | 奠丼；丼<br>（不清楚） | 丼；丼（不<br>清楚） | 中晚期 |
| 奠丼弔鐘 | 00021<br>00022 | 6979<br>6978 | | 奠丼弔 | 丼 | 晚期 |
| 奠丼弔毅父<br>拜鬲 | 00580 | 1430 | | 奠丼弔 | 丼 | 晚期 |
| 徒𣪘（走𣪘） | 04244 | 2776 | | 司馬丼白 | 丼 | 晚期 |

| 器　名 | 集成編號 | 總集編號 | 出土地域 | 人物 | 井字寫法 | 時代 |
|---|---|---|---|---|---|---|
| 弭弔師㝨殷 | 04253<br>04254 | 2771<br>2772 | 陝西藍田寺坡村 | 井弔 | 井 | 晚期 |
| 大克鼎 | 02836 | 1327 | 陝西扶風縣法門寺任村 | 井人 | 井 | 晚期 |
| 白田父殷 | 03927 | 2518 | | 井奻 | 井 | 晚期 |
| 井人妄鐘 | 00109<br>00111 | 7048<br>7047 | | 井人妄 | 井 | 晚期 |
| 矢人盤 | 10176 | 6793 | 傳陝西鳳翔 | （地名） | 井 | 晚期 |
| 弔男父乍爲<br>霍姬匜 | 10270 | 6867 | | （族徽） | 井 | 晚期 |

　　這些器之中井字寫法有「井」、「井」兩大類，井字或又有學者分出兩豎筆彎曲的「共」類來，陳夢家先生就將共寫法的井獨立爲「开」類，而井則分有點的「丼」與無點的「井」兩小類。〔註3〕

　　關於井國的問題，近代以劉節先生〈古邢國考〉一文首以出土文物做分析研究，根據劉先生的意見，周代之邢爲姬姓，周之東漸，以殷代井之舊地封之，稱爲邢侯，其地在鞏洛之南；邢人東遷邑於大伾，處西方者爲王之近臣。〔註4〕吳其昌則指出：

　　　「井」氏與「丼」氏有別。「井」，姬姓。「丼」，姜姓。〔註5〕

之後陳夢家先生以「井弔」、「周師」和「免」繫聯了「免組銅器」六件〔註6〕，對於井叔格外重視，在上文中已提到陳先生將井分爲「兩橫平行，兩直不平行而向外斜」的「开」與「兩橫兩直平行」的「井」這兩個大類，而第二類又分爲中無一點的「井」與中有一點的「丼」兩小類。對於第二類的觀察，他指出：

　　　我們根據拓片觀察，則知井叔、井季之井都有一點，兩直兩橫都平行，
　　　井白之井有兩種：（1）兩直兩橫平行而無一點，屬於穆王時器和較早
　　　的恭王器；（2）兩直兩橫而有一點，屬于較晚的共王器。〔註7〕

〔註3〕陳夢家〈西周銅器斷代（六）〉，《考古學報》1956年第4期，頁107。
〔註4〕劉節〈古邢國考〉，《禹貢》第四卷第九期，又劉節《古史考存》（北京：人民出版社，1958年2月），頁141～145。引文出自後者。
〔註5〕吳其昌《金文世族譜》（臺北：中央研究院歷史語言研究所，1991年12月），頁18。
〔註6〕陳夢家〈西周銅器斷代（六）〉，頁85、107。他所列的「免組銅器」包含：〈免殷〉、〈免簠〉、〈免尊〉、〈免盤〉、〈趩觶〉、〈守宮盤〉六件。
〔註7〕同上註，頁107。

對於吳其昌和陳夢家兩位先生的研究，日本學者樋口隆康先生提出不同的意見，他由〈麥鼎〉的兩處「井侯」一作「井」、一作「共」為例證否定陳夢家先生將「共」和「井（無點）」分開的看法，又提出〈奠井弔康盨〉的器蓋一作「井」、一作「丼」，〈師虎段蓋〉人名作「丼白」而「師井」不加點等現象，推論：

> 可以說，原先點的有無是表現不同意義的，可是在金文中應該區別
>
> 使用的二字，在使用中也許多少有些混亂了。〔註8〕

對於井和共的無別，樋口隆康先生的意見是可行的，至於井和丼的分別，由上文所列的表來看，應有時代上的區別，依目前的資料來看，西周中期以後丼字才出現而流行，在西周早期幾乎皆作井，字中間並無一點。「奠丼」、「豐丼」的丼字皆有一點。周公之後所封的井〔文獻作邢〕與丼、奠丼、豐丼的關係，可由上文的表格來做一個擬測，河北元氏縣出土的〈臣諫段〉銘文中井侯作「井」不加點，這個地方接近周公之後所封的邢國的位置，銘文中常以「井侯」稱之；而陝西出土的銅器中除〈長囟盉〉與〈豆閉段〉外，皆作丼，〈奠井弔庚盨〉或作井、或作丼，這可以用「混同」來解釋，西邊的井國井字常是加點的，這一支丼族從西周中期開始便在中央任要職，銘文中常稱為「丼白」。如果要說井、丼無別，那麼西周中期以來大量的丼器與奠丼較為一致性的作丼等現象，實難以解釋。春秋早期的〈井姜大宰巳段〉03896—□「井姜」的井字便作共，不加點。因此本文認為井和丼二字寫法有時代上的特色，但其間又存有不少混同的例子，本來文字的歷史現象就不是能斬釘截鐵地說一定如何畫分時代。

井叔的問題在 1983～1986 年長安張家坡井叔墓地考古工作的公布〔註9〕有了較好的答案。張長壽先生對於這個墓地做了不少研究，這個墓群以 M157、M161、M163 及 M170 最為重要，前三個墓依報告推測是夫婦異穴埋葬〔註10〕，M163 出土編鐘一套，有銘之鐘銘文七行三十九字，作器人為井叔叔

---

〔註8〕 樋口隆康〈西周銅器之研究〉（樋口隆康主編、蔡鳳書譯《中國考古學研究論文集》，香港：東方書店，1990 年 3 月），頁 93。

〔註9〕 中國社會科學院考古研究所灃西發掘隊〈長安張家坡西周井叔墓發掘簡報〉，《考古》1986 年第 1 期，頁 22～27、11。
中國社會科學院考古研究所灃西發掘隊〈長安張家坡M170 號井叔墓發掘簡報〉，《考古》1990 年第 6 期，頁 504～510。

〔註10〕 中國社會科學院考古研究所灃西發掘隊〈長安張家坡西周井叔墓發掘簡報〉，《考古》1986 年第 1 期，頁 27 推測 M157 是夫，兩側 M161、M163 則為妻妾之墓。

采，此器應爲西周中期物。張先生推測 M157 墓主即井叔采。〔註 11〕另外 M152 出土〈達盨〉三件，銘文五行四十字，內容提及人物爲嵩趫，事件爲執駒之禮，張先生推測嵩趫即〈趫觶〉之趫。〔註 12〕M170 則出土〈井弔方彝〉，銘文一行五字，可知此墓主亦爲井叔。井叔的銅器大多是西周中期的，張先生將井叔墓地和傳世井叔器做了世系的聯接：

```
文考井叔·┬·……文祖穆公 —□□—井叔采—井叔達—井叔□…
        ├— 季魯                              ┌……—奠井叔
        └— 井季魯                            └—豐井叔
```

由於〈井弔采鐘〉非標準器，而由銘文亦未能證明爲穆王時代器，所以本文將該墓地出土的井叔之器定在西周中期。至於其他的井叔器因銘文中又提及其他人物，如白懋父、免等，所以得再進一步考查。

井伯最早見於〈長囟盉〉，恭王時代器中井伯常見，井伯家族在恭王以後在政治上佔有重要的地位，上表中西周中期到晚期的器便是留下來的見證。不過這些器中除了〈長囟盉〉外，其他西周中期器都不太可能是穆王時代的。

〈鮮段〉銘文提及「鮮」一人。

### （二）穆世標準器以外諸器

有些銅器不屬於穆王時代的標準器，在其銘文中多少提供了關於穆王時代人物的資訊，例如恭王時代的〈師虎鼎〉02830—1323 銘文中便記錄了師虎歷任穆王、恭王二世官職的事情。另外，一些家族器群的銘文記錄更提供研究者斷代方面有關世系比對的例子，最有名的就是微氏家族器，學者們藉由其銘文所陳述的世系，對比周王世系，於是得出豐的活動應屬於穆王時代，豐諸器便被斷代在穆王世。

但是，若就以王世爲精細年代做繫聯，穆世標準器以外的各器，能提供的資訊是很有限的，它們常提供了一些穆王時代或可能是穆王時代的人物，而這些人物能否在眾多銅器中找到其所鑄器或者是這些人物活動的記載，機會似乎少之又少。比如說只是提供某人之父如「乙伯」之類的，也只能做爲判定某些記載的人名是否爲一人的消極條件；如果提供了某人之父的名字，

---

〔註 11〕張長壽〈論井叔銅器——1983～1986 年灃西發掘資料之二〉，《文物》1990 年
　　　　第 7 期，頁 32。

〔註 12〕同上註，頁 33。

就算銅器銘文出現的人名所作器，也不能肯定必然是同一人；又像〈師䢼鼎〉02830－1323 銘文提供了師䢼活動的時代至少在穆恭時期的訊息，但是師䢼所鑄之器就此一件，若有其他師䢼鑄器也未必只能斷在穆世而不斷於恭王時期。因此在這方面，只能由〈史牆盤〉及其同出器中比對王世，認爲史牆之父親豐的活動時間應在穆王世，其器有：〈豐尊〉05996－4871、〈豐卣〉05403－5480、〈豐爵〉09080－4178、09081－4179、09082－4180、〈乍父辛爵〉09060－4087 等，稱之爲「豐組器」。

## 二、傳世古籍所提供的人物

在第四章，筆者由傳世古籍中整理出一些穆王時代的人物，由此基礎做繫聯的工作，下面便是幾條繫聯的結果：

（1）毛公班：在今本《竹書紀年》、《穆天子傳》中都提到了毛公班，由於封爵及名字皆清楚，在繫聯上也就提供了更好的條件，筆者尋找了西周中期器，有可能的爲〈班𣪘〉04341－2855、〈孟𣪘〉04163－2697 三件，共四器。最重要的是〈班𣪘〉，作器人毛公班和文獻記錄人名同，亦載出征之事，此器提到的人物：呂伯、吳伯和其他銅器可以聯繫的上。〈孟𣪘〉則提到毛公和遣仲，由此又和對〈守鼎〉02755－1262 取得關係，本文將這五件器稱爲「毛班組器」。

〈靜𣪘〉04273－2788 銘文有「呂剠」和「吳𠁁」，多數學者認爲即是〈班𣪘〉中的「呂伯」和「吳伯」。其他兩件器：〈小臣靜彝〉☐－2655 和〈靜卣〉05408－5487 皆有可能與〈靜𣪘〉是同一作器人，本文將此三器定爲「靜組器」。

另外，張聞玉認爲〈此鼎〉02821－1312 也是穆王時代器〔註13〕，但是在舉證上明顯不足，他根據的是曆日，在第二章「研究回顧」，本文已介紹過他的方法，事實上，若就銘文內容來看，〈此鼎〉提到的「毛叔」也不會是毛公班，而且銘文句法及此器形制各方面來判斷，都不應爲西周中期偏早之器，其時代當在西周晚期。

（2）呂侯：古籍中《尙書·呂刑》、今本《竹書紀年》、《史記·周本紀》等皆記載了穆王時代呂侯作〈呂刑〉之事，但未交代呂侯的名字，然而呂國

---

〔註13〕張聞玉〈西周王年足徵〉，收於朱鳳瀚、張榮明合編之《西周諸王年代研究》（貴陽：貴州人民出版社，1998 年 7 月），頁 371。張先生認爲〈此鼎〉爲穆王十七年器，主要的論據爲他所推測的曆日。

國君都可稱爲呂侯，如果爲方伯，或受封更高的爵位，也可能稱呂伯，因此查找可能爲西周中期或西周早期偏晚風格的諸器中，〈呂伯段〉03979─☒、〈班段〉04341─2855 都提到了呂伯，〈班段〉已歸入「毛班組器」，而〈班段〉中也提到了呂伯，本文將〈呂伯段〉亦歸爲「毛班組器」。

另外，〈靜段〉04273─2788 提到「呂剄」，學者們認爲即爲〈班段〉的呂伯。呂爲氏，剄爲名，合乎周代銅器人名之例，由於靜的器可能尚有其他兩件，所以可以立爲一組，本文便不將〈靜段〉收入此組。

（3）井公利、邢侯、共公利：今本《竹書紀年》作共公利或亦作井公利，《穆天子傳》稱井利。《穆天子傳》有邢侯，亦不排除可能是井侯，由於銘文邢侯作共侯，而共常和井、丼等字混同，而共亦可能爲井之誤，所以，本文放在一併討論。爲了謹愼起見，筆者尋找了「共」的器，但未找到。在上文提到「井白組器」便與這裡所繫聯的結果相同。

有一些器爲學者們認定爲穆王時代器，如〈呂齋〉02754─1263、〈君夫段〉04178─2705 等，是由文獻取得聯繫的，但本文並不同意這樣的聯繫，例如〈呂齋〉02754─1263 銘文〔附圖二〕：

> 唯五月既死霸，辰才〔在〕
>
> 壬戌，王饔□大室，呂
>
> 征于大室，王易〔賜〕呂戠
>
> 三卣、貝卅朋〔合文〕，對瞫〔揚〕王休，
>
> 用乍〔作〕寶齋，子=孫=永用。

此器郭沫若〔註14〕、吳其昌〔註15〕、唐蘭〔註16〕、《商周青銅器銘文選》〔註17〕、劉啓益〔註18〕、李學勤〔註19〕等幾位先生皆認爲是穆王時代器，郭先生的理由如下：

〔註14〕郭沫若《兩周金文辭大系》（東京：文求堂書店，1932 年 1 月），頁 49。

〔註15〕吳其昌《金文麻朔疏證》第一冊（國立武漢大學叢書，上海：商務印書館，1936 年 12 月），頁 316～317。

〔註16〕唐蘭《西周青銅器銘文分代史徵》（北京：中華書局，1986 年 12 月），頁 333。

〔註17〕馬承源主編《商周青銅器銘文選》（北京：文物出版社，1988 年），第三冊，頁 113。

〔註18〕劉啓益〈西周穆王時期銅器的初步清理〉，《古文字研究》第十八輯（北京：中華書局，1992 年 8 月），頁 345。

〔註19〕李學勤〈鮮簋的初步研究〉，《走出疑古時代》（瀋陽：遼寧大學出版社，1994 年 3 月），頁 285～286。

> 此器字體與〈遹毁〉亦如出自一人手筆，呂殆即穆王司寇呂侯，《書·
> 呂刑》「惟呂命」正僅著一呂字。又〈靜毁〉之呂劅與此當是一人。
> （同註 14）

他的主要證據有二，其一爲字體風格與穆世標準器同，其二爲作器人呂即〈呂
刑〉之呂。字體風格做爲支撐只能算是旁證，因爲我們無法說此器字體只能
在穆王而不能在昭王末年或恭王初年；第二個證據是重要的論點，後來主張
此器爲穆世器的學者大多由作器人呂與文獻呂侯、〈靜毁〉和〈班毁〉的呂伯
繫聯起來看，而此點成了判斷〈呂𪔂〉的主要論點。

　　吳其昌先生補以厤朔，但是他的長曆已爲學者質疑，在此不多做評論。
劉啓益先生提將〈呂𪔂〉〔原文稱〈呂方鼎〉〕列在「白懋父組」中，並從唐
蘭先生的意見認爲白懋父即祭公謀父，而〈呂壺〉銘文中出現白懋父，故定
〈呂壺〉爲穆王時代器，由〈呂壺〉再繫聯〈呂𪔂〉，他說：

> 此鼎之「呂」即〈呂壺〉之「呂」，〈呂壺〉的時代爲穆王，故〈呂
> 方鼎〉的時代也應爲穆王。兩呂器的時代既屬穆王，則「呂」殆即
> 〈呂刑〉之「呂」。（同註 18）

若就白懋父來做繫聯，則考訂的前提便是白懋父是否爲穆王時代的人物，但
若直就呂說成〈呂刑〉則猶可商議，本文認爲呂可能是人名，也有可能是呂
侯的省稱，所以因呂而和呂侯及銘文中的呂伯繫聯，變因很大。如果文獻中
的呂侯就是銘文中的呂劅，那麼依銘文之例，最常見的例子應是自稱爲劅，
而非自稱爲呂。不過「呂非呂侯（呂伯）」和「呂是否是穆王時代人物」是獨
立的兩個問題，所以本文對學者將呂和呂伯等同認爲還可再研究（〈𪘏尊〉的
召伯簡稱爲召，不過這可能是在同一銘中的現象），至於此器是否是穆王時代
器並不排除其可能性。

　　李學勤先生對於「王饗□大室」有不同的看法，他認爲一般學者所隸定
此銘第二行第五字的「于」實是「卲」字：

> 〈呂方鼎〉的「昭」字正好位於腹壁和內底轉折處，爲鏽所掩，但
> 由殘筆可見作「卲」，是否從「王」則無法判斷。（同註 19）

此字事實上是不清楚的，但如果是卲字，在文法上是可行的，如〈戍嗣子鼎〉
02708－1219「王饗闌大室」、〈小臣靜彝〉04022－2566「王饗蒡京」、〈臣辰
冊冊𠂤卣〉05421－5501「𢓊饗蒡京年」等，未見在饗後加上「于」的例子，
所以李先生的意見很可能是正確的，而且由殘跡來看，也不像是于字，但是

可不可能是別的字呢，由於字跡不清，所以變數很大。

在曆法上，李先生認為〈鮮設〉是五月戊午，〈呂齋〉是五月壬戌，〈剌鼎〉是五月丁卯，三件器可能是同時的東西，而字體風格十分酷肖。就干支來看，確實是相合的，但是這樣的相合是很可能存在的；再者，殘字是否是卲，仍有變數，若能有Ｘ光攝影則應能對此問題提出有力的說明。〈呂齋〉的時代很可能為穆王世。

又如〈君夫設〉04178—2705，郭沫若及唐蘭二位先生皆認為是穆王時代器，其銘文內容為：

> 唯正月初吉乙亥，王才〔在〕
> 康宮大室，王命君夫
> 曰：「償求乃友。」君夫敢
> 娃〔奉〕鴌〔揚〕王休，用乍〔作〕文父
> 丁鸞彝，子＝孫＝其永用之。

由銘文實在看不出穆王時代的關鍵來，「康宮大室」只能說明此器在康王之後。郭先生的理由是：

> 此設字體亦與〈遹設〉等為一系，君夫當即穆王時司徒君雅，夫雅
> 古同魚部。〔註20〕

唐蘭先生則未說明理由，筆者不便揣測。對於郭先生的理由，本文認為這是很不充分的，只憑假借及字體風格就做結論，可信度實在不高。所以這件器，本文不列入穆王時代的相關器，也不考慮為四級器。

上面，本文說明有些器被學者們以文獻記載相同人物為由，而予以繫聯，事實上是牽強的，所以在這部分，本文繫聯的可能器不多，這也是本文主張的以證據充分為基礎，若證據不足，則只能做為可能的參考，至於沒有證據的，就不能強以為說。

# 第二節　事件繫聯

在本文第三章所談到的穆世標準器中，在事件上有「禘昭王」和「饗射之禮」二類，禘昭王的器，根據筆者的考證是穆王器的判斷條件之一，也就是說凡是獨禘昭王的器就列在穆世標準器的章節中討論了，所以在事件繫聯

---

〔註20〕郭沫若《兩周金文辭大系》（北京：科學出版社，1957年），頁59。

上是不必再討論了；穆王時代標準器〈遹殷〉、〈長囟盉〉都提到了饗射之禮，〈遹殷〉「呼漁于大池，王饗酒」，是漁于大池之後王以酒行饗禮；〈長囟盉〉「穆王饗醴，即井伯太祝射」，是穆王以醴行饗禮，又舉行射禮。當然光憑銘文的饗射作爲繫聯是不夠的，但如果行禮的人相近同，那麼就很值得考慮了，可惜的是未能找到相關的銘文，所以冀望由標準器爲基點的事件繫聯，在此是未能得到收穫的。

至於傳世古籍中有關穆王時代的事件則以征伐記錄最多，征伐的對象有犬戎、徐夷、楚國，乃至於越國（或是舒國）等。犬戎爲西戎之一，徐夷（古籍或稱徐戎）爲淮夷之一，伐越（舒）於西周中期銘文中未有，至於征西戎和伐楚的銘文也未找到屬於穆王時代的，所以對於這些事件，本文只從「征東夷」做繫聯。

關於征東夷，主要見於《史記·周本紀》、〈秦本紀〉、〈趙世家〉及今本《竹書紀年》（十三年、十四年）等，所記皆爲徐偃王犯洛之事。

三代與東夷的戰爭，文獻中記錄最早可推至夏代，古本《竹書紀年》記載夏后相元年征淮夷及畎夷。到了商代征東夷的戰事仍是持續的，甚至帝辛因征之而消耗國力，乃有《左傳》昭十一年「紂克東夷而殞其身」的說法，西周早期東夷參加了武庚與三監的聯合反叛，周公東征才暫時穩定下來，伯禽封魯，東夷曾有激烈的抗爭，亦以軍事征伐才克服，此後東夷仍是叛服無常。穆王時徐子誕憑藉強大的國力，使穆王不得不承認其在東方的勢力，於是做了讓步，後來徐夷趁穆王西征起兵犯洛，對於周王朝而言，這無疑是足以危及成周地區安危的巨大動亂，依據今本《竹書紀年》等古籍的記載，穆王是聯合楚國的兵力弭平了這次的入侵事件，似乎在古籍的記錄中，穆王對徐戎用兵僅有此次。今本《竹書紀年》載穆王三十七年伐紂，至九江，這條記錄在「第四章、穆世標準器以外的文獻所載穆王之探索」提到《竹書紀年》的部分已說明過，「紂」字有的本子作「紓」，有學者認爲是舒、徐，再者這條又載伐楚、伐越，學者們意見亦甚分歧，所以在此闕疑。

徐夷處淮水一帶，在東夷中稱得上是勢力龐大的一支，活動地區遍布於在山東、淮水，最晚在西周中期後段已漸而延伸到河南南部，這樣就在周王朝的東南方，因此當時稱爲東南夷。由於河南東部及東南部多平原，所以東夷的入侵就會直向成周地區，甚至危及陝西地區，西周中期的穆王時徐戎的犯洛是一例，晚期〈敔殷〉04323－2839所載南淮夷侵入至陽洛、伊亦是一例。

對東夷的戰爭成了西周史上漫長而無止盡的大事，貫串整個西周歷史。

　　文獻中出現了「東夷」、「淮夷」、「南淮夷」、「南夷」、「九夷」等名稱，對於這些名稱及其分布地點在學者間仍存有歧見：徐中舒先生認為南夷是南淮夷的簡稱；〔註21〕任遵時先生對「淮夷」的分布說法如下：

　　　案：淮夷即周時住於淮水流域之東夷。朱右曾曰：「今江蘇揚州淮安以北沿海之地至山東皆古淮夷所錯處也。」或曰（程發軔《春秋地名圖考》）：「今淮泗之交，即其所在。」總之，今魯南蘇北淮泗之間，東及於黃海，皆古淮夷所處之地也。〔註22〕

馬承源先生主張淮夷因處在周的南面，所以又稱為南淮夷，或簡稱為南夷；〔註23〕劉翔先生認為南淮夷和南夷的內涵有別，南淮夷是周人對淮水兩岸大小嬴、偃邦國集團的總稱，而南夷則是指包括群濮在內的江漢流域諸國；〔註24〕李白鳳先生認為東夷不包括淮夷；〔註25〕顧孟武先生認為「東夷的範圍大於淮夷，淮夷不能概括東夷。」〔註26〕、「淮夷為東夷之一，屬九夷範圍，但不等於九夷。九夷作為東夷的別稱是專名，但它實質上又泛指東方諸夷，故又是總名。」；〔註27〕張懋鎔先生則依時代將這些名稱做了說明：

　　（一）西周早期，淮夷包容在東夷之中。……西周早期金文中既不見南夷、南淮夷，也找不到淮夷字樣，所有的只是東夷這一名稱。

　　（二）西周中期，淮夷取代了東夷的地位。……在西周中期，唯一能與周王朝抗衡的已不是作為軍事整體出現的東夷集團，而是淮夷了。……在周王朝的鎮壓下，淮夷已有從東夷集團中分離出來而獨立的跡象。因此籠統地說淮夷屬于東夷集團是不準確的。〔註28〕

在南淮夷方面，張先生認為「南淮夷的名稱由淮夷轉化而來」、「西周晚期金文出現南淮夷之名稱，乃是西周戰事演變的必然結果」、「在西周晚期（甚至早到西周中期）這個時間概念裡，郭沫若所謂淮夷包括在東夷中的觀點便不

---

〔註21〕徐中舒〈禹鼎的年代及其相關問題〉，《考古學報》1959 年第 3 期，頁 61。
〔註22〕任遵時《詩經地理考》（撰者自印，1978 年 9 月），頁 132～133。
〔註23〕馬承源〈關於翏生盨和者減鐘的幾點意見〉，《考古》1979 年第 1 期，頁 61。
〔註24〕劉翔〈周夷王經營南淮夷及其與鄂之關係〉，《江漢考古》1983 年第 3 期，頁 41～42。
〔註25〕李白鳳《東夷雜考》（濟南：齊魯書社，1983 年 3 月），頁 94～95。
〔註26〕顧孟武〈有關淮夷的幾個問題〉，《中國史研究》1986 年第 3 期，頁 88。
〔註27〕同上註，頁 89。
〔註28〕張懋鎔〈西周南淮夷稱名與軍事〉，《人文雜志》1990 年第 4 期，頁 81～83。

能成立。」〔註29〕他又指出「南夷」是指江漢流域的蠻夷。〔註30〕李修松先生則將山東到安徽的夷人皆稱爲淮夷，他分淮夷爲四：1‧東淮夷，即山東境內的土著淮夷；2‧南淮夷；3‧北淮夷，南北淮夷在河南南部、安徽北部的淮河兩岸，北淮夷以徐爲大國；4‧西淮夷，從文獻上看，春秋時期在淮水上游及淮河以西汝、潁一帶臨近漢水流減。〔註31〕

　　本文認爲東夷乃指周王朝東邊的夷人，包含山東及江蘇、安徽一帶，由於與接觸的時代有關，所以在文獻乃至銘文的記錄上呈現出「東夷→淮夷→南淮夷、南夷」的演變，張懋鎔先生的意見是很正確的。周初東夷隨武庚及三監起事，周公東征三年，戰區主要在河南及山東，所以不管是古籍或銘文記錄都以東夷爲主，這時候周人的拓土重心在東方，對於該地的夷人多少有驅迫的作用，山東一帶的夷人可能會南遷到淮水一帶，但是並不是說西周初淮水一帶沒有夷人。周人漸漸擴土，和淮水一帶的夷人接觸多了，文獻便較常記錄淮夷和徐夷，徐夷爲淮夷的一支，顧孟武先生說得很清楚。到了西周中期偏晚，南淮夷成了周人的大敵，戰事也更爲吃緊。穆王時代淮夷爲作戰的主要對象，淮夷中的徐戎國力壯大，向北發展，和周人產生衝突。文獻中說徐戎「僭號」、「犯洛」便說明了淮夷的問題在穆王時代是嚴重的大事。由於淮夷的壯大，漸漸成了周人爭戰的對象，在山東的夷人似乎較爲順服，所以淮夷這個稱呼漸而與東夷有了差別，這個差別應是在西周中期以後才明顯的。

　　銘文中記錄伐淮夷的西周中期器以〈彔卣〉05419—5499、05420—5498、〈彧方鼎一〉02789—1285 爲代表，由其銘文內容提及彧與師雄父（白雄父），又可作人名之聯繫，於是本文考慮〈甗鼎一〉02721—1222、〈遇甗〉00948—1666、〈穧卣〉05411—5490、〈臤尊〉06008—4884、〈白雄父盤〉10074—6704、〈彔啟〉04122—2660；03702—2323；03863—2455 三件（異銘）、〈彔白彧啟〉04302—2816、〈白彧啟〉04115—2658、〈彧方鼎二〉02824—1316、〈彧啟〉04322—2836；03865—□兩件（異銘）、〈彧鼎〉02074—0734、〈彧甗〉00837—1588、〈白彧飲壺〉□—5672；□—□兩件、〈白彧乍旅啟〉03489—2142 等，這些器的銘文又提到了甗、遇、中競父、競，所以又可再聯繫以下諸器：〈中競啟〉

〔註29〕同上註，頁83。
〔註30〕同上註，頁84。
〔註31〕李修松〈淮夷探論〉，《東南文化》1991年第2期，頁15～17。

03783—2396、〈競設〉04134—2661、04135—2662、〈競卣〉05425—5503；05154—5293 兩件（異銘）、〈競尊〉05796—4700、〈競鼎〉□—□、〈競盃〉□—□、〈𤲞鼎二〉01964—0612、〈寓卣〉05381—5461、〈作冊寓鼎〉02756—1139 等，當然〈競尊〉、〈競卣〉等器的競是否是仲夒父是可再研議的，若是則其銘文中提到了白犀父（〈競卣〉），那麼可以再繫聯到〈白犀父鼎〉02195—0813、〈縣改設〉04269—2786。這樣就一連串的包含了三十件左右的器了。

　　不過在此所做的僅是初步的繫聯，在下一章中將對各器的可能性做探討。凡是作器者是𢼸，或作器人是彔白𢼸、彔的，在此暫稱為「𢼸組器」；凡是作器者是競、中夒父的，稱為「競組器」；在「𢼸組器」與「競組器」以外，銘文提到師雄父的，就稱為「師雄父組器」；銘文提及白犀父的器乃由競做聯繫，為討論方便，就歸入「競組器」中，下面便是這三組器的組成情況：

　　1. 「𢼸組器」：〈彔卣〉05419—5499、05420—5498、〈彔設一〉04122—2660；〈彔設三〉03702—2323；〈彔設二〉03863—2455、〈彔白𢼸設〉04302—2816、〈白𢼸設〉04115—2658、〈𢼸方鼎一〉02789—1285；〈𢼸方鼎二〉02824—1316、〈𢼸設一〉04322—2836、〈𢼸設二〉03865—□、〈𢼸鼎〉02074—0734、〈𢼸甗〉00837—1588、〈白𢼸飲壺一〉□—5672、〈白𢼸飲壺二〉□—□、〈白𢼸乍旅設〉03489—2142。

　　2. 「競組器」：〈中競設〉03783—2396、〈白犀父鼎〉02195—0813、〈縣改設〉04269—2786、〈競卣一〉05425—5503、〈競卣二〉05154—5293、〈競設〉04134—2661、04135—2662、〈競尊〉05796—4700、〈競鼎〉□—□、〈競盃〉□—□。

　　3．「師雄父器」：〈𤲞鼎一〉02721—1222、〈𤲞鼎二〉01964—0612、〈寓卣〉05381—5461、〈乍冊寓鼎〉02756—1139、〈遇甗〉00948—1666、〈穧卣〉05411—5490、〈𢓊尊〉06008—4884、〈伯雄父盤〉10074—6704。

　　在前文說過，周代征東夷、淮夷者的不只穆王，所以這些器雖經由事件及人物繫聯，但所繫聯的人物和標準器皆未相關，因此初步的分組仍在待各器的細究才能定其是否為穆世器。

## 第三節　考古繫聯

　　考古的繫聯專對同一個墓葬或窖藏所出的器群，在標準器方面主要的是

長安普渡村的長囟墓，另外一些被學者推定爲穆王時代的墓藏或窖藏也是本節討論的對象，與長囟墓相近的另一個普渡村西周中期墓被學者們斷定時代和長囟墓相當，劉啓益先生列出了其他五個墓葬，彭裕商先生也提出了不少可能是穆王時代的墓葬，在這一節中本文將分別做介紹，並對各墓所出的銅器做探討。

## 一、長安普渡村長囟墓

此墓在 1954 年由農民發現，經陝西省文物清理隊清理，據公布的報告指出：隨葬器物有銅器 27 件、陶器 22 件、玉器 23 件、骨飾品 2 件、貝 56 件、蛤蜊 107 件、蚌飾品 158 件。〔註32〕

在 27 件銅器中，有標準器四件，分別是〈長囟盉〉一件、〈長囟段〉兩件、〈長囟盤〉一件。此外，備受重視的有三件鐘〔附圖三〕、〈繁罍〉一件〔附圖四〕、鼎四件〔附圖五〕、甗一件〔附圖六〕、〈白寽父卣〉一件〔附圖七〕、爵二件，一件爲〈白寽爵〉〔附圖八〕、觚二件，一件爲〈□辛亞觚〉〔附圖九〕、壺一件〔附圖十〕、鬲二件〔附圖十一〕等。因爲與長囟組器一同出土，所以這些銅器便被視爲穆王時代器，並爲其他銅器在特徵上比對的依據。不過這些器是不是都能算做同一個時代的器物，陳夢家先生有不同的看法，他將此墓出土的銅器分爲四類：

> 甲、屬於西周初期的：鼎四、甗一、罍一、勺一、觚二、爵二、壺一
>
> 乙、屬於穆王時而有銘文的：段二、盉一、盤一
>
> 丙、樂器一組：鐘三
>
> 丁、其它：鬲二、卣一、另件第五
>
> 以上甲、乙兩項是從形制、花紋、銘文加以分別的，丁項應分隸於甲、乙兩項中，丙項最早同於乙，不能是西周初期的。此一墓的銅器，并非鑄於同一時期，至少可分爲西周初期與穆王兩期。〔註33〕

出土報告對該墓的時代認爲「穿造年代當在西周中期」〔註34〕，除了長囟組

---

〔註32〕陝西省文物管理委員會〈長安普渡村西周墓的發掘〉，《考古學報》1957 年第 1 期，頁 77。

〔註33〕陳夢家〈西周銅器斷代（五）〉，《考古學報》1956 年第 3 期，頁 121、123。

〔註34〕〈長安普渡村西周墓的發掘〉，頁 85。

器定為穆王時代外，對於其他器未有明顯的精細斷代，這樣的做法是可行的，因為長囟組器以外有銘文的其他銅器皆不足以提供明確的判斷條件，沒有銘文的銅器就更難以判斷了。陳先生的意見自有其獨到之處，本文也認為這個墓葬很可能包含了不同時期的器物，但是他所定的西周早期器仍有可研商的地方，比如說該墓出土的鼎編號003〔附圖五〕的這一件在器形上和西周中期的鼎形甚為近似，與〈剌鼎〉來比較，就不難看出陳先生的意見是應該再商討的，這個鼎實在沒有絕對的理由說一定在西周初期。郭寶鈞先生將這個墓出土的器皆定在穆王時代〔註35〕，在本文第二章〈研究回顧〉時提到郭先生極為重視此墓，當作他器群的第三界標；樋口隆康先生也對此墓各器一一做探討，他認為這些器中有西周初期的，也有西周中期的，但是與陳先生有同有異：

> 西周初期……甗1，觚2，爵2，卣1，壺1，勺1，鼎3。西周中期……
> 殷2，盂1，盤1，鼎1，罍1，鬲2，鐘3。〔註36〕

本文認為樋口隆康先生的分法也有可商研的地方，就以003號鼎為例，他分在西周初期，與陳夢家先生同，可是這件鼎在形制上是更適宜歸在西周中期的。劉啟益先生比對各器之後，主張將此墓器定在穆王時期，歸在標準器組。〔註37〕

　　在回顧了學者們的意見之後，本文先就有銘文的幾件器做探討：

　　〈繁罍〉〔附圖四〕據報告指出：高24.8公分、厚0.5公分、口徑15.5公分、肩寬23公分、圈足高3公分、足徑15公分。〔註38〕此器雙耳皆附有環，最大腹徑約在圈耳的下接處，腹面無鼻。頸有兩道弦紋，器身布滿紋飾，肩有冏紋、變體獸形紋相間，腹部花紋分為兩段，上半段為變體獸形紋，下半段為蕉葉狀變體獸形紋，雙耳則飾浮雕獸面紋。口內鑄有銘文三行，共十四字（含重文二字），其中族徽一字作戈形，隸定如下：

> 繁乍〔作〕且〔祖〕己
> 障彝，其子=

〔註35〕郭寶鈞《商周銅器群綜合研究》（北京：文物出版社，1981年12月），頁44～46。

〔註36〕樋口隆康〈西周銅器之研究〉，收錄在樋口隆康主編、蔡鳳書翻譯《中國考古學研究論文集》（香港：東方書店，1990年3月）頁75～76。

〔註37〕劉啟益〈西周穆王時期銅器的初步清理〉，頁330～331。

〔註38〕〈長安普渡村西周墓的發掘〉，頁78。

孫=永寶。戈。

字體相當工整，當是西周中期的風格，已無西周早期的波磔現象，障字酉上兩筆出頭，字與字之間相對位置十分規整。整個來看，應是西周中期偏早的。考慮到與長囟組器同出，而本器與穆王時代風格相容，所以本文將此器定爲穆王時代相關器（三級器）。

〈乍寶鼎〉，由於同墓出土四件鼎，所以此器編號爲 002〔附圖五〕，據報告指出：通高 37.5 公分、耳高 7.8 公分、口徑 31.2 公分、腹徑 32.6 公分、足高 13.5 公分。〔註39〕立耳，束頸有棱脊，垂腹，三柱足，足之上部亦附有棱脊，或有蹄足的現象，足內實以淡紅色土；頸上有花紋一道，作變體獸形紋，足上各有一獸面；腹內有銘文三字：乍〔作〕寶鼎。內有獸骨。西周早中期皆有可能。

〈寶甗〉〔附圖六〕，據報告指出：通高 41.2 公分、耳高 7.6 公分、口徑 27.2公分、腹徑 20 公分。甑底有十字紋的箄，有半環與腹相連，可啓閉〔註40〕，根據郭寶鈞先生的觀察：腰內一箄一鈎，三個三角形的齒又底範三角形。〔註41〕此器器形上甑部深腹，立耳，侈口；鬲部袋足分襠，三足中空，高足根，鬲部較甑部爲扁矮。甑部頸飾有一圈獸面紋，鬲部三足亦各飾獸面紋，鼻樑高凸。口內有銘文二字：寶獻〔甗〕。以器形及紋飾來看，可能是西周早期器。

〈白富父卣〉，富字從宀從富，亦即富字，加宀爲義符。此器出土時殘破過甚，據報告指出只有提梁及蓋、底的一些殘片，頸部有花紋，但鏽蝕嚴重，已不能識。〔註42〕故於形制花紋皆無可說，幸於內底有銘文三行，每行六字〔附圖七〕，雖部分亦泐蝕，但仍可辨，隸定爲：

　　白〔伯〕富父曰：「休，父

　　易〔錫〕余馬」，對𩁹〔揚〕父

　　休，用乍〔作〕寶障彝。

作器人不知，因銘文提及白富父賞賜作器人馬，所以姑且稱爲〈白富父卣〉。此器字體風格可見西周早期的波磔與肥筆，如「父」、「休」、「余」、「對」等字皆是，如由字體風格來看很可能是西周早期的器。

---

〔註39〕同上註，頁 81。

〔註40〕〈長安普渡村西周墓的發掘〉，頁 82。

〔註41〕郭寶鈞《商周銅器群綜合研究》，頁 46。

〔註42〕〈長安普渡村西周墓的發掘〉，頁 82。

　　〈白菕爵〉08299—，出土的爵有兩件，編號爲 009、010〔附圖八〕，僅一件有銘文「白菕」二字，出土報告未載是第幾號爵。此二爵大小相當，據報告指出 009 號高 20 公分、腹徑 5.9 公分、無紋飾而器壁較薄，010 號尾殘。〔註43〕009 號爵爲深腹圓底式，兩柱長而立於流與器腹相連處，三足外侈，就器形特徵及爵的出現時代來看，西周早期的可能性較高。

　　〈□辛亞觚〉〔附圖九〕，出土的觚有兩件，編號爲 008、009，因爲 009 號已殘成小塊，故不予介紹。008 號觚即〈□辛亞觚〉，此器據報告指出：高 26 公分、深 18.2 公分、口徑 14.7 公分、鼓徑 5.8 公分、足高 5.1 公分、足徑 8.3 公分。〔註44〕此器腹微凸，體較細，腹部及圈足各有四棱脊，足內有十字形紋，但無十字孔。全器飾滿花紋，頸飾四蕉葉獸形紋，腹部及圈足皆飾獸面紋。足內有銘文三字，第一字不清楚，第二字上半部不清楚，但由其下半部可以推知爲辛字，故隸定其文爲：□辛亞。此器之時代應爲西周早期，但也不排除爲中期器。

　　至於沒有銘文的器，以三件鐘及另外三件鼎最受注意。

　　這三件鐘〔附圖三〕所受的重視不下於同墓所出的長囟組器，因爲在當時對於銅鐘的考古資料並不多，尤其西周早期尚未有鐘出土，所以這三件鐘成了當時研究西周樂器的重要材料。它們是形式一樣而大小不同的三件鐘，編號分別是 2、3、4 號，據報告指出：2 號鐘通長 38 公分、甬長 12 公分、銑間徑 21 公分、鼓間徑 15 公分，幹及舞上無花紋；3 號鐘通長 44 公分、甬長 14.5 公分、銑間徑 25 公分、鼓間徑 18 公分；4 號鐘通長 48.5 公分、甬長 16 公分、銑間徑 27.5 公分、鼓間徑 19 公分，甬中空與腹腔相通。〔註45〕3 號和 4 號的紋飾相同，舞作雲紋，鼓面及篆間皆爲曲轉的幾何紋；2 號篆間花紋不同於前二鐘，在舞和幹上沒有花紋，此爲最不同之處。就鼓部和征部的比例來看時代應在西周早中期之間。

　　除了〈乍寶鼎〉外，另外有三件鼎〔附圖五〕，皆無銘文。這三件中有一件是後來由當地居民交出來的，代號就稱爲「補」，另二件編號爲 003、6。「補」鼎的大小依報告爲高 16.5 公分、口徑 14.5 公分〔註46〕，此器器形爲立耳、腹

〔註43〕同上註。
〔註44〕同上註。
〔註45〕同上註，頁 78。
〔註46〕〈長安普渡村西周墓的發掘〉，頁 81。原報告「口徑」錯成「口頸」。

部下鼓、底甚平、三柱足由上向下漸細,與標準器〈剌鼎〉形制很相近;頸部飾獸面紋,樣式和同墓所出的〈寶甗〉相似。003 號鼎通高 31 公分、耳高 5.5 公分、口徑 26 公分、腹徑 27 公分、足高 10 公分;〔註47〕器形與「補」鼎相似,而足的比例上較長;頸下飾雙捲狀長尾鳥紋。6 號鼎高 28.8 公分、耳高 5.4 公分、口徑 25.7 公分、腹徑 26.2 公分、足高 11 公分;〔註48〕器形亦立耳、腹下鼓出、三足亦由上向下漸細,然與前二鼎相比其腹底較不平,且腹部看來較寬;頸飾龍紋,尾上捲。這三件鼎的時代較可能是西周中期偏早,但不排除為西周早期的可能。

壺一件〔附圖十〕,據報告指出:高 38 公分、蓋高 4 公分、口徑 8.4 公分、腹徑 13.2 公分、足徑 12 公分。器形為細長的貫耳壺,蓋作杯狀,有圈頂,蓋及圈足皆有兩方孔,與貫耳相對,可穿繩,壺身似橄欖形。這類的壺目前見到時代最早當為西周早期,高崇文先生對西周銅壺的形態做過研究,據他的研究這類形態的壺多出現在西周時代,而且長囟墓出的這式壺「無疑是周人創造的周式銅壺」,這式壺出現在西周早期,而以穆王時期最為常見。〔註49〕此器在時代上西周早期和中期皆有可能。

鬲二件〔附圖十一〕,這兩件鬲器形並不相同,編號分別是 013、014 號,在器形上 013 號有極其明顯的束腰,而 014 號僅是頸部稍微內收。013 號鬲據報指出高 11.6 公分、口徑 15.6 公分、腹徑 15.2 公分。014 號鬲高 11 公分、口外徑 13.5 公分、口內徑 8.5 公分。〔註50〕這兩件器都在腹部飾斜紋(或稱斜繩紋)。時代上亦當跨於西周早中期。

以上所提到的各器,有的可能是西周早期的,有的較可能是西周中期的,但由於器形和花紋在斷代的判斷上只能做較大範圍的界定,所以這些器是否一定在穆王時期,就還是有商量餘地,本文將之列為穆王時代可能器(四級器),其中〈繁罍〉及三件鼎(補、003、6)本文列為穆王時代相關器(三級器)。

## 二、長安普渡村二號墓

長安普渡村在 1951 年時,因居民挖井而掘出一批銅器,1953、1954 年時

〔註47〕 出處同上註。
〔註48〕 同上註。
〔註49〕 高崇文〈兩周時期銅壺的形態學研究〉,俞偉超主編《考古類型學的理論與實踐》(北京:文物出版社,1989 年 5 月),頁 204。
〔註50〕 〈長安普渡村西周墓的發掘〉,頁 83。

展開調查及發掘工作，發現兩個墓葬，分別稱為一號墓與二號墓，其中二號墓為銅器所出墓葬，由於是居民挖出，所以出土時的擺放方式已不大清楚，這墓的隨葬銅器共八件，分別是毀、鼎、尊、斗各一件，鬲、爵各二件。

　　在墓葬的斷代上，陶器是很重要的指標，此墓所出的陶鬲，依據報告指出「這種型式的陶鬲是陝西渭水流域，西周早期或中期所特有的一種流行的型式。」〔註51〕這裡提供了一個時代上初步的概念。〔註52〕

　　這八件銅器中有銘文的為：〈弔乍旅鼎〉一件、〈𣪘〉一件、〈𣪘且辛爵〉二件，本文對其探討如下：

　　〈弔乍旅鼎〉一件〔附圖十二〕，報告指出器連耳高 20.4 公分、口徑 16.1 公分、腹最大徑 19.4 公分、足高 6.7 公分、腹深 11 公分、足徑 1.9 公分、壁厚 0.15—0.3 公分；耳高 3.8 公分、厚 1.1 公分、寬 3.9 公分。〔註53〕器形上立耳、束頸、鼓腹，腹最大徑在中間、三立足，器形上和長凶墓的二號鼎相近。頸飾一道變體獸形紋。腹內鑄有銘文四字：「弔〔叔〕乍〔作〕旅鼎」。時代方面，本文認為西周早中期皆有可能。

　　〈𣪘〉一件〔附圖十三〕，據報告指出器高 15.4 公分、口徑 22.4 公分、腹最大徑 19.6 公分、壁厚 0.4 公分；圈足徑 16 公分，高 2.2 公分；耳珥長 11 公分。〔註54〕器形上侈口、頸微束、腹作碗形、下承圈足、兩半環耳，有珥。頸部紋飾一圈，中心為浮雕獸首，渦紋與小夔紋相間；腹部為大片的斜方格乳釘紋；圈足飾蛇紋，蛇紋多出現在商代，西周早期很少見，中期更少出現，此器飾以蛇紋，這一點不可不謂別具特色；耳有浮雕獸首，獸耳未上舉。器內底有銘文，但腐飾過甚，以致只能見一族徽〔也可能是人名〕，象一人執戈之形，故以為器名。這個器的時代應早於西周中期，尤其紋飾所呈現的時代現象，首先斜方格乳釘文的時代在商晚期到西周早期，商晚期乳釘文盛行於食器上，並且乳釘紋和雷紋與斜方格紋結合在這時甚為流行，到了西周早期，這個結合紋飾開始步向減化的現象，有的只是簡單的斜方格加上乳釘，有的

〔註51〕　石邦興〈長安普渡村西周墓葬發掘記〉，《考古學報》第八冊，1954 年 12 月，頁 117。
〔註52〕　事實上，墓葬的陶器在時代上所提供的線索常大於銅器，因為銅器在當時就被視為珍貴的器物，所以墓葬中的銅器常有可能是前一代的，或時代較早的，至於陶器則較和墓葬時代接近。
〔註53〕　〈長安普渡村西周墓葬發掘記〉，頁 117。
〔註54〕　同上註，頁 118。

就只有乳釘了；蛇紋也是很重要的觀察對象，這樣的紋飾多出現在商晚期，到西周早期就不多見了，更遑論西周中期；頸部所飾的渦紋也是值得留意的，這樣的紋飾在西周中期也不常見；由紋飾的觀察來看，這件器大致上是不會晚到西周中期的，應爲西周早期的器。

〈茻且辛爵〉〔附圖十四〕二件，器形、大小、銘文、紋飾完全相同，據報告指出器高 25.5 公分、流尾全長 24.5 公分、腹徑 8.8 公分、流長 9 公分、流寬 5.2 公分、足高 9.9 公分。器形上可留意者如：柱的位置已退到流後，流有棱脊一直延伸到腹，尾亦然，這樣的棱脊形式和殷商的風格是有別的，殷商的棱脊較無周人的曲角〔註55〕，而是一個單純片狀的凸出。棱脊常見於尊及方彝，在爵是不常有的，商代爵中這樣的例子較爲常見，在周代的爵中例子更少，這樣棱脊的設計很明顯的是不利於啜飲的。〈茻且辛爵〉的流較商代的爵爲短，口的兩端明顯增高，器腹的比例看起來比商代的爵爲寬，整個器的比例有一種穩定雅緻的感覺。在紋飾方面，流與腹爲獸面紋，以雷紋襯底；尾爲長冠鳥紋，亦以雷紋襯底；鋬飾浮雕獸首；三足飾以方形及三角形的幾何紋，全器鏽蝕嚴重。柱上鑄有銘文三字，作「且〔祖〕辛茻」。整體判斷，這二件爵應是西周早期的作品。

這個墓葬的年代依考古報告定爲西周初期〔註56〕，郭寶鈞先生定爲穆王時代，鄒衡先生也認爲是穆王時代〔註57〕，後來，劉啓益先生亦持此論。〔註58〕這個墓的時代是西周初期或穆王時代是一個問題，但不論爲何者，並不影響此墓中所出銅器有西周初期的可能性，在討論時本文認爲〈茻且辛爵〉應爲西周早期器，而〈𤰲𣪘〉則爲早期器的可能性較大，當然這墓出土的鼎及鬲等和長凶墓所出者器形相似，但這不足以說〈茻且辛爵〉等器必然與長凶墓時代相同，甚至長凶墓也有可能出土西周早期的銅器，所以筆者對於墓葬的年代並不堅持一定只能定在早期，但是這墓所出銅器應有早期的，再者這些器沒有一件有足夠證據認定必爲穆王時代，所以本文將〈弔𡩻旅鼎〉定爲穆王時代可能器（四級器）。

〔註55〕商代晚期的〈婦好爵〉〔附圖十五‧一〕有周人式樣的棱脊，但多數的爵其棱脊則是殷商的式樣，如〈子↑母爵〉〔附圖十五‧二〕，在角、尊上的棱脊也是這一類居多。
〔註56〕〈長安普渡村西周墓葬發掘記〉，頁 126。
〔註57〕鄒衡《夏商周考古論文集》，頁 308。
〔註58〕劉啓益〈西周穆王時期銅器的初步清理〉，頁 370。

## 三、臨潼南羅墓

　　1975 年 5 月，陝西臨潼零口公社南羅生產隊在村南發現一座西周豎穴土坑墓，取出一批銅器四十九件，其中容器十三件、車馬器三十六件，僅甗和盤有銘文，先討論這兩件器：

　　〈中甗〉一件〔附圖十六〕，據報告指出：通耳高 38.5 公分、口徑 31.5 公分，下半部煙炱痕很濃。〔註 59〕器形上為立耳、侈口、圓脣、壁厚，鬲部足微有蹄足的現象，器內有三個箅齒，整個甗在比例上看起來較扁，鬲部亦然。紋飾簡單，僅甑部腹上飾弦紋二道。口沿內壁鑄銘文四字：「中乍〔作〕旅獻〔甗〕」，文字風格較近於西周中期。

　　〈眞盤〉一件〔附圖十七〕，據報告指出高 10 公分、口徑 39 公分。〔註 60〕器形上：方脣直口，口有殘缺、耳作獸首銜環、圈足。紋飾為變體獸形紋，以雷紋塡底。內底鑄銘文二行十四字，其中重文二字（子、孫），其文為：

　　　　眞乍〔作〕寶般〔盤〕，其萬

　　　年子=孫=永寶用。

眞字於金文中僅幾例，〈季眞尊鍑〉00531－1376 作、〈白眞乍鞏甗〉00870－1614 作，〈眞盤〉眞字下從丌之形，就字形的發展上來看，時代應更晚，如「其」字作帇形常見於西周中期以後，尤其在中期後段到晚期，若將「眞」字下作丌形對比「其」字字形的時代演變，這器可能在西周中期，甚至是中期後段，此盤「眞」字下從丌，也應不會早於西周中期。另外，有一點是該提出來的，〈眞盤〉的其字作，下面並無加丌形的現象，可是其字的最上兩短筆並不平直，是有斜殺的情況，所以時代上是不會早於西周中期的。

　　無銘文的字，以鼎、鬲、殷及盉比較重要：

　　鼎四件〔附圖十八〕，三小一大，三小鼎編號為 1、2、3，大鼎編號為 4；據報告指出三小鼎出於墓室，而大鼎出於二層臺，鼎可分為二式，第一式是「立耳，圓脣外卷，深鼓腹，柱足」，以 2 和 4 號鼎為代表，2 號鼎通耳高 19 公分、口徑 15 公分，飾圓渦紋；4 號鼎通耳高 26.5 公分、口徑 23 公分，飾目雷紋。第二式是「立耳外撇，方脣斂口，淺腹微淺，柱足」，以 1 和 3 號鼎為代表，1 號鼎通耳高 16 公分、口徑 15.5 公分，器殘，缺一足，腹上飾二道凸弦紋；3 號鼎通耳高 18.5 公分、口徑 17.5 公分，腹上飾口首垂角夔龍紋，

---

〔註 59〕趙康民〈臨潼南羅西周墓出土青銅器〉，《文物》1982 年第 1 期，頁 88。
〔註 60〕〈臨潼南羅西周墓出土青銅器〉，頁 88。

以雷紋塡底。〔註61〕第二式鼎的腹部淺而寬,已有西周中期鼎的特徵,而第一式鼎的腹形則在早中期之間。

鬲一件〔附圖十九〕,據報告指出:高 10 公分、口徑 12.5 公分。口稍殘,已修復,器壁極薄。〔註62〕此鬲與長囟墓 13 號鬲相近,只是足較短。

𣪘二件〔附圖二十〕,大小相同,高 13 公分、口徑 18.5 公分。〔註63〕器形上:方唇敞口、鼓腹、下承圈足、兩半環耳、有珥。頸部及圈足各飾凸弦紋兩道。此二器時代可能爲西周早期或中期。

盉一件〔附圖二十一〕,據報告指出:高 16.2 公分、口徑 17 公分。〔註64〕器形上:圓口稍殘、失蓋、束頸、鬲形腹、流斜直、三款足、有半環形鋬,有鍊和蓋相連。紋飾方面:頸飾變體獸形紋,並以雷紋塡底,鋬飾浮雕獸首。與〈長囟盉〉相較,此器顯得短扁。劉啓益先生以此器和〈三年衛盉〉比較,認爲此二者器形相近,惟後者腹部較外凸。〔註65〕此盉當爲西周中期器。

這個墓葬的時代報告認爲是西周中期較前〔註66〕,這樣的看法是可行的。至於那些器是穆王時代的呢?由於不能取得很有把握的證據,所以本文將這些器列爲穆王時代的可能器(四級器)。

## 四、扶風齊家十九號墓

扶風齊家十九號墓因 1978 年夏天暴雨,許多墓浸泡下陷,於是周原考古隊進行清理與發掘工作。十九號出土銅器十二件,皆保存良好,這十二件分別是:〈乍旅鼎〉二件、〈乍旅𣪘〉二件、〈乙父甗〉一件、尊一件、卣一件、爵二、觶一、盉一、盤一。有銘文者六件:

〈乍旅鼎〉二件〔附圖二十二〕:兩件大小、形制、紋飾及銘文皆同。據報告指出:通高 20 公分、口徑 17 公分、腹深 10.4 公分。〔註67〕器形上:斂口,口沿平折、方唇、立耳、腹深而下部外鼓,底甚平、三柱足,腹的情況

〔註61〕同上註,頁 87～88。
〔註62〕同上註,頁 88。
〔註63〕同上註,頁 88。
〔註64〕同上註。
〔註65〕劉啓益〈西周穆王時期銅器的初步清理〉,頁 372。
〔註66〕〈臨潼南羅西周墓出土青銅器〉,頁 89。
〔註67〕陝西周原考古隊〈陝西扶風齊家十九號西周墓〉,《文物》1979 年第 11 期,頁 2。

看來已和〈刺鼎〉相似，器形有西周中期的特徵。紋飾方面：頸飾分尾鳥紋一周，間以小獸首，以雷紋爲地。腹內壁有銘文三字：「乍〔作〕旅鼎」。此二器應爲西周中期的器。

〈乍旅敦〉二件〔附圖二十三〕：兩件大小、形制、紋飾及銘文亦皆相同。據報告指出：器高 14.4 公分、口徑 20 公分、腹深 11.6 公分。〔註68〕器形上：侈口、方唇、深腹下部微鼓、兩半環耳，有珥、圈足；紋飾方面：頸飾分尾鳥紋一週，間以浮雕獸首、耳亦飾浮雕獸首；腹內底鑄銘文三字：「乍〔作〕旅敦」。值得注意的是報告指出此二器出土時，腹內有獸骨。〔註69〕

〈父乙甗〉一件〔附圖二十四〕：據報告指出此器通高 19 公分、口徑 18.9 公分、耳高 15.6 公分。〔註70〕甗鬲合體，甑之器形爲立耳、侈口、方唇、深腹、底有十字鏤孔的圓三角形箅，一端有孔和腰部以半環相連；鬲部爲分襠袋足，三足根皆爲柱狀，器形與長囟墓出土的甗相近。甑頸飾獸面紋、鬲足亦飾獸面紋。腹部有銘文三字：「乙父𠅓」，乙父當即父乙，𠅓爲族徽。

尊一件〔附圖二十五〕：通高 19 公分、口徑 18.9 公分、腹深 15.6 公分。〔註71〕侈口、束頸、垂腹、圈足，口大於腹。紋飾方面：頸飾回首夔龍紋一週，龍體甚爲簡省，間以浮雕獸首，並以雷紋爲地紋。腹底有銘文四字：「乍〔作〕寶隟彝」。

卣一件〔附圖二十六〕：通梁高 23.2 公分、口縱徑 14.4 公分、口橫徑 10.3 公分、腹深 12.8 公分。〔註72〕器形上：蓋上有捉手，兩側有角、斂口、腹下部外鼓、圈足、有提梁。花紋方面：蓋沿及頸皆飾回首夔龍紋，頸之紋飾間有浮雕獸首、梁兩端亦有浮雕獸首、圈足有一圈弦紋。器蓋同銘，各鑄四字：「乍〔作〕寶隟彝」。

沒有銘文的器中，值得再留意的是爵、觶、盉，探究如下：

爵二件〔附圖二十七〕：兩件大小、形制、花紋全同，通高 21.4 公分、腹深 9.4 公分。〔註73〕器形上：流兩側甚高、柱亦甚高，位置在流鋬間、腹由口向底漸收、有鋬、三足如刀而外撇。腹部飾回首夔紋，以雷紋補地、鋬飾浮

〔註68〕同上註，頁 3。
〔註69〕同上註，頁 3。
〔註70〕同上註。
〔註71〕同上註，頁 4。
〔註72〕同上註，頁 4。
〔註73〕同上註，頁 4。

雕獸首。時代上西周早期到中期偏早皆有可能。

　　觶一件〔附圖二十八〕：據報告指出高 17.6 公分、口徑 8.2 公分、腹深 15.8
公分。〔註 74〕器形爲侈口、方唇、腹的比例上看來較爲修長，下部鼓出、圈
足。在觶的器形上，腹部比例較爲修長的例子，大致上時代較晚，商代的觶，
在比例上看，腹部是較寬的，到了西周早期才有修長的例子，如陝西扶風召
李村一號墓出土的觶〔附圖二十九〕、現藏臺北故宮博物院的〈龢乍父己觶〉
〔附圖三十〕、上海博物館的〈父庚觶〉〔附圖三十一〕等都應是西周早期的
觶，此器在時代上亦應相近。紋飾方面，僅頸飾回首夔紋一週。綜合器形和
紋飾來看，此器應爲西周早期偏晚到西周中期。

　　盉一件〔附圖三十二〕：高 19.4 公分、口徑 11.4 公分、腹深 9.6 公分。
〔註 75〕器形方面：蓋上有半環鈕、口微侈、方唇、斜直流、束頸、有鋬、
腹成四袋狀、四柱足，蓋器本有鍊相連，失鍊；蓋及頸皆飾分尾鳳鳥紋、鋬
飾浮雕獸首，而舌甚長。整體看來可能是西周早期偏晚到中期的器，紋飾主
要流行在西周中期。

　　這墓葬的器在銘文上因字體皆少，內容也很難提供斷代的依據，所以只
能由器形及紋飾來看，報告指出：

> 齊家十九號墓出土的 22 號銅甗與長囟墓出土的銅甗在形制和紋飾
> 上極爲相似；出土的兩件銅鼎的形制和紋飾與岐山縣出土的〈五祀
> 衛鼎〉酷似，〈五祀衛鼎〉爲西周共王五年器。另外此墓出土的銅食
> 器和水器所飾長尾鳥紋，酒器所飾回首夔龍紋均盛行於穆、共王之
> 際。〔註76〕

又由陶鬲、陶盤及陶豆推其時代，提出此墓可能爲「西周穆王末年或共王初
年」。本文同意這個看法，由於是以器形和紋飾爲斷代的依據，所以能確定
的年代就較難定在某一王世，報告對這些器的年代便以較大的時間範圍來處
理。《陝西出土商周青銅器》（三）的說明將〈父乙甗〉定爲西周早期，其他
皆定爲西周中期，但文字介紹時又推測除〈父乙甗〉外「當鑄於穆王之世」
〔註77〕，劉啓益先生則指出〈父乙甗〉的銘文風格與同墓所出其他器是相同

---

〔註74〕同上註，頁 4。
〔註75〕同上註，頁 4。
〔註76〕同上註，頁 6。
〔註77〕陝西省考古研究所、陝西省文物管理委員會、陝西省博物館等編《陝西出土
　　　　商周青銅器》（北京：文物出版社，1980 年 12 月），「圖版說明」頁 3～5。

的，他認爲這些器皆屬穆王時代。〔註 78〕這些分歧的意見，亦導因於銘文所提供的線索不足，而器形和紋飾常只能定出較大範圍的時代，所以，要將此墓一定只能定在穆王時期，可能在證據上是缺少絕對性的證據，劉先生說〈父乙甗〉的銘文風格與該墓所出其他器是相同的，本文認爲〈父乙甗〉還是稍與其他器有別，當然這樣的不同並不足以說此器一定和其他器不同時代。這墓所出的各器本文歸爲穆王時代可能器（四級器）。

## 五、寶雞茹家莊一號及二號墓

寶雞茹家莊西周墓發掘隊在 1974 年 12 月至 1975 年 4 月，發掘了兩座西周墓，編號爲 BRM1、BRM2，一號墓有兩室，分別稱爲甲室、乙室。依報告斷定可能爲穆王時代器的有：M2：1 圓鼎、M2：6 獨柱帶盤鼎、M2：5 方鼎、M1 乙：1 盤、M2：2、3 兩件附耳鼎（以上爲𢐗伯及𢐗伯爲井姬所作銅器）、M1 乙：19 壺、M2：13—14 兩件鬲、M1 乙：28—30 一組編鐘。〔註 79〕一共是五件鼎、兩件鬲、一件盤〔註 80〕、一件壺、一組編鐘三件，下面就各器做說明：

M2：1 圓鼎即〈𢐗乍井姬鼎〉〔附圖三十三〕，據報告指出通高 25.4 公分、口徑 23 公分、腹徑 25 公分、腹深 14 公分。〔註 81〕器形上侈口、立耳、束頸、腹下垂而鼓出，最寬處近底、底平、三柱足，就器形比例來看，腹部很寬，是西周中期的特色。紋飾上僅頸部有二道弦紋。腹內銘文二行六字：

𢐗乍〔作〕井

姬用鼎。

考古報告由此器器形與長囟墓出土的鼎等加以比較，認爲是穆王時代，本文認爲此器歸於穆王於器形上固無不可，但是不一定只能在穆王時期。

M2：6 獨柱帶盤鼎即〈𢐗白乍井姬夌鼎〉〔附圖三十四〕，此器腹下又承一盤，據報告指出通高 15.4 公分、盤徑 17.5 公分、鼎腹徑 15 公分、口徑 14 公分、腹深 7.95 公分。〔註 82〕此器器形特殊，在鼎腹下又承一盤，盤中以一

〔註 78〕劉啓益〈西周穆王時期銅器的初步清理〉，頁 374。

〔註 79〕寶雞茹家莊西周墓發掘隊〈陝西省寶雞市茹家莊西周墓〉，《文物》1976 年第 4 期，頁 44。

〔註 80〕M1：乙實出土兩件盤，形制上大致相同，報告在敘述時亦一起處理，而在論及斷代時未提及M1：乙 2 盤，應是疏忽。

〔註 81〕〈陝西省寶雞市茹家莊西周墓〉，頁 41。

〔註 82〕同上註，頁 42。

柱和鼎腹相連，盤有三足以支持全器，足甚短；器的上部分爲：立耳、束頸、鼎腹爲西周中期常見的下垂式。紋飾上僅於鼎頸部有一道弦紋。器內腹有銘文二行七字：

　　　　彊白〔伯〕乍〔作〕井

　　　　姬灻鼎〔鼎〕。

此器自名爲「灻鼎」，即「突鼎」，爲溫器，盤可置炭火，造型很特別。

　　M2：5 方鼎即〈彊白乍井姬方鼎〉〔附圖三十五〕，此器通高 15.7 公分、口徑 14.5×10 公分、腹深 7.8 公分；〔註83〕方立耳、斂口、折沿、下腹鼓出，呈橢方形、四柱足；紋飾方面只有頸部飾弦紋兩道。腹內有銘文二行七字：

　　　　彊白〔作〕乍

　　　　井姬用鼎。

字體相當潦草。

　　M2：2、3 兩件附耳鼎即〈彊白乍井姬鼎〉〔附圖三十六〕，二件一大一小，而形制、花紋、銘文均相同。大者編號爲M2：2，通高 21 公分、口徑 17 公分、腹徑 20.3 公分、腹深 13.6 公分；小者爲M2：3，通高 15.6 公分、口徑 13.4 公分、腹徑 15.3 公分、腹深 8.8 公分。〔註84〕器形上：有蓋，蓋上有三個L形紐、子母口、附耳、鼓腹、三柱足甚短，由上向下漸細；花紋方面，器蓋和腹部均飾垂冠分尾回首夔龍紋；蓋內和器內底皆鑄銘文，今據M2：3銘文隸定如下：

　　　　井姬睎亦□祖

　　　　考□公宗室

　　　　□孝祀孝祭，

　　　　隹〔唯〕彊白〔伯〕乍井

　　　　姬用鼎〔鼎〕毀。

文字鬆散而潦草，加上拓本不清楚，故在隸定有多處未能定，隹字及毀字寫法怪異，第一行到三行因有字不能釋，故未加斷句。這樣的文字風格實難以判斷其時代。

　　M2：13—14 兩件鬲〔附圖三十七〕，依《陝西出土商周青銅器》（四）所載M2：13 通高 8.9 公分、口徑 11.6 公分、腹深 5.6 公分、重 0.45 公斤；M2：

〔註83〕同上註，頁 41。
〔註84〕同上註，頁 41。

14 通高 9 公分、口徑 11.8 公分、腹深 5.6 公分、重 0.5 公斤；〔註85〕二器形制、紋飾相同，皆爲侈口、束頸、斜沿、分襠，腹飾斜線紋，並有三棱脊。

　　M1 乙：1、2 盤即〈彊白盤〉二件，一大一小，小的已殘，但形制和花紋基本相同，所以僅說明大的盤〔附圖三十八〕：通高 11 公分、口徑 28.5 公分；〔註86〕附耳、圈足；口沿及腹部飾三角雷紋；器內銘文大盤二行六字：

　　　　彊白〔伯〕自

　　　　乍〔作〕般〔盤〕烖〔鋚〕。

彊即彊字，烖當即鋚，爲盃之異稱。小的盤鑄有二行五字：

　　　　彊白〔伯〕乍用

　　　　盈〔盤〕。

二器字跡亦皆潦草。

　　　　M1 乙：19 壺〔附圖三十九〕，通高 37.5 公分、口徑 10 公分、腹深 30.5 公分；〔註 87〕有蓋，蓋上有圓形捉手、長頸、貫耳、鼓腹、圈足，素面，無銘文。器形與普渡村長囟墓出土之貫耳壺形近。

　　　　M1 乙：28—30 一組編鐘〔附圖四十〕：其大小及編號分別爲：M1 乙：28 通高 31.7 公分、甬長 10.5 公分、鼓間 12.5 公分、銑間 18 公分、舞修 15 公分、舞廣 12.5 公分、重 4.7 公斤；M1 乙：29 通高 30.5 公分、甬長 11 公分、鼓間 11.7 公分、銑間 16.6 公分、舞修 13.5 公分、舞廣 11.5 公分、重 4.3 公斤；M1 乙：30 通高 23.3 公分、甬長 8.5 公分、鼓間 8.3 公分、銑間 12.2 公分、舞修 10 公分、舞廣 8 公分、重 2.8 公斤；〔註88〕形制上：甬中空，甬上兩面皆有方孔相對；紋飾方面則篆間飾乳丁紋、鼓飾雲紋。整體而言和長囟墓所出的三件編鐘相近。

　　　　這些銅器的銘文風格大都是草率、鬆散的，在器形上大致上和長囟墓相近，穆王時代的可能性頗大，然不能提出最有力的證明，所以本文將之列爲穆王時代的可能器（四級器）。

## 六、長安花園村十五號墓及十七號墓

　　　　由 1980 年至 1981 年，陝西文物管理委員會在西周鎬京附近發掘了幾個

〔註85〕陝西省考古研究所、陝西省文物管理委員會、陝西省博物館等編《陝西出土商周青銅器》（北京：文物出版社，1980 年 12 月），「圖版說明」，頁 12。

〔註86〕〈陝西省寶雞市茹家莊西周墓〉，頁 39。

〔註87〕同上註，頁 39。

〔註88〕《陝西出土商周青銅器》，「圖版說明」，頁 9。

墓葬，其中長安花園村十五號及十七號兩個墓的時代可能和穆王有關。

　　李學勤先生指出，這兩個墓葬中有穆王時代的銅器，在十五號墓出土的〈戎珮尊〉、〈戎珮卣〉、〈鹿父尊〉、〈鹿父卣〉及十七號墓的〈伯姜鼎〉、尊、卣等七件是穆世器。〔註89〕

　　下面針對這七件器做論述：

　　〈白姜鼎〉〔附圖四十一〕：原報告作〈伯乍鼎〉〔註90〕，今依銘文改。此鼎口徑 19 公分、通高 23.3 公分、耳高 3.5 公分、足高 8 公分、重 3.2 公斤。〔註91〕器形上：立耳、折沿、垂腹、三柱足，上粗下細，與〈剌鼎〉形近。花紋上：因圖片不清楚，報告亦未加以說明，就圖片上僅見一弦紋。銘文八行六十七字（含重文二字：孫、子）：

　　　　隹〔唯〕正月既生霸庚

　　　　申，王才〔在〕葊京溼宮，天子淢

　　　　宝白姜，易〔賜〕貝百朋〔合文〕，白〔伯〕姜對

　　　　瓢〔揚〕天子休，用乍〔作〕寶障鼎，

　　　　用夙夜明亯于卲白〔伯〕日庚，

　　　　天子萬年，酬〔世〕孫=子=受

　　　　毕屯〔純〕魯，白〔伯〕姜□受天

　　　　子魯休。

銘文中有些地方值得留意，李學勤先生提出「世孫子」的時代問題：

　　　　「酬」讀爲「世」。這一句可與下舉金文對比：

　　　　「子子孫多世其永寶」　　　　〈班簋〉

　　　　「世孫子寶」　　　　　　　　〈宁簋蓋〉

　　　　「世孫子永寶」　　　　　　　〈師遽簋〉

　　　　「酬孫子永寶」　　　　　　　〈師遽方彝〉、〈黃尊〉

　　　　「其萬年世孫子永寶」　　　　〈伯尊〉

　　　　「世孫子毋敢墜永寶」　　　　〈趩觶〉

　　　　「世子孫永寶用」　　　　　　〈吳方彝〉

〔註89〕李學勤〈論長安花園村兩墓青銅器〉，《文物》1986 年第 1 期，頁 34～35。
〔註90〕陝西省文物管理委員會〈西周鎬京附近部分墓葬發掘簡報〉，《文物》1986 年第 1 期，頁 9。
〔註91〕同上註。

「世子子孫孫寶用」　　　　　　　　《三代》7・26・5

「其酬子子孫孫永寶用毋墜」　　　　〈守宮盤〉

「其萬年世子子孫孫永寶之」　　　　《陝西》3・149

這是西周中期銘文的習語，最早的〈班簋〉屬穆王早年。從各方面看，〈伯姜鼎〉應列爲穆王時器。〔註92〕

原報告將此墓定爲昭王時期，而李先生由銅器及陶器的組合情況分析，認爲〈白姜鼎〉爲穆王時代器，本文大致同意這樣的結論，將此器列爲穆王時代相關器（三級器）。

十七號墓出土的尊〔附圖四十二〕、卣〔附圖四十三〕，據李學勤先生的意見也應在穆王時期。尊的大小依報告爲口徑 16 公分、通高 17.5 公分、腹深 15 公分、足高 3 公分；〔註93〕形制爲圓形、侈口、垂腹、圈足，口大於腹；紋飾上則頸部有二道弦紋，二弦紋間有二突起的羊頭浮雕紋飾。內底鑄銘文三字：「乍〔作〕障彝」。卣的大小依報告：徑 11～13.5 公分、通高 21 公分、蓋高 7.5 公分、喇叭形圈足高 2 公分，重 2.75 公斤；〔註94〕形制爲圓蓋有圓捉手、子母口、垂腹、圈足、有提梁作扁條狀；梁兩端飾浮雕羊頭、頸有二道弦紋，兩面各有一浮雕獸首，亦作羊頭；器底銘文爲「乍〔作〕障彝」。

十五號墓出土的銅器中，李學勤先生認爲穆王時代器的四件分別是：

〈戎珮尊〉〔附圖四十四〕之器形與十七號墓出的尊相似，大小則爲口徑 11 公分、通高 18.5 公分、腹深 17 公分、足高 2.5 公分，重 2.2 公斤。內底有銘文三行七字：

戎珮𠁤

父宗彝

鼏。

字跡潦草，珮字原報告作「佩玉」二字，稱此器爲〈戎佩尊〉，〔註95〕李學勤先生改稱〈戎珮尊〉，可能將「佩玉」視成一字。𠁤字原報告作「人」，筆者就文例推測當是𠁤字，因此器字體甚差，如父字字形走樣，所以可能因人字和𠁤字形近而誤。

〔註92〕李學勤〈論長安花園村兩墓青銅器〉，頁34。

〔註93〕〈西周鎬京附近部分墓葬發掘簡報〉，頁12。

〔註94〕同上註，頁15。

〔註95〕同上註，頁14。

　　〈戎珮卣〉〔附圖四十五〕大小及形制與十七號出土之卣同；紋飾上口下有鳳鳥紋成一帶狀並於兩側各有一浮雕獸首，亦作羊頭、蓋之花紋與口下同；〔註96〕蓋內銘文自左向右寫，二行七字：

　　　　戎珮乓

　　　　父宗彝鼎。

字跡亦潦草。

　　〈麃父尊〉〔附圖四十六〕形制、大小、紋飾皆與〈戎珮卣〉同，唯重量是 2.1 公斤〔註97〕，尊內底銘文二行九字：

　　　　麃父乍〔作〕钒迀

　　　　從宗彝鼎。

最後一字不清楚，報告作「言」，然形不似，或可能是鼎字。字跡尚有西周早期之風。

　　〈麃父卣〉〔附圖四十七〕之器形、大小皆與〈戎珮卣〉同；花紋僅口下有二道弦紋，至於頸及梁所飾浮雕獸首亦與〈戎珮卣〉同；蓋內及器底皆鑄銘文，二行九字：

　　　　麃父乍〔作〕钒迀

　　　　從宗彝鼎。

底銘則迀字在第二行。

　　以上這幾件器李學勤先生皆由銅器、陶器與墓葬的情況證為穆王時代器，本文將之列為穆世的相關器（三級器）。

# 第四節　銅器分組

　　在本章前面的各節中已分出了「毛班組器」、「靜組器」、「致組器」、「競組器」、「師雄父組器」、「豐組器」共六組等待討論。而第二章「研究回顧」中探討了各家說法，每位學者各舉出他們所判定的穆王時代器，下面列一表以整理其同異：

　　●穆王時代器各家斷代同異表

〔註96〕〈西周鎬京附近部分墓葬發掘簡報〉頁 15 說〈麃父卣〉為長花 M15：18，器身光素無紋，但其圖版肆之 4，所附圖 M15：18 之卣卻有花紋，反而是 M15：17 之卣僅二道弦紋，故推可能其圖有誤。

〔註97〕同上註，頁 12。

說明：

一、本表乃由第二章〈研究回顧〉中所討論各家所列穆世器為內容，加以比較而製成此表。

二、器名欄各器的排列原則：由於郭沫若先生為標準器研究的創始者，而唐蘭先生所列之器最多，為了比較方便，列器之次序先以郭先生為主，次列唐先生所定穆世器而郭說未言及者。

三、各家之中郭寶鈞、李學勤、吳鎮烽、張聞玉等幾位先生所討論的穆世器皆非全面對銅器做清點，吳先生所列的器只以陝西為主。對於這四位先生的說法，在表格中以「郭」、「李」、「吳」、「張」等表示。這四位先生的意見置在「其他各家」中。

| 器　名 | 郭沫若 | 唐蘭 | 吳其昌 | 容庚 | 陳夢家 | 高明 | 劉啓益 | 銘文選 | 其他各家 |
|---|---|---|---|---|---|---|---|---|---|
| 遹毁 | ˇ | ˇ | ˇ | ˇ | ˇ | ˇ | ˇ | ˇ | |
| 靜毁 | ˇ | ˇ | | ˇ | | ˇ | ˇ | ˇ | |
| 小臣靜彝 | ˇ | ˇ | | | | | ˇ | ˇ | |
| 趞毁 | ˇ | ˇ | | | ˇ | | | ˇ | |
| 呂霝 | ˇ | ˇ | ˇ | | | | ˇ | ˇ | 李、 |
| 君夫毁 | ˇ | ˇ | | | | | | | |
| 剌鼎 | ˇ | ˇ | ˇ | | ˇ | ˇ | | ˇ | 李、吳 |
| 獄鼎一 | ˇ | ˇ | | | | | ˇ | ˇ | 吳 |
| 遇甗 | ˇ | ˇ | | | | | ˇ | ˇ | 吳 |
| 稻卣 | ˇ | ˇ | | | | | ˇ | ˇ | 吳 |
| 啟尊 | ˇ | ˇ | | | | | ˇ | | 吳 |
| 彔卣 | ˇ | ˇ | | | | | ˇ | ˇ | 李、吳 |
| 彔毁一 | ˇ | ˇ | | | | | ˇ | ˇ | 李、吳 |
| 彔白致毁 | ˇ | ˇ | | | | | ˇ | ˇ | 李、吳 |
| 白致毁 | ˇ | ˇ | | | | | ˇ | ˇ | 李、吳 |
| 善鼎 | ˇ | ˇ | | | | | | | |
| 競卣一 | ˇ | ˇ | | | | | ˇ | ˇ | |
| 競毁 | ˇ | ˇ | | | | | ˇ | ˇ | |
| 縣改毁 | ˇ | ˇ | | | | | ˇ | ˇ | |
| 長囟盉〔長囟諸器〕 | ˇ | ˇ | | | ˇ | ˇ | ˇ | ˇ | 郭、吳 |
| 師旂鼎 | | ˇ | | | | | ˇ | | |

| 器　名 | 郭沫若 | 唐蘭 | 吳其昌 | 容庚 | 陳夢家 | 高明 | 劉啓益 | 銘文選 | 其他各家 |
|---|---|---|---|---|---|---|---|---|---|
| 小臣宅殷 | | ∨ | | | | | ∨ | | |
| 豦殷 | | ∨ | | | | | | | |
| 沈子也殷蓋 | | ∨ | | | | | | | |
| 作冊䖵卣 | | ∨ | | | | | | | |
| 歔殷 | | ∨ | | | | | | | |
| 叠殷 | | ∨ | | | | | | | |
| 效父殷 | | ∨ | | | | | | | |
| 𭏌父方鼎 | | ∨ | | | | | | | |
| 貉子卣 | | ∨ | | | | | | | |
| 己侯貉子殷 | | ∨ | | | | | | | |
| 命殷 | | ∨ | | | | | | | |
| 眉𮏷王鼎 | | ∨ | | | | | | | |
| 眉𮏷王殷 | | ∨ | | | | | | | |
| 帥隹鼎 | | ∨ | | | | | | | |
| 覃伯戲殷 | | ∨ | | | | | | | |
| 毛公肇鼎 | | ∨ | | | | | | | |
| 班殷 | | ∨ | | | | | ∨ | ∨ | 李 |
| 孟殷 | | ∨ | | | | | ∨ | | 李、吳 |
| 靜卣 | | ∨ | | ∨ | | | ∨ | ∨ | |
| 井鼎 | | ∨ | ∨ | | | | | | |
| 小臣傳卣 | | ∨ | | | | | | | |
| 史懋壺蓋 | | ∨ | | | | | | | |
| 免尊 | | ∨ | | | | | | | |
| 免殷 | | ∨ | | | | | | | |
| 免匜 | | ∨ | | | | | | | |
| 免盤 | | ∨ | | | | | | | |
| 大乍大中簋 | | ∨ | | | | | | | |
| 庚嬴鼎 | | ∨ | | | | | ∨ | | |
| 鼓𦋺殷 | | ∨ | | | | | | | |
| 段殷 | | ∨ | | | | | | | |
| 井季夒尊 | | ∨ | | | | | | | |
| 井季夒卣 | | ∨ | | | | | | | |

| 器　名 | 郭沫若 | 唐蘭 | 吳其昌 | 容庚 | 陳夢家 | 高明 | 劉啓益 | 銘文選 | 其他各家 |
|---|---|---|---|---|---|---|---|---|---|
| 季嬰𣪕 | | v | | | | | | | |
| 守宮盤 | | v | | | | | | | |
| 遉尊 | | v | | | | | | | |
| 晨卣 | | v | | | | | | | |
| 效卣 | | v | | | | | | | |
| 效尊 | | v | | | | | | | |
| 庚嬴卣 | | v | | | | | v | | |
| 競卣二 | | v | | | | | v | | |
| 競尊 | | v | | | | | v | | |
| 競鼎 | | v | | | | | v | | |
| 競盉 | | v | | | | | v | | |
| 白遲父鼎 | | v | | | | | | | |
| 中競𣪕 | | v | | | | | v | | |
| 彔𣪕二 | | v | | | | | | | |
| 曶壺蓋 | | v | | | | | | | |
| 守宮鳥尊 | | v | | | | | | | |
| 守宮觥 | | v | | | | | | | |
| 守宮卣 | | v | | | | | | | |
| 守宮爵 | | v | | | | | | | |
| 彌弔師朿𣪕 | | v | | | | | | | |
| 彌弔盨 | | v | | | | | | | |
| 彌弔鬲 | | v | | | | | | | |
| 彌白匜 | | v | | | | | | | |
| 噩医駿方鼎 | | v | | | | | | | |
| 噩医乍王姞𣪕 | | v | | | | | | | |
| 遣弔吉父盨 | | v | | | | | | | |
| 遣弔鼎 | | v | | | | | | | |
| 癹方鼎二件 | | v | | | | | v | v | 吳 |
| 癹𣪕 | | v | | | | | v | v | 吳 |
| 廿七年衛𣪕 | | v | | | | | v | v | 吳 |
| 輔師嫠𣪕 | | v | | | | | | | |
| 服方尊 | | v | | | | | | | |

| 器 名 | 郭沫若 | 唐蘭 | 吳其昌 | 容庚 | 陳夢家 | 高明 | 劉啓益 | 銘文選 | 其他各家 |
|---|---|---|---|---|---|---|---|---|---|
| 豐尊 | | v | | | | v | v | v | 李、吳 |
| 豐卣 | | v | | | | | v | v | 李、吳 |
| 豐爵 | | v | | | | | v | | 李、吳 |
| 師遽方彝 | | v | | | | | | | |
| 休盤 | | | v | | | | | | |
| 伯戔盤 | | | v | | | | | | |
| 伯戔盨 | | | v | | | | | | |
| 鮮段 | | | | | | | | | 李 |
| 作冊大方鼎 | | | | | | | v | | |
| 玆段二 | | | | | | | v | | 吳 |
| 伯雄父盤 | | | | | | | v | v | 吳 |
| 躲卣 | | | | | | | v | | |
| 玆鼎 | | | | | | | v | | 吳 |
| 玆甗 | | | | | | | v | | 吳 |
| 白玆飲壺二件 | | | | | | | v | | 吳 |
| 鯯父盉 | | | | | | | v | | |
| 不壽段 | | | | | | | v | | |
| 噩鼎二 | | | | | | | v | | |
| 寓卣 | | | | | | | v | | |
| 作冊寓鼎 | | | | | | | v | | |
| 呂壺 | | | | | | | v | | |
| 御正衛段 | | | | | | | v | | |
| 小臣謎段 | | | | | | | v | | |
| 呂伯段 | | | | | | | v | | |
| 利段 | | | | | | | v | | |
| 利鼎 | | | | | | | v | | |
| 父辛爵 | | | | | | | v | | 吳 |
| 雁公方鼎 | | | | | | | v | | |
| 雁公段 | | | | | | | v | | |
| 雁公卣 | | | | | | | v | | |
| 雁公觶 | | | | | | | v | | |
| 畾段 | | | | | | | v | | |

| 器　名 | 郭沫若 | 唐蘭 | 吳其昌 | 容庚 | 陳夢家 | 高明 | 劉啓益 | 銘文選 | 其他各家 |
|---|---|---|---|---|---|---|---|---|---|
| 白戔作旅段 | | | | | | | | | 吳 |
| 宎鼎 | | | | | | | | | 吳 |
| 吳方彝蓋 | | | | | | | | | 張 |
| 牧段 | | | | | | | | | 張 |
| 徒段 | | | | | | | | | 張 |
| 望段 | | | | | | | | | 張 |
| 伯克壺 | | | | | | | | | 張 |
| 此段 | | | | | | | | | 張 |
| 虎段蓋 | | | | | | | | | 張 |
| 善夫山鼎 | | | | | | | | | 張 |
| 宜医矢段 | | | | | | | | | 李 |

　　這一百多件器中有部分在前文的分組已提過，剩下的器本文亦依其銘文分成幾組，下面便是分組的概況一覽表：

| 器　名 | 重要人物 | 重要事件 | 分組代號 | 集成－總集 |
|---|---|---|---|---|
| 遹段 | 穆王、遹 | | 標準器 | 04207－2734 |
| 剌鼎 | 卲王、剌 | 啻昭王 | 標準器 | 02776－1272 |
| 長囟盉〔長囟組器〕 | 井白、穆王、長囟 | | 標準器 | 09455－4448 |
| 鮮段 | 琊王、鮮 | 啻昭王 | 標準器 | 10166－6734 |
| 班段 | 毛班、毛公、呂白、吳白 | 伐東或痟戎 | 毛班 | 04341－2855 |
| 毛公䇛鼎 | 毛公 | | 毛班 | 02724－1217 |
| 孟段 | 毛公、孟、趞中 | 征無㶑 | 毛班 | 04162－2696 04163－2697 04164－▢ |
| 宎鼎 | 宎、趞中 | | 毛班 | 02755－1262 |
| 呂伯段 | 呂伯 | | 毛班 | 03979－▢ |
| 靜段 | 靜、吳𢎿、呂剛、䍩盩自、邦周 | | 靜 | 04273－2788 |
| 小臣靜彝 | 靜 | | 靜 | ▢－2655 |
| 靜卣 | 靜 | | 靜 | 05408－5487 |
| 豐尊 | 豐、大矩 | | 豐 | 05996－4871 |

| 器　名 | 重要人物 | 重要事件 | 分組代號 | 集成一總集 |
|---|---|---|---|---|
| 豐卣 | 豐、大矩 | | 豐 | 05403－5480 |
| 豐爵 | 豐 | | 豐 | 09080－4178<br>09081－4179<br>09082－4180 |
| 父辛爵 | 父辛 | | 豐 | 09060－4087 |
| 彔卣 | 彔、茲、白雄父 | 伐淮夷、戍由自 | 茲 | 05419－5499<br>05420－5498 |
| 彔毁一 | 彔、白雄父 | 自龏 | 茲 | 04122－2660 |
| 彔毁二 | 彔 | | 茲 | 03702－2323 |
| 彔毁三 | 彔 | | 茲 | 03863－2455 |
| 彔白茲毁 | 彔白茲 | | 茲 | 04302－2816 |
| 白茲毁 | 白茲 | | 茲 | 04115－2658 |
| 茲方鼎一 | 王㰱姜、內史友員、茲 | | 茲 | 02789－1285 |
| 茲方鼎二 | 茲 | 御灘戎 | 茲 | 02824－1316 |
| 茲毁一 | 茲 | 勠戎 | 茲 | 04322－2836 |
| 茲毁二 | 茲 | | 茲 | 03865－▢ |
| 茲鼎 | 茲 | | 茲 | 02074－0734 |
| 茲甗 | 茲 | | 茲 | 00837－1588 |
| 白茲作旅毁 | 白茲 | | 茲 | 03489－2142 |
| 白茲飲壺一 | 白茲 | | 茲 | ▢－5672 |
| 白茲飲壺二 | 白茲 | | 茲 | ▢－▢ |
| 殷鼎一 | 師雄父、殷 | 省道至于龏 | 師雄父 | 02721－1222 |
| 殷鼎二 | 殷 | | 師雄父 | 01964－0612 |
| 遇甗 | 遇、師雄父、龏侯 | 戍由自，事龏侯 | 師雄父 | 00948－1666 |
| 寓卣 | 寓 | | 師雄父 | 05381－5461 |
| 作冊寓鼎 | 作冊寓 | | 師雄父 | 02756－1139 |
| 稱卣 | 師雄父、稱 | 戍由自 | 師雄父 | 05411－5490 |
| 叔尊 | 師雄父、叔 | 戍由自 | 師雄父 | 06008－4884 |
| 伯雄父盤 | 白雄父 | | 師雄父 | 10074－6704 |
| 中㸐毁 | 中㸐 | | 競 | 03783－2396 |
| 白遲父鼎 | 白遲父 | | 競 | 02195－0813 |
| 縣改毁 | 白屖父、縣改 | | 競 | 04269－2786 |
| 競卣一 | 白屖父、競 | 戍南尸 | 競 | 05425－5503 |

| 器　名 | 重要人物 | 重要事件 | 分組代號 | 集成—總集 |
|---|---|---|---|---|
| 競卣二 | 競 | | 競 | 05154—5293 |
| 競設 | 白犀父、訊史競 | | 競 | 04134—2661<br>04135—2662 |
| 競鼎 | ？ | | 競 | ☑—☑ |
| 競尊 | 競 | | 競 | 05796—4700 |
| 競盉 | ？ | | 競 | ☑—☑ |
| 庚嬴卣 | 庚嬴 | | 庚嬴 | 05426—5504 |
| 庚嬴鼎 | 庚嬴 | | 庚嬴 | 02748—1248 |
| 貉子卣 | 貉子 | | 貉子 | 05409—5485<br>—5486 |
| 己夨貉子設蓋 | 己夨貉子 | | 貉子 | 03977—2533 |
| 師遽方彝 | 宰利、師遽 | | 井白 | 09897—4977 |
| 徒設 | 司馬井白、徒 | | 井白 | 04244—2776 |
| 舀壺蓋 | 井公、舀 | | 井白 | 09728—5798 |
| 利鼎 | 利、井白 | | 井白 | 02804—1290 |
| 利設 | 利 | | 井白 | 03580—2237 |
| 小臣謎設 | 白懋父、小臣謎 | 伐東夷 | 白懋父 | 04238—2760<br>04239—2761 |
| 沈子也設蓋 | 同公、周公、沈子也 | | 白懋父 | 04330—2834 |
| 師旂鼎 | 白懋父、師旂、弘 | 才𦟼 | 白懋父 | 02809—1298 |
| 小臣宅設 | 同公、白懋父、小臣宅 | | 白懋父 | 04201—2731 |
| 呂壺 | 白懋父、呂 | 北征 | 白懋父 | 09689—5762 |
| 御正衛設 | 懋父、御正衛 | | 白懋父 | 04044—2584 |
| 免設 | 井弔、免 | | 免 | 04240—2762 |
| 免匜 | 免 | | 免 | 04626—2703 |
| 免尊 | 井弔、免、史懋 | | 免 | 06006—4880 |
| 免盤 | 免 | | 免 | 10161—6778 |
| 史懋壺蓋 | 史懋、伊白 | | 免 | 09714—5785 |
| 弭弔簠一 | 弭弔 | | 弭弔 | 04385—3014 |
| 弭弔簠二 | 弭弔 | | 弭弔 | 04430—3061 |
| 弭弔鬲 | 弭弔 | | 弭弔 | 00572—1418<br>00573—1417<br>00574—1419 |
| 弭白匜 | 弭白 | | 弭弔 | ☑—☑ |

| 器　名 | 重要人物 | 重要事件 | 分組代號 | 集成—總集 |
|---|---|---|---|---|
| 弭弔師求𣪘 | 丼弔、弭白、弭弔、師求 | | 弭弔 | 04253—2771<br>04254—2772 |
| 守宮盤 | 守宮 | | 守宮 | 10168—6785 |
| 守宮鳥尊 | 守宮 | | 守宮 | 05959—4841 |
| 守宮觥 | 守宮 | | 守宮 | 09297—4923 |
| 守宮卣一 | 守宮 | | 守宮 | 05359—5444 |
| 守宮卣二 | 守宮 | | 守宮 | 05170—5300 |
| 守宮爵二件 | 守宮 | | 守宮 | ☐—☐ |
| 雁公方鼎 | 雁公 | | 雁公 | 02150—0773<br>02151—☐ |
| 雁公𣪘二件 | 雁公 | | 雁公 | 0477—2097<br>　—2098<br>03478—☐ |
| 雁公卣 | 雁公 | | 雁公 | 05177—☐ |
| 雁公觶 | 雁公 | | 雁公 | 06174—6405 |
| 效父𣪘 | 休王、效父 | | 效 | 03822—2405<br>　—2406<br>03823—2404 |
| 效卣 | 效 | | 效 | 05433—5511 |
| 效尊 | 效 | | 效 | 06009—4885 |
| 𢼸父方鼎 | 休王、𢼸父 | | 效 | 02453—0997<br>02454—0998<br>02455—0999 |
| 丼季夒尊 | 丼季夒 | | 季夒 | 05859—4748 |
| 丼季夒卣 | 丼季夒 | | 季夒 | 05239—5340 |
| 季夒𣪘 | 季夒 | | 季夒 | 03444—2124 |
| 噩医駿方鼎 | 噩医駿方 | | 噩医 | 02810—1299 |
| 噩医乍王姞𣪘 | 噩医 | | 噩医 | 03928—2497<br>03929—2498<br>03930—2499<br>　—2500 |
| 遣弔吉父盨 | 遣弔吉父 | | 遣弔 | 04416—3043<br>04417—3044<br>04418—3045 |
| 遣弔鼎 | 遣弔 | | 遣弔 | 02212—0776 |

| 器　名 | 重要人物 | 重要事件 | 分組代號 | 集成—總集 |
|---|---|---|---|---|
| 眉🐾王鼎 | 眉🐾王 | | 眉🐾王 | 02705—1207 |
| 眉🐾王𣪕 | 眉🐾王 | | 眉🐾王 | 04097—2645 |
| 伯戔盤 | 白戔 | | 白戔 | 10160—6777 |
| 伯戔盨 | 白戔 | | 白戔 | 10341—6924 |
| 呂𤉢 | 呂 | | | 02754—1263 |
| 緐卣 | 緐 | | | 05430—▨ |
| 廿七年衛𣪕 | 南伯、裘衛 | | | 04256—2775 |
| 作冊大方鼎 | 大僕、武王、成王、作冊大 | | | 02758—1257<br>02759—1255<br>02760—1256<br>02761—1258 |
| 趞𣪕 | 趞、𡧻弔 | | | 04266—2783 |
| 善鼎 | 善、夔厌 | 夔師戌 | | 02820—1315 |
| 齫父盉 | 齫父 | | | 09395—4410 |
| 不壽𣪕 | 王姜、不壽 | | | 04060—2612 |
| 叒𣪕 | 叒 | | | 04159—2693 |
| 宜厌矢𣪕 | 宜厌矢、武王、成王 | | | 04320　2828 |
| 逆父癸方彝 | 逆 | | | 09890—4971 |
| 作冊魖卣 | 公大史、乍冊魖 | | | 05432—5507 |
| 命𣪕 | 命 | | | 04112—2644 |
| 韋伯啟𣪕 | 韋白啟 | | | 04169—2724 |
| 小臣傳卣 | 師田父、小臣傳、白㢴父 | | | 04206—5506 |
| 井鼎 | 井 | | | 02720—1221 |
| 帥隹鼎 | 帥隹、王母 | | | 02774—▨ |
| 鼓霋𣪕 | 啟貯、鼓霋 | | | 04047—▨ |
| 豦𣪕 | 豦、匐君公白 | | | 04167—2694 |
| 歔𣪕 | 歔、白氏 | | | 04099—2653 |
| 大乍大中𣪕 | 大 | | | 04165—2688 |
| 段𣪕 | 段、𦎜𡙱 | | | 04208—2737 |
| 晨卣 | 白俗、晨 | | | 05424—5497 |
| 服方尊 | 服 | | | 05968—4845 |
| 舀𣪕 | 舀 | | | 04194—2723 |
| 輔師嫠𣪕 | 㷣白、輔師嫠 | | | 04286—2797 |

| 器　名 | 重要人物 | 重要事件 | 分組代號 | 集成─總集 |
|---|---|---|---|---|
| 休盤 | 益公、走馬休 | | | 10170─6787 |
| 牧段 | 內史吳、牧 | | | 04343─2857 |
| 此段 | 司土毛弔、史翏、此 | | | 04303─2818<br>04304─2819<br>04305─2820<br>04306─2821<br>04307─2822<br>04308─2823<br>04309─2824<br>04310─2825 |
| 吳方彝蓋 | 宰朏、乍冊吳、史戊 | | | 09898─☒ |
| 望段 | 望、宰佣父、史年 | | | 04272─2787 |
| 伯克壺 | 白大師、白克 | | | 09725─5795 |
| 善夫山鼎 | 南宮乎、譱夫山、史桒 | | | 02825─1317 |
| 虎段蓋 | 虎、窶叔 | | | ☒─☒ |
| 君夫段 | 君夫 | | | 04178─2705 |

除去標準器組，本文將上列銅器分成二十一組：

1. 第一組為「毛班組器」：這一組中包含了七件器（〈孟段〉三件）。〈孟段〉銘文提及了毛公和趞中，所以將銘文也提到趞中的〈穽鼎〉也歸入這一組中。

2. 第二組為「靜組器」：這一組包含了三件器，作器人皆名為靜，故歸為一組。此組和第一組是有關係的，〈班段〉所提到的呂白、吳白不少學者認為即是〈靜段〉銘文中的「吳夻」與「吳劀」，所以本文將「靜組器」放在第二組接著「毛班組器」之後討論。

3. 第三組為「豐組器」：陝西扶風莊白村出土的微氏家族器中，依〈史牆盤〉銘文推測豐的時代可能在穆王，所以將豐所作的器列出為一組，又同墓所出的〈父辛爵〉應是豐為其父所作，所以也歸入此組，包含一卣、一尊、四爵，共六件器（另外，有學者指出該窖藏中的鳥紋觶、瓹等多件器亦為豐器，在下一章中本文將有探討）。

4. 第四組為「彧組器」：這一組包含了彧〔白彧〕、彔所作器，共十六

件器，彔和戜是否爲一人目前有學者提出不同的看法〔註 98〕，姑且先歸爲一組，此組器中提到了伐淮夷之事。

5. 第五組爲「師雒父組器」：在前一組中〈彔卣〉銘文提到了白雒父（即師雒父），於是便將銘文中有師雒父的列出，定爲第五組。由師雒父又聯繫到同時代的遇、𣪘（〈遇甗〉、〈𣪘鼎〉），這可能是一個名字的不同寫法，但也可能是不同人，學者大多持同人的看法，爲了討論方便本文也將他們歸爲一組，又〈白雒父盤〉作器人白雒父可能就是師雒父，所以也應置於此組中，又有寓所作器，劉啓益先生以爲和𣪘爲一人的不同寫法〔註 99〕，本文暫將寓的兩件器收入。這一組共有八件器。

6. 第六組爲「競組器」：這一組的聯繫關鍵在競與白屖父，〈競𣪘〉是中心器，銘文中提到了競和白屖父，於是本文將銘文中有白遅父的〈白遅父鼎〉、〈縣改𣪘〉列入此組，至於中競父，多數學者認爲即競，所以本文暫且收入此組。一共包含了十件。

7. 第七組爲「庚嬴組器」：共收器二件。

8. 第八組是「貉子組器」：共二件，銘文皆有貉子，所以歸爲一類。

9. 第九組是「井白組器」：取銘文中有井白而形制可能爲西周中期者，又〈利鼎〉銘文提到利與井白同時，所以將〈利𣪘〉也歸入此組，劉啓益先生認爲利即《穆天子傳》所提及的井利；〔註 100〕〈師遽方彝〉銘文的宰利依唐蘭先生的意見也是穆王時代的銅器，宰利也就是井利〔註 101〕，所以本文亦暫將其歸入此組。共收五件器。

10. 第十組爲「白懋父組器」：此組共收器七件，白懋父的時代存有異說，唐蘭和劉啓益兩位先生主張白懋父爲穆王時代的人物（參前文第二章「研究回顧」），所以本文姑且先立爲一組。

11. 第十一組爲「免組器」：此組共收器五件，其中〈史懋壺蓋〉乃據〈免

〔註 98〕盛冬鈴〈西周銅器銘文中的人名及其對斷代的意義〉，《文史》第 17 輯（北京：中華書局，1983 年 6 月），頁 52。盛先生因〈戜方鼎〉與〈彔𣪘〉的祖考日名不同，認爲戜與彔非一人，這樣的意見值得重視。

〔註 99〕劉啓益〈西周穆王時期銅器的初步清理〉，頁 365。

〔註 100〕同上註，頁 356～357。

〔註 101〕唐蘭〈西周銅器斷代中的「康宮」問題〉，《唐蘭先生金文論集》（北京：紫禁城出版社，1995 年 10 月），頁 162。

尊〉繫聯，史懋是否爲白懋父仍未可遽定，所以不繫聯到「白懋父組器」中，而置於此。

12. 第十二組爲「弭弔組器」：此組收器八件，銘文皆有弭叔或弭白。

13. 第十三組爲「守宮組器」：此組收器七件，由於守宮爲官名，所以這些器是否一定是同一時代的器物，仍有待再探究。

14. 第十四組爲「雁公組器」：一共有六件，皆爲「雁公」所作。

15. 第十五組爲「效組器」：共收器七件，〈效父設〉提到了效父及休王，所以將也提到休王的〈𪊽父方鼎〉收入此組中。

16. 第十六組是「季𧊒組器」：共三件，銘文皆有季𧊒。

17. 第十七組是「噩侯組器」：共四件，皆爲噩侯所作。

18. 第十八組是「遣弔組器」：共收器四件，皆爲遣弔所作。

19. 第十九組爲「眉𣂪王組器」：共收器二件，銘文皆有眉𣂪王。

20. 第二十組爲「白戋組器」：共二件，皆白戋所作。

21. 第二十一組爲「其他組器」：凡不能歸入前面二十組者皆置於此。〈君夫設〉在本章第一組中已經討論過了，這器沒有證據列入穆王時代器中，以下各處不再討論此器。

這二十一組器中所含各器皆在本文第二章「研究回顧」中爲學者們所提及，在此只是初步地分組，對於各器的時代將在下一章中做較仔細的探究，並予以分級與去存。